中国轻工业"十四五"规划教材
"互联网+"新形态立体化教学资源特色教材

学前儿童
游戏与指导
（第二版）

主　编◎邹　玲
副主编◎周玉华　史海亮
　　　　杜高俊　杨小伟
　　　　蔺美玉　孙晓东

中国轻工业出版社

图书在版编目（CIP）数据

学前儿童游戏与指导 / 邹玲主编. -- 2版. -- 北京：中国轻工业出版社，2025.2. -- ISBN 978-7-5184-5327-6

Ⅰ. G613.7

中国国家版本馆CIP数据核字第2024NV0130号

策划编辑：崔丽娜　　责任终审：高惠京　　设计制作：锋尚设计
责任编辑：崔丽娜　　责任校对：朱　慧　朱燕春　　责任监印：张京华

出版发行：中国轻工业出版社（北京鲁谷东街5号，邮编：100040）

印　　刷：艺堂印刷（天津）有限公司

经　　销：各地新华书店

版　　次：2025年2月第2版第1次印刷

开　　本：787×1092　1/16　印张：15

字　　数：350千字

书　　号：ISBN 978-7-5184-5327-6　定价：49.80元

邮购电话：010-85119873

发行电话：010-85119832　010-85119912

网　　址：http://www.chlip.com.cn

Email：club@chlip.com.cn

版权所有　侵权必究

如发现图书残缺请与我社邮购联系调换

241189J1X201ZBW

第二版前言

本教材自出版以来，得到广大学前教育工作者和一线教师的一致认可，对各高等院校教育教学、人才培养发挥了重要作用，同时也取得了较好的社会效应。为了学习贯彻党的二十大精神，"加快建设高质量教育体系，办好人民满意的教育"，编者结合学前教育高质量发展的需求，借鉴当前国内外游戏理论和实践的最新成果，吸纳广大使用者的宝贵建议，对教材进行了修订。同时，编者将本教材进行修订完善后申报了中国轻工业"十四五"规划教材。

本次修订在保留第一版特色的基础上，立足于高等教育"立德树人"的人才培养观，以学生为中心，以学习成果为导向，贯彻"在游戏中学习，在实践中成长"的理念，聚焦学生实践能力和核心素养的培养。主要突出以下几个方面：一是坚持"德育为先"的指导思想，突出课程的育人功能。遵循OBE（Outcome Based Education，OBE）教育理念，关注学生毕业后所应具备的师德素养和综合学识与能力，对每个章节内容进行了思政元素的挖掘，力求让学生在获得专业技能的同时，坚定职业理想和加强职业操守。二是重视"专业技能"的培养，从幼儿园问题情境出发，坚持实践先行，"教学做合一"，借助具体的案例和游戏，让学生在亲身体验的基础，完成"教学做合一"，同时扩展了游戏观察、分析部分内容，突出课程的技能养成。随着各地幼儿园自主游戏的开展，以及安吉游戏的广泛影响，对幼儿教师观察游戏、记录游戏、指导游戏、分析游戏，解读幼儿学习和发展过程的能力要求越来越高，本次修订内容中突出和扩展了这部分的技能。三是内容和编排体例上力求变革，坚持"学生中心"，紧紧围绕"学生已有知识经验""学生的感受和体验""学生在本课程中获得怎样的实践能力"来进行理论和实训内容的融合，让学生在"看游戏、玩游戏、创编游戏、评价游戏"的学习过程中获得自身的专业发展。

本教材在修订中引用了国内外专家撰写的文章和资料，得到很多读者的建议和意见，在此一并致谢！由于编者学识、能力有限，书中难免存在疏漏之处，也恳请读者一如既往地不吝赐教。

编者

2025 年 1 月

第一版前言

《学前儿童游戏与指导》是一本集理论性、科学性、思想性和实践性于一体的专业教材，是深入落实《教师教育课程标准（试行）》"实践取向""能力为重"的精神，关注解决教育实践问题的有效成果。同时，本书紧扣《3—6岁儿童学习与发展指南》《幼儿园工作规程》等国家政策文件精神，吸纳了教育学、心理学学科教学的最新研究成果，围绕着"幼儿园需要什么样的游戏引领者？""关于游戏，未来的幼儿园教师需要具备怎样的理念，获得哪些技能？"展开思考，确定了本书的编写体例。编写的过程中尽量做到观点鲜明、表述清晰，语言通俗、文例结合，立足实践。

本书对于学前教育专业学生、幼儿教师正确认识游戏在儿童生活和幼儿园中的价值和地位，掌握游戏观察、指导、创编的方法，树立正确的游戏观具有重要的意义。在立德树人，开创"课程思政"与专业课程相结合，实现全程育人、全方位育人的今天，本教材对于培养科学的儿童观、教育观，激发读者的育人情怀起着动力和桥梁作用。

本书共七章内容。第一章总体介绍了游戏的本质、分类和价值，帮助学生掌握游戏的基本理论，形成对游戏的科学观点。第二章介绍了游戏环境创设的具体策略和方法，为组织和指导游戏做好物质和心理的准备。第三章到第六章，分类介绍了幼儿园常见的游戏，从各类游戏自身特点、结构出发，包括游戏的准备、指导、评价、创编，有利于读者系统了解每种游戏的生态和发展趋势，学会组织和指导不同游戏的技能和方法。第七章介绍了游戏观察和评价的内容和方法，为保障学前儿童的游戏质量做好技术和理论的支撑。

由潍坊学院邹玲、周玉华等老师主讲的以本书为蓝本的在线网络课程在超星泛雅平台 和智慧树山东省联盟平台

超星泛雅平台

 同时上线，欢迎读者扫描二维码进行线上学习，里面

智慧树平台

有各位老师针对本书内容更深入的讲解和解读，同时配有学习大纲、导学方案、练习题和作业等，还可和老师在线互动交流。

本书在编写过程中，参考了来自国内外同行撰写的大量文章和资料，同时也得到了潍坊高新区盛世幼儿园、潍坊市奎文区直机关幼儿园、新华幼儿园、寿光市市直机关幼儿园建桥园等多所幼儿园的帮助，为本书提供素材和范例，还有一些素材来源于编者在华东师范大学访学时实习实践的幼儿园，在此一并致谢。

由于学识和能力有限，本书难免存在很多问题和疏漏，恳请广大学生、教师、幼教同行、专家批评指正。

编者

2020年初冬

目 录

第一章 游戏概论 001

- 002　第一节　学前儿童游戏概述
- 014　第二节　游戏理论简介
- 019　第三节　游戏与儿童发展
- 030　第四节　游戏在幼儿园的地位

第二章 幼儿园游戏环境创设 038

- 039　第一节　幼儿园游戏环境创设概述
- 042　第二节　户外游戏环境的创设
- 056　第三节　室内游戏环境的创设
- 064　第四节　玩具与游戏材料
- 072　第五节　游戏心理环境的创设

第三章 角色游戏 076

- 077　第一节　角色游戏概述
- 088　第二节　角色游戏的组织和指导

第四章 结构游戏 101

- 102　第一节　结构游戏概述
- 116　第二节　结构游戏的组织和指导

第五章
表演游戏 130

131 第一节 表演游戏概述
140 第二节 表演游戏的组织与指导

第六章
规则游戏 162

163 第一节 规则游戏概述
170 第二节 规则游戏的组织与指导
173 第三节 规则游戏的创编

第七章
学前儿童游戏的观察与评价 193

194 第一节 学前儿童游戏的观察
202 第二节 学前儿童游戏观察的记录与分析
210 第三节 学前儿童游戏的评价
217 第四节 游戏评价量表简介

参考文献 231

第一章 游戏概论

知识目标

❶ 了解游戏的概念和基本特征,熟悉游戏的结构要素。

❷ 掌握游戏的几种典型分类,熟悉有代表性的游戏理论流派。

❸ 认知游戏对儿童发展的重要价值,理解游戏在幼儿园教育中的重要地位。

能力目标

❶ 能够根据游戏的本质特征和结构要素区分实践中的"游戏行为"和"非游戏行为"。

❷ 能够结合游戏相关理论,分辨幼儿游戏的类型和幼儿所处的游戏发展阶段,对幼儿的游戏行为做出初步判断。

情感目标

❶ 认同游戏的教育价值,尊重幼儿的游戏需求,树立正确的游戏观。

❷ 明确"游戏是幼儿园的基本活动形式",认同作为幼儿园教师的使命和担当,愿意为支持幼儿游戏、保护幼儿的游戏权益而努力。

导入案例

幼儿园的角色游戏区内活动开展得如火如荼，幼儿按照自愿报名原则去了医院、饭店、娃娃家等区域，老师做巡回指导。当她发现"医生"无所事事时，就会提醒娃娃家的"妈妈"："你的宝宝生病了。"娃娃家的"妈妈"就赶紧去医院找"医生"看病。看到饭店里的"老板"忙活了一阵后，开始坐下发呆，老师就赶紧跑来对"老板"说："你们店里的菜谱很单一啊，能不能增加些品种啊？"……整个游戏过程中，老师忙得不亦乐乎，孩子们也马不停蹄。老师很满意。

当老师宣布"今天的游戏玩到这里，小朋友们现在可以自由活动了"时，两个男孩子走到一起说："老师的游戏终于玩完了，我们到外面玩我们自己的游戏吧。"

这个案例发人深省，什么是"老师的游戏"？老师组织的游戏为什么没有走进孩子的"心里"？孩子们嘴里的"游戏"又是什么？显然案例中老师眼里的游戏和儿童眼里的游戏发生了错位。相信通过本章的学习，你会对这个问题有所领悟。

第一节　学前儿童游戏概述

游戏是儿童的天性，是儿童的基本存在方式，游戏让孩子生机勃勃，乐此不疲。作为未来的教育工作者，要了解幼儿，就必须先了解幼儿游戏的特点和分类，才能够迅速甄别幼儿的游戏行为，灵敏感应儿童的变化，给予儿童必要的支持。

一、游戏的概念

游戏的概念一直是许多心理学家和教育家研究和探讨的问题。由于研究者对游戏研究的视角不同，方法论不同，所持的态度也不尽相同，至今没有一个公认的、精准的术语对游戏进行限定性表述。游戏作为一种社会文化现象，自身有着丰富的精神内涵。

首先，从词源学上来看，古汉语中，"游"的原意是形容锦旗在空中悠然飘荡的形状。与之相关的词是"遊""遨"。"遊"本意是行走、远行，偏于"足动"，引申为游览、游玩，

"遨"亦作"敖",遨游、游逛的意思。"戏"则同"嬉",与"游"相比,偏于"言动"。"游""戏"连为一个词,用在文献里慢慢演变成一种"轻松、休闲、自在的娱乐活动",同时带有"无意义""无价值""不认真,玩世不恭"的意思。

英语中,与游戏相关的词有"play"和"game"。"game"一词多指有规则的竞技活动,与汉语中的"博弈""搏戏"等词相仿。而"play"则有"玩"和"游戏"的含义,与现代汉语中"游戏"的意义一致,泛指操作摆弄各种物品、材料,如球类、乐器类等,令人愉快、轻松的没有负担的活动。英语中更有"fun"一词蕴含了多种"乐趣"之意,把"游戏(game)""玩(play)"和"乐趣(fun)"联合起来,便构成了游戏的素描。

从生物学的视角看,19世纪下半叶,由于受到达尔文生物进化论思想的直接影响,人们以对动物的游戏研究来解释儿童游戏,把游戏看作一种生物现象,是生物本能的表现。

从社会学的视角看,社会反映论者把儿童游戏看作一种社会现象,是人对社会现实生活的一种特殊的反映活动,具有社会性。如苏联心理学家艾里康宁指出,游戏是在真实的条件之外,借助想象,利用象征性的材料,再现人与人的关系。

从心理学的视角看,心理学家认为,游戏是由内在动机引起的,自动自发、自由选择的;游戏不同于探索行为,探索在先,游戏在后。游戏不受外在规则的限制,但游戏本身常有其非正式或正式的内在规则,由儿童自行协调制定,游戏随着儿童和情境的不同而弹性地变化。游戏需要游戏者积极主动的参与,带有愉悦的体验。

总之,虽然不同的研究者从不同的视角给游戏做了很多解释,但是其本质上都有共性。由此可以概括地认为:幼儿游戏是在一定时空中,儿童自发自愿进行的,伴有愉悦情绪体验的一系列假想的或现实的活动。这类活动是以自身为目的,既可以是儿童个体独自进行,也可以是儿童与其他人之间进行的社会交往活动。

二、游戏的基本特点

幼儿游戏的特点是游戏本质属性的反映,能够把游戏和其他行为区分开,有助于教师对幼儿的游戏行为加以判断。

(一)主动性

即游戏是儿童主动参加的活动,日常生活中人们经常看到一个幼儿向其他幼儿建议:我们来玩游戏好吗?可见,游戏活动的发起源于"我要玩",而不是"要我玩",是由孩子内部动机支配的,不是来自外部的命令或要求,游戏是出自孩子自己的兴趣和愿望。

儿童游戏以活动本身为目的,没有外在的目的、目标和任务,玩什么,和谁玩,怎么玩,游戏的形式、内容、材料都由幼儿自己掌握。他们是在没有任何外在压力情况下自主自由地做自己喜欢的事情,儿童在游戏中的态度是积极主动的。如果游戏失去了自主性,由教师精心安排,儿童必须完成教师布置的任务,表面上儿童是在参与游戏,实际上,儿童并没有真正地玩游戏。所以，只有充分尊重游戏者的意愿，发挥游戏者的主动性，才是真正的游戏。

（二）愉悦性

儿童之所以喜欢游戏，乐此不疲，主要原因就是来自游戏的愉快体验。曾经有一位母亲问他的儿子："什么是游戏？"儿子说："游戏就是出去玩！"母亲又问："'出去玩'是什么意思？"儿子回答说："就是出去做开心得不想回家吃饭的那些事。"可见游戏是指向快乐的，正如美国儿童心理学家皮亚杰所说："游戏就是一种娱乐。"游戏是充满趣味性的，能够给幼儿带来愉快和满足，游戏中儿童可以通过操纵材料、控制环境体会到自己的力量，产生自信，从行动和创造中获得愉快的体验。

（三）虚构性

游戏是儿童生活的写照，反映了孩子的真实经验。游戏的内容情节，游戏的规则及行为方式都具有社会性特征，但又不是真实的生活的完全翻版，是幼儿在假想情境下反映生活的活动，是虚构的，可以不受具体时间、地点、条件的限制。游戏中需要汽车，他可以寻找替代物，椅子、积木都可以看成是汽车，游戏中他是一个王者，他可以建造一座城池，也可以攻克一座大山，他可以成为他想要成为的任何一个人：爸爸、警察、医生、英雄，他们通过动作和想象创造出了一个广阔的天地。

（四）有序性

尽管有时游戏显得乱七八糟、非常忙乱，但只要认真观察就会发现，儿童在游戏中并非毫无约束和限制，每个游戏中都隐含一种秩序性。只不过有的游戏规则是外显的，比如棋类游戏、体育游戏。有的游戏规则是隐性的，比如角色游戏，娃娃家里的爸爸和妈妈必须要做出爸爸和妈妈的样子，细心地照料自己的娃娃，否则，一个不负责任总是拎着娃娃的胳膊到处闲逛的爸爸是要遭到同伴指责的，这些规则把儿童的游戏带入一种和谐、有序的状态。此外游戏的地点和时间也有别于"平常"的生活，一旦游戏发生，儿童就生活在游戏的世界里，游戏一旦结束，他们会立刻回到现实，等下次游戏开始，他们可以将上次的游戏重复进行。

（五）非功利性

儿童在游戏时，没有外部强加的目的，没有为完成任务而产生的紧张感，游戏的目的就在于游戏过程本身。虽然有时候成人在设计、指导游戏时会有一定的目的导向，但这个目的是不需要儿童了解的，对幼儿来说游戏就是玩，幼儿的兴趣仍然在于游戏本身。

三、游戏的结构要素

一般来说,要判断一个幼儿的行为是不是游戏,除了考虑游戏的特点之外,还可以根据游戏的结构要素来进行综合判断。幼儿的游戏一般由外部可观察的一些外显要素、内在的游戏性体验和外部的条件因素构成。

(一)游戏的外显要素

即可见的一些外在特征。面部表情、动作行为、游戏材料、言语等是活动的外显要素。通过幼儿在活动中的表情、动作、材料、言语等外显行为因素的观察,可以判断幼儿是否在游戏。

1. 面部表情

表情是人们判断一种活动是不是游戏的一项外部指标。皮亚杰曾用微笑作为游戏发生的标志,用以区分探究和游戏。当小婴儿偶然地碰到绳子而带动了挂在摇篮上方的玩具摇晃发出声响时,他最初的表情是严肃、认真的。但是经过几次反复以后,他理解并掌握了这种情景之后,开始出现了轻松愉快的表情,这时皮亚杰认为活动的性质由探究转变为游戏。婴儿活动的目的是"让有趣的情景保持下去"。

对灵长类动物游戏的研究发现,动物在游戏时有一种特殊的脸部表情或"玩相"(play face)。对许多儿童游戏的观察,也发现有这种类似的"玩相",尤其当儿童在一起追逐打闹、捉迷藏、躲猫猫时最为常见,这种"玩相"的特征是张大的嘴巴,得意洋洋的神情,眼睛里充满了笑意。这种玩相的作用在于能够传递给伙伴一个特殊的游戏信号:"这是玩啊!""我在和你闹着玩呢,别当真。"

当然,儿童玩游戏时表情不是单一的,他们并不总是在"笑"。请看下面的一个表情特征图(图1-1)。

图的左边这些表情是非游戏的表情,而右边这些是游戏的表情,幼儿在游戏中的表情往往是积极主动的,这一点可以帮助教师把游戏和无所事事、闲逛、发呆等行为区分开来。

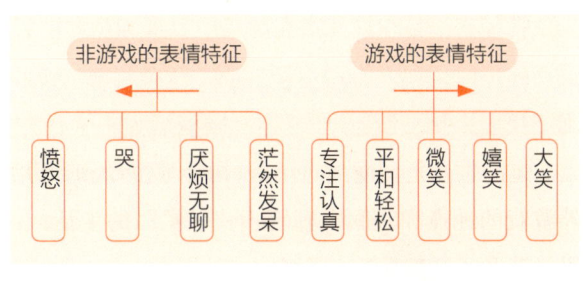

图1-1 游戏的表情特征

当幼儿在观察蚂蚁搬家的情形,拼图或和小伙伴讨论问题时,往往是专注认真的。所以游戏的表情取决于游戏活动的性质和类型(比如是认知性成分强的活动还是嬉戏性成分强的活动?是自己玩还是和伙伴一起玩?),也取决于游戏活动的阶段(游戏的开始?进行中?还是结束?)和材料(新奇的材料?还是熟悉的材料?)。这些都会影响到孩子的表情。

2. 动作行为

游戏动作是儿童游戏活动中最引人注目的部分。在游戏中,儿童对材料和物品的使用往往不同于日常生活中对物品的使用方式，这些行为往往超出了成人的想象，具有非常规性、重复性和个人随意性。①非常规性。是指在游戏中，儿童会表现出许多非常规性的动作，例如把枕头抱在怀里假装哄宝宝，脸朝椅背在椅子上假装开车等，这些是游戏性的动作而不是常规的动作或工具性动作。②重复性。重复性是幼儿游戏动作的特征之一。幼儿游戏中的重复性行为，是幼儿的一种力所能及，但还未充分发展的行为，通过不断重复而日益巩固。年龄越小的孩子，重复性的特征越明显。如爬楼梯本身不是游戏，但当一个孩子来来回回反复爬楼梯，加上表情线索，就可以判断说这个孩子在玩。这种简单的重复可以使孩子体验掌握本领的快乐。③个人随意性。指游戏过程中幼儿的动作没有规律，不同的幼儿可以用不同的方式对待不同的物体，同一个幼儿对一个物品的玩法这一次可能和下一次不同，具有随意性。例如，有的幼儿将座椅当汽车，有的则把它翻过来当娃娃的澡盆，下一次他们可能会用很多座椅来连成火车，或者搭建自己的家。

3. 游戏材料

任何东西都可以成为儿童的游戏材料，玩具是现代儿童游戏时经常使用的游戏材料。游戏的顺利进行依赖于具体的游戏材料和玩具支撑。儿童年龄越小，对游戏材料的依赖性越高，对游戏材料的逼真性程度要求也越高。随着年龄的增长，语言抽象思维的发展，儿童会逐渐进行一些无外在游戏材料的游戏，如语言游戏等。但总体看来，在幼儿游戏中对材料仍然具有很大的依赖性。因此，有无游戏材料和玩具也可以作为人们判断幼儿是否在游戏的指标之一。

4. 言语

儿童的游戏往往有言语相伴随，注意倾听幼儿的言语，可以判断儿童是否在游戏。一般而言，学前儿童在游戏中的言语主要包含三种类型：①独白，即儿童边自言自语，边操作游戏材料。例如："哦，你生病了。我要带你去医院。""把这个放这里，好了，……"这种独白性的言语是学前儿童在游戏中思维和想象的外化，在年龄越小的儿童身上表现越明显。②交际性语言（发生在同伴之间），这类语言在游戏中起到建议、协商、求助、申辩等作用，如"我们来玩丢沙包吧""你可以借给我一个长方形吗？""这是我先拿的"等。③游戏性语言（发生在角色之间），这类言语能够推动和支撑游戏的进行。例如，"医生，我难受，你能帮我打个针吗？""报告队长，有小偷""我得出去买点东西"等。游戏性的语言具有虚拟性，其说者和听者都是游戏角色。

游戏中幼儿言语伴随频度的高低可以作为评价幼儿游戏活动的自由度以及班级的心理环境质量的一个指标。

（二）内在的游戏性体验

游戏性的体验是游戏不可或缺的重要心理成分，是指儿童在游戏中产生的对于游戏活动本身的主观感受或心理体验。游戏性体验最大的特点在于它的内在性，是主体在游戏过程中实实在在获得的主观性体验。它影响着儿童对于游戏的态度（积极或不积极）和评价（喜欢或不喜欢）。游戏所带来的愉悦体验是幼儿进行游戏的最终目的，也是游戏的魅力所在。

一般来说，游戏性体验可以分为兴趣性体验、自主性体验、胜任感或成就感、幽默感和生理快感。

1. 兴趣性体验

兴趣性体验是指由外物刺激带来的一种体验，是一种情不自禁地被卷入、被吸引的心理状态。例如，当一套色彩鲜艳的乐高积木摆在幼儿面前时，幼儿会由此产生极大的兴趣并很快投入其中进行游戏，这就是一种兴趣性体验。兴趣性体验是游戏性体验不可缺少的成分，没有这种体验，游戏就会停止。

2. 自主性体验

自主性体验是儿童对自己在游戏中的主体地位的感知和体验，是由于游戏活动可以自己选择、自主决定的性质而引起的主观体验。例如，我想玩就玩，不想玩就不玩，我想怎么玩就怎么玩的体验。自主性体验是幼儿游戏性体验的重要成分，也是儿童进行游戏的根本动因之一。

3. 胜任感或成就感

胜任感或成就感是一种对自己能力的体验，这种体验可以增强游戏者的自信心。游戏中儿童可以通过尝试错误选择适合自己能力的活动来获得成功感或通过想象来实现对现实环境的改造，获得掌握和控制感。例如，在游戏中儿童可以假装是神仙，变出自己想要的东西，或对整个世界重新按照自己的想法进行安排。

4. 幽默感

幽默感是由嬉笑、玩笑诙谐等引起的快感。幼儿的幽默感有一个发生、发展的过程。最初的幽默感来自嬉戏性行为的偶然结合，当熟悉的情景或行为程序中出其不意地出现了一种让幼儿觉得有趣新奇的因素时，幼儿会马上重复这种新的因素，表现出一种故意取乐的倾向。例如，当幼儿偶然把妈妈的眼镜拉下来，耷拉在鼻子下面，样子很滑稽，就会马上重复这一动作，并乐得咯咯笑。妈妈的制止不但不会结束，甚至还会强化幼儿的这种行为。以后随着幼儿知识经验的丰富和认识能力的提高，逐渐能够理解语言、电视、绘画等文学作品中的幽默，并用于游戏（嬉戏性重复）。

5. 生理快感

游戏的生理快感主要来源于身体活动的需要和中枢神经系统维持最佳唤醒水平的需要的满足。由于骨骼肌肉系统在生长发育上的特点，幼儿在生理需要有身体活动的需要。长时间无所事事、呆坐不动会使幼儿困倦烦躁。而在游戏中，幼儿可以随意变换动作与姿势，可以使中枢神经系统的机能状态调整到最佳水平，从而体验到愉悦的情绪，获得机体上的生理快感。

需要说明的是，在一种活动中，不一定同时出现上述五种游戏性体验。兴趣性体验、自主性体验、成就感或胜任感，这三种体验是所有游戏行为都不可缺少的基本部分，因为这三种体验是受到孩子的内部动机和内在控制的。除此之外的生理快感、幽默感等都可以是游戏中的体验，只不过往往受游戏的类型和性质影响，例如，在练习性游戏中，生理快感可能是其中必不可少的主要的成分。

（三）游戏的外部条件因素

学前儿童游戏的外部条件因素是指教师在观察儿童的外部行为表现时，不能忽略游戏发生的情境，即这是由教师的言行举止与幼儿行为交互作用过程中形成的心理环境。这个"情境"应该具备以下特征。

1. 学前儿童有自由选择游戏的权利和可能

自由选择是游戏自主性体验产生的必要条件。要使学前儿童产生自主性的体验必须给儿童自由选择的权利，并为儿童的自由选择提供相应的条件。即首先要允许幼儿并使幼儿知道自己可以根据自己的兴趣和愿望来决定干什么，而不是规定幼儿必须干什么；其次要使幼儿实际上有进行自由选择的可能性或物质条件。在幼儿园里，如果教师只给幼儿提供了一样或相同的游戏材料，别无其他游戏材料可供选择，在这种情况下，教师即便允许幼儿自由选择，实际上也没有选择的可能性。所以教师要致力于提供充足的游戏材料，并提供给幼儿自由选择的权利和可能。

2. 学前儿童自行决定游戏方式方法

在幼儿园内，即使在游戏材料可以自由选择的前提下，仍然有些幼儿并没有从内心真正认为自己在"玩"，而是将"老师的游戏"作为一项任务在进行。原因就在于他们所选择的游戏材料的使用方法已经被老师提前规定好。游戏的特征是幼儿自主决定游戏的方式和方法，主动控制游戏的进程，即自己决定"怎么玩"，而不仅仅是操作材料和物体，遵循老师规定的机械操作。

3. 游戏任务与学前儿童能力相匹配

任务的难度与学前儿童的能力相匹配是胜任感体验产生的一个重要条件。在自然条件下，学前儿童往往能够根据自己的需要与兴趣去选择活动的材料，自行决定活动的方式方法，因此活动的难度一般与幼儿的能力、兴趣是一致的。但是在幼儿园，游戏的环境和材料大多是教师创设和提供的，一些内容来自教师预设，因此游戏的难度应控制在幼儿"最近发展区"内，不会太难也不会很简单，以便让儿童更有兴趣并在游戏中获得成就感、胜任感和满足感。

4. 学前儿童不担忧游戏外的奖惩

游戏本身的乐趣是吸引幼儿置身游戏的直接动机。游戏是目的在自身的活动。虽然游戏中的奖励有一定的积极作用，但必须明确幼儿不是为了游戏以外的东西才进行游戏。游戏活动本身就能使其感到满足。相关研究表明，外部强化会抑制幼儿对游戏本身的兴趣，即经常性的外部激励手段不但不会鼓励幼儿积极游戏，反而可能造成幼儿对奖励的依赖，使游戏"异化"。一旦儿童关注奖励胜过游戏本身，游戏也就失去了它真正的意义。

> **案例 1-1**
>
> 　　某幼儿园角色游戏时间，孩子们散布在若干游戏区：饭店、娃娃家、银行、医院等。各个区域均被精美逼真的玩具材料装饰得"有模有样"，在娃娃家里有的孩子抱着娃娃走来走去，有的孩子在摆弄逼真的美食，饭店里有服务员在等待客人上门。在医院的挂号台后，端端正正坐着一个"小护士"。在长达半个小时的时间里，因为没有"病人"来挂号看病，小护士就一直呆坐在那里，直到游戏活动结束。老师在点评游戏时，竟然专门表扬了"小护士"能够"坚守岗位"。小护士似乎才露出了游戏时都没有的笑容。

　　案例中这个"小护士"是在游戏吗？从她"发呆"的表情可以判断，她并没有"游戏"，"小护士"之所以能够"坚守岗位"，是因为她在追求教师的"表扬"，而不是游戏的快乐。教师对游戏的不正确引导和点评环节不恰当的表扬，剥夺了幼儿根据自己的需要与兴趣自主选择与自主决定的"主体性"。还会导致班级游戏中出现更多呆坐的"小护士"。

　　所以，如果一个活动是由幼儿自由选择、自主决定活动的方式方法、进程，没有来自外部的评比和奖惩压力，那么这个活动才是"真正的游戏"。

　　最后，将游戏的结构要素用一张图来表示（图1-2），以便于理解和掌握。

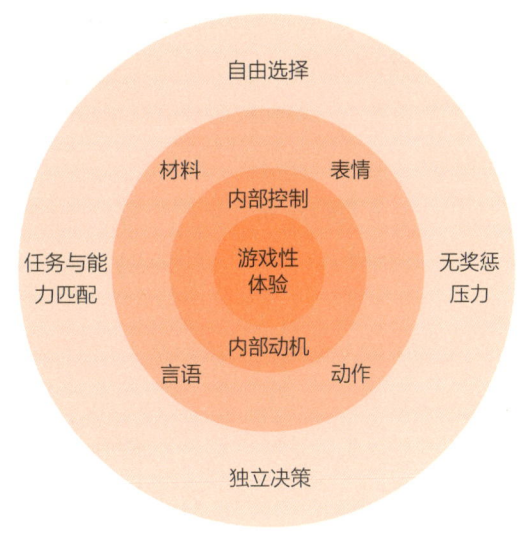

图 1-2　游戏的结构要素

四、学前儿童游戏的分类

　　对幼儿游戏进行分类学的研究，可以帮助教师更好地认识游戏，了解儿童游戏的特点。游戏的分类是研究者根据某种理论假设或标准，对可观察到的游戏行为所做的理性分析与解释。标准或参照系不同，游戏的分类也各异。本书重点介绍以下三种最为常见的分类方法。

（一）以认知发展为标准

　　认知发展是儿童发展的重要维度之一，儿童心理学家皮亚杰最早从认知发展的角度对游戏进行了分类，把儿童游戏分为感觉运动游戏、象征性游戏、结构性游戏和规则游戏4种类型。

1. 感觉运动游戏

感觉运动游戏也叫作练习性游戏或机能性游戏，对应于感知运动发展阶段（0~2岁）的儿童，因此它也是儿童发展中最早出现的一种游戏形式。感觉运动游戏由简单的身体的重复动作组成，例如：儿童不停地用手摇晃拨浪鼓感受自己的动作带来的声音刺激；洗澡时不停地拍水，感受水带给手和身体的刺激感。这种游戏的动因在于动，动即快乐，感觉运动器官在运用过程中不断获得活动带来的愉悦感受。这种游戏主要对应于2岁前的儿童，以后比例逐渐下降。如儿童的奔跑、攀爬、摇木马、拍水、滚球、滑梯等游戏均属于感觉运动游戏。

2. 象征性游戏

象征性游戏也叫作符号游戏，对应于前运算阶段（2~7岁）的儿童。象征性游戏是学前儿童最典型的游戏形式，象征性游戏是儿童通过模仿和想象，以扮演角色为手段，以物代物（用一个枕头当娃娃）、以人代人（带上听诊器扮演医生）为表现形式，反映周围现实生活的游戏形式。一般从2岁开始大量出现，直到入小学，3~5岁为高峰期。如儿童的娃娃家、医院、理发店、超市游戏均属于象征性游戏。

3. 结构性游戏

结构性游戏又称建构游戏或造型游戏，是指儿童运用积木、积塑、金属材料、泥、沙等各种材料进行建构或构造，从而创造性地反映现实生活的游戏。结构性游戏是幼儿最常见的游戏形式。它是幼儿游戏活动向非游戏活动的过渡，前期带有象征性，后期逐渐成为一种智力活动。如拼图、搭积木、拼插积塑、做泥工、木工、堆雪人等均属于结构游戏。

4. 规则游戏

规则游戏是由两个人或两个人以上参加的，按游戏规则判胜负的竞赛性游戏，包括智力性质的竞赛和运动技巧性质的游戏。规则游戏对应于具体运算阶段的儿童。规则游戏从4、5岁发展起来，是7~11岁儿童典型的游戏形式，能延续到成人。如"打牌""下棋""跳房子""猫捉老鼠""老鹰捉小鸡"等都属于规则游戏。

（二）以社会性发展为标准

美国学者帕顿（Parten）以社会性发展水平为依据对游戏进行了分类研究，把游戏分成了6类。

1. 偶然行为

儿童无所事事，不参加游戏，而是注视着身边突然发生的使他感兴趣的事情，或摆弄自己的身体，或从椅子上爬上爬下，到处乱转，或是坐在一个地方东张西望，偶尔看看他人等。这种行为还不能属于游戏。

2. 旁观游戏

儿童大部分时间是在看其他儿童玩，听他们谈话，或向他们提问题，但并没有表示出要参加游戏。只是明确地观察、注视某几个儿童或群体的游戏，对所发生的一切都心中有数。旁观与无所事事的不同之处在于旁观者会针对特定群体进行观察，不是无目的地观看。

旁观游戏是不是游戏呢？接下来通过一个案例来说明。

> **案例 1-2**
>
> "娃娃"生病了，"爸爸""妈妈"非常着急。在旁边观看的贝贝也非常着急，并建议送"娃娃"赶快去医院打针；同样在旁边观看的明明很好奇地问道："你们的娃娃在哪里找的？"

案例中贝贝的行为说明她的旁观是融入游戏之中的，具有游戏的性质，她与游戏者之间有共情，所以贝贝是在游戏。而明明的旁观与正在进行的游戏没有关系，所以不是游戏行为。可见，旁观游戏可能是游戏，也可能不是游戏。

3. 独自游戏

独自游戏是指儿童在游戏中自己玩自己的，单独地玩。两三岁的幼儿通常以这种玩法进行游戏。这一阶段的幼儿以自我为中心，不太察觉其他人的存在，即使有其他孩子在附近，他们都是独自玩着自己的玩具，不理会他人。

4. 平行游戏

一般而言，3岁儿童游戏的社会性发展达到了平行游戏的阶段。平行游戏中，幼儿坐在一起，玩着相同或相近的玩具，但是他们彼此之间没有真正意义上的互动。

> **案例 1-3**
>
> 佳佳、晴晴并排坐着，都在摆弄各自的积木，佳佳将积木搭高，晴晴将积木平铺，期间晴晴不时地观看佳佳，尝试搭高，并说道："我的也高了"，佳佳也说："哈哈，你的也高了。"之后两人继续各玩各的，过了一会儿，晴晴走开了，佳佳仍在搭高。

这是一个平行游戏，佳佳和晴晴两个人都在操作同样的玩具，彼此之间有语言和眼神的交流，有相互模仿，虽然仍各自玩各自的，但已经与独自游戏不同，有了对彼此的关注。

5. 联合游戏

联合游戏也称为协同游戏，发生在由多个幼儿参与的游戏中，联合游戏中会有因材料的借入或借出引发交流和沟通，也会有动作的自发配合，也有一起玩的共同意识，但没有明确的分工和合作，对游戏材料、游戏目的和游戏结果缺乏共同的计划和组织。这是因为大约4岁以后，儿童仍以自己的兴趣和愿望为中心，虽同处于一个集体之中与同伴一起开展游戏，并且能够留意身旁其他幼儿的活动，时常发生借还玩具、短暂交谈等行为，但没有建立起集体的共同目标，没有真正的组织者或领导者。例如，几个儿童一起玩妖怪游戏，他们只是在一起互相追逐，没有明确的分工，也没有确定各自的角色。如果一个儿童退出游戏，其他人可以继续玩下去不受影响。所以在这类游戏中，小组成员的变换非常频繁。

6. 合作游戏

合作游戏是指几个儿童在一起，围绕一个共同的游戏主题，以集体共同目标为中心，在游戏中相互合作并努力达到目的。游戏中有明确的分工、合作及规则意识，有一到两个游戏的领导者。一般5岁以后开始出现较多的合作游戏。此时幼儿已具有较流畅的语言表达能力和较丰富的社交经验，他们可以互相商讨，确定游戏的主题、角色的分配、游戏材料的选择，甚至确定共同游戏的规则。合作游戏是儿童社会性发展的高级阶段，对于幼儿的发展具有重要的意义。

帕顿的这个游戏分类（表1-1），成为教师观察儿童游戏和评价儿童社会性发展水平的一个重要依据。

表 1-1 帕顿的游戏分类

类别	特点和表现
偶然的行为	偶然，无所事事，注视感兴趣的事
旁观游戏	看其他幼儿玩，不参加游戏
独自游戏	一个人玩
平行游戏	独自玩，自己玩自己的，没有交流
联合游戏	会加入对方游戏，但没有一致的共同目标
合作游戏	以集体共同的游戏目标为中心，活动有严格的组织，小组有分工，有明显的组织者或领导者

（三）幼儿园常用游戏分类

长期以来，我国幼儿园习惯于依据游戏的教育作用进行分类，将幼儿园游戏分成两类：创造性游戏和规则游戏。

1. 创造性游戏

创造性游戏充分体现了幼儿的自主性，是幼儿时期的典型游戏。它是幼儿创造性地反映生活内容的游戏，游戏是由幼儿依照自己的兴趣爱好和知识能力进行的。以培养儿童的创造性为显著目标。创造性游戏包括角色游戏、结构游戏和表演游戏。

（1）角色游戏：儿童通过扮演角色，运用想象，创造性地反映个人生活印象的一种游戏，如超市、美发屋、娃娃家等。它是学前儿童期最典型、最有特色的游戏，也是象征性游戏中最有代表性的游戏。

（2）结构游戏：是一种儿童利用各种建筑、结构材料如积木、积塑、沙、土、金属部件等，进行建筑与构造的游戏。

（3）表演游戏：儿童根据故事、童话等内容，通过动作、表情、语言、扮演角色等进行创造性表演的游戏。

2. 规则游戏

规则游戏是根据幼儿发展的要求而编定的。这类游戏一般都有游戏的目的、玩法、规则和结果四个部分，其中游戏的规则是游戏的核心。如果按照游戏的特点来界定，它不属于严格意义上的游戏，它是教师为了教学的需要而编创的，按照约定俗成的习惯将之称为教学游戏，或按照其规则的严格性将其称为规则游戏，包括智力游戏（如数学游戏、语言游戏等）、音乐游戏（在歌曲或乐曲伴奏下进行的游戏）和体育游戏（以身体练习为主要内容）等。

这样的分类方法对于幼儿园教育教学管理和教师的具体操作是有利的，教师可以根据需要灵活选用各种游戏。

以上这两类分类方法在后面的游戏学习中会反复提及，有益于教师去甄别和判断不同年龄阶段的儿童的游戏水平，也有益于教师用多个视角去观察和了解儿童的游戏。

【幼儿园教师资格证考试·考点预测】

1. 儿童最早玩的游戏类型是（ ）。

A. 感觉运动游戏　　B. 象征性游戏　　C. 规则游戏　　D. 结构性游戏

答案解析：选A。根据皮亚杰儿童游戏的分类，感觉运动游戏也叫练习性游戏或机能性游戏，对应于感知运动发展阶段（0~2岁）的儿童，因此它也是儿童发展中最早出现的一种游戏形式。

2. 下列游戏中，属于创造性游戏的是（ ）。

A. 表演游戏　　B. 智力游戏　　C. 音乐游戏　　D. 体育游戏

答案解析：选A。根据幼儿园常用分类，创造性游戏包括角色游戏、表演游戏、结构游戏。而规则游戏包括智力游戏、体育游戏、音乐游戏等。

3. 下列哪一项不属于游戏的本质特点？（ ）

A. 功利性　　B. 虚构性　　C. 愉悦性　　D. 有序性

答案解析：选A。游戏的基本特点包括愉悦性、主动性、有序性、虚构性和非功利性。题干要求是不属于游戏的特点的，因此答案选A。

第二节　游戏理论简介

了解了学前儿童游戏的特点和分类，进而会对儿童为什么要玩游戏，游戏对人类的发展有什么益处等问题产生思考。其实这些问题早在两百多年前就有人研究了。由于游戏涉及许多学科的根本问题，所以曾经引起哲学家、美学家、生物学家、人类学家、心理学家等各方面学者的广泛兴趣。由于他们研究的立场不同、出发点不同、指导思想不同，出现了形形色色的游戏理论。

根据时间顺序本节分成两部分来介绍：早期的经典游戏理论和现代游戏理论。

一、早期的经典游戏理论

早期的经典游戏理论均产生于第一次世界大战之前，主要解释游戏为何存在以及具有哪些目的，比较注重思辨，不太注重实验结果。

（一）剩余精力说

剩余精力说的主要代表人物是18世纪德国诗人席勒（Friedrich Schiller）和19世纪英国思想家斯宾塞（Herbert Spencer）。剩余精力说认为，游戏是剩余能力的发泄途径。生物进化得越高级，生存能力越强，高等动物除了维持生存所耗精力之外，尚有很多剩余精力，这些过剩的能量的累积会造成压力，必须消耗掉，因此，游戏便成为人和动物用来消耗剩余精力的主要方式。它可以解释为什么高等动物比低等动物有更多游戏，为什么儿童在教室上完课后，下课还需要到游戏场上奔跑和追逐。带给人们的启示是游戏是儿童维持健康、宣泄精力的通道。

（二）松弛说

松弛说的代表人物是德国诗人拉扎鲁斯（M. Lazarus）和柏屈克（Patrick）。与剩余精力说恰恰相反，松弛说认为游戏的目的是恢复工作所消耗的能量。拉扎鲁斯认为工作会消耗能量致其亏空，但能量可以通过睡眠或参与完全不同于致使能量不足的工作的活动得以恢复。游戏与工作不同，是一种恢复能量的理想方式。

总之，松弛说认为人类在脑力和体力劳动中会感到疲劳，为了放松自己，消除疲劳，恢复精力，才产生了游戏。儿童由于身心发展水平的限制和生活经验的缺乏，面对复杂的外部世界难以适应，容易疲劳，所以更需要游戏。游戏是出于儿童的一种本能。这个理论可以解释当前社会为什么成人的休闲活动如此流行。假若某人疲于做一种类型的活动，换一种不同的活动可能会有帮助。带给人们的启示是：游戏能够帮助儿童恢复精力。

（三）生活预备说

生活预备说的代表人物是德国生物学家格罗斯（Karl Groos），这个理论的主要观点是认为游戏是儿童对未来生活的预先练习。

格罗斯认为游戏是未来生活最好的准备，儿童虽然有生存的本能，但不成熟不完善，需要有一个准备阶段。在本能的基础上进行练习，才能适应将来复杂的生活，游戏是准备生存、练习本能的最好方式。小猫玩球是为了练习捕鼠，小狗咬玩具是为了练习捕猎，女孩玩娃娃是为了将来做妈妈，男孩开车是为了将来的职责做准备。格罗斯还提出，时间长短与动物在种系演化中所处的地位有关，越低等的动物，幼稚期和游戏期越短，动物越高级，游戏期越长。

格罗斯将游戏看作发展本能、完善本能的途径，肯定了游戏的价值，这一点具有积极意义。

（四）复演说

复演说的代表人物是美国心理学家霍尔（G. Stanley Hall），它的主要观点认为游戏是远古时代人类祖先的生活特征在幼儿身上的复演。

霍尔认为游戏的发展阶段正是以不同的形式复演人类祖先进化的历史，如儿童爬树、挂在树上荡秋千是重复类人猿在树上的活动；玩打猎、捕鱼、搭房子等游戏则是重复原始人的活动。霍尔把人类发展从原始人到现代人分成5个阶段：

（1）动物阶段，指类人猿阶段。幼儿表现为本能的反应，如吸吮、哭泣、抓爬、站立。

（2）未开化阶段，靠猎取动物为生阶段。幼儿表现为喜欢追逐游戏，如丢手绢游戏和捉迷藏游戏。

（3）游牧阶段，靠游牧为生。幼儿表现出喜欢小猫、小鸡、小鸭、小狗，如爱护小动物等游戏。

（4）农业耕种阶段，幼儿表现为玩娃娃、挖地、挖河等游戏。

（5）城市阶段，也称部落阶段。幼儿表现出小组游戏，由单个人独自玩发展成一群人一起玩。

总之，霍尔认为幼儿游戏是种族行为的复演。游戏的价值在于根除"史前状态的动物残余"，让个体摆脱原始的、不必要的本能动作，为当代复杂生活做准备。霍尔从某种程度上看到了儿童游戏内容的社会历史性。带给人们的启示是：不能忽视儿童发展过程中本应经历的阶段。

（五）成熟说

成熟说的代表人物是荷兰心理学家、生物学家拜敦代克（F. Buytendijk）。这个理论的主要观点是认为人有潜在的内部力量，而心理的发展就是依靠这潜在的内部力量进行的。游戏不需要做准备，不需要练习也能发展起来。游戏是一般欲望的表现。引起游戏的欲望有三种：求解放的欲望，即由于被束缚，即要排除环境障碍获得自由，发展个体主动性；与周围环境一致的欲望，即要适应环境；重复的欲望。游戏是机体逐渐成熟的表现，随着机体的成熟，游戏将出现不同的形式。

（六）生长说

生长说的代表人物是美国阿普利登（Appleton）和奇尔摩（Gilmore）。他们认为游戏是幼小儿童能力发展的一种模式，是机体练习技能的一种手段，生长的结果就是游戏；游戏是练习生长的内驱力，儿童通过游戏可以生长。

这些早期的经典游戏理论主要研究游戏产生的原因，即儿童因何游戏，为何游戏，它们或多或少的存在一些缺陷和不足，有的理论只是假说。这六种经典游戏理论可以组合成三组：剩余精力说和松弛说，将游戏视为是精力调节的一种手段；复演说与生活预备说，都是用本能来解释游戏。成熟说和生长说，都是将游戏与生理发育联系起来。可见，早期经典游戏理论似乎更多是从本能和生物进化的视角研究了游戏，虽然不乏其局限性，但给了人们很多看待和研究儿童游戏的视角。

二、现代游戏理论

现代游戏理论产生于20世纪初，第一次世界大战以后，包括精神分析学派的游戏理论，皮亚杰为代表的认知发展游戏理论，以维果斯基为代表的社会文化历史学派的游戏理论，以及20世纪80年代兴起的觉醒理论和元交际理论等。与早期游戏理论不同，现代游戏理论更多开始关注个体的人，从人本身来研究游戏。尽管现代游戏理论的不同学派有不同的观点，但他们都认为游戏能够以某种方式促进儿童的发展。

（一）精神分析学派的游戏理论

精神分析学派的代表人物有弗洛伊德（S. Freud）、埃里克森（Eriksom）、佩勒（Peller）等。其游戏理论的主要观点认为：游戏是排解内在心理冲突，实现人格健康的途径。

弗洛伊德提出了"发泄""补偿"说，他认为游戏是敌意或报复冲动的宣泄，儿童是为了追求快乐，宣泄不满而游戏。儿童天生也有种种欲望需要满足、表现和发展，但由于儿童所生活的客观环境的限制，儿童不能为所欲为，所以内心产生抑郁，导致一些不良行为。游戏是一种保护性心理机制。游戏能够降低焦虑，补偿性地满足儿童的愿望，是儿童心理健康的重要保证。比如，儿童玩给娃娃打针的游戏——克服自己打针的恐惧。在游戏中儿童重复在现实生活中给他们巨大影响的每一件事，并发现这些影响的力量，使他们成为环境的主宰者。这也使游戏成为一种治疗的手段。埃里克森，佩勒等都是在后期丰富和发展了弗洛伊德的理论。

这个理论带给人们的启示是：游戏对儿童心理健康的重要性。

（二）认知发展游戏理论

认知发展游戏理论的代表人物是瑞士心理学家皮亚杰（Jean Piaget），他把游戏和认知发展联系起来，认为游戏不是一种独立意义的活动，而是认知水平的表现形式。其主要观点认为，游戏是儿童认识客体的主要方法，也是巩固已有概念和技能，调节思维和行动的活动。皮亚杰认为游戏是认知活动的一个方面，游戏中幼儿总是用自己原有的经验去同化现实，将现实改造为适合于他自己认知水平的世界。游戏给儿童提供了巩固他们所获得的新的认知结构及发展他们情感的机会。儿童不能像成人那样有效地满足他个人情感上甚至智慧上的需要。因此为了达到必要的平衡，他需要一个可资利用的活动领域，在活动期间既没有强制也没有处分，而是使现实被他自己所同化，这个活动就是游戏。

这个理论带给人们的启示是：游戏能帮助儿童发展智能，适应现实世界。

（三）社会文化历史学派的游戏理论

社会文化历史学派是苏联的心理学派，也称为维列鲁学派，代表人物有维果斯基、列昂节夫、鲁宾斯坦、艾里康宁。该学派从马克思的辩证唯物主义出发，创造了区别于西方心理学的游戏理论。社会文化历史学派的游戏理论的主要观点是：首先，活动在儿童心理发展中起主导作用，在学前期，游戏，尤其是有主题的角色游戏是学前儿童基本的主要活动。其次，强调游戏的社会性本质，反对本能论。认为儿童的游戏具有社会历史的起源。社会形成和推动游戏的目的是教育和培养儿童参加未来的劳动活动。再次，强调成人的教育影响，强调儿童与成人的交往在游戏的发生、发展过程中的决定作用。3岁以后，一方面儿童独立性与能力增长，另一方面是想参与他们还不能胜任的成人的活动的愿望，于是在能力与愿望的矛盾冲突中，产生了游戏。游戏成为解决这种矛盾的最好手段。但是孩子不是生来就会游戏的，没有教育，游戏不会产生，或者会停滞不前。为了使儿童掌握游戏的方法，成年人的干预是必要的。所以这个理论也叫主导活动游戏理论。

这个流派带给人们的启示是：游戏在儿童发展中起着巨大的作用，儿童的游戏创造了"最近发展区"，解决了儿童日益增长的新需要与儿童本身有限能力之间的矛盾。

（四）游戏的唤醒理论

游戏唤醒理论的代表人物是伯莱因（Berlyne）、埃利斯（Ellis）等。他们认为游戏产生的根源在于内驱力。"内驱力"是由机体的需要状态引起的，其功能在于引起、激起行为或给予行动以动力。

他们把"唤醒"看作中枢神经系统的一种机能状态或机体的一种驱力状态。"唤醒"和两个因素有关：①外部环境刺激：环境刺激是唤醒的重要源泉。新异刺激可以激活机体，改变机体的驱力状态。②机体内部的平衡机制：机体具有维持体内平衡和环境刺激平衡的自动调节机制。机体通过一定的行为方式自动调节"唤醒"水平，维持最佳唤醒状态。只有在"最佳唤醒状态"下，机体才感到舒适和安全。

如果外部环境过于新异，即刺激水平过高，那么机体就会产生主观上的"认知不确定性"引起中枢神经系统的激活状态失衡，那么有机体就会紧张和焦虑，为了维持"最佳唤醒水平"，机体就会通过"探究"来获得外界刺激的信息，降低唤醒水平。如果环境刺激过于单调、贫乏，机体也会感到厌烦、疲劳，唤醒水平就会低于最佳水平，在这种情况下，机体会主动寻求刺激，即游戏，来使唤醒水平由低恢复到最佳状态。所以游戏的作用在于产生刺激，调节激活水平使之达到"最佳唤醒水平"。所以游戏和探究是维持机体"最佳唤醒"状态的两种不同的方式。

这个理论揭示了外界环境与人的行为之间的交互作用，启示教师应当重视幼儿园游戏环境的合理组织。一般来说，人们总是强调环境刺激的丰富性，但是刺激过多过强同样也是有害的，会使机体唤醒水平过高，超出最佳范围，不仅会抑制幼儿的游戏行为，而且会使探究行为变得刻板，防御性成分增加，甚至出现知觉逃避现象，使幼儿感到紧张不安。所以儿童游戏中，要保持环境适当的刺激，中等水平的唤醒才是最佳唤醒状态。

（五）游戏的元交际理论

这个理论的代表人物是贝特森（Bateson）。贝特森认为，游戏中的交际是一种充满着隐含意义的"元交际"。所谓元交际是一种抽象的交际，是对处于交际过程中的双方真正的交际意图或所传递的信息的"意义"的辨识与理解。"元交际"是人类言语交际的基础，"元交际"能力通俗地说就是能够"听话听音"，能够理解别人言语中的讽刺、反话、幽默，能够听到别人话中的"深意"。游戏的元交际体现在游戏里儿童必须同时操作两个不同层面的意义。一是游戏的意义，扮演角色并从事假装的活动，操作物体。二是真实生活的意义，知道自己扮演的角色和自己的身份，知道别人的角色和身份，以及游戏中的材料和活动在真实生活中的意思。

> **案例 1-4**
>
> 一个幼儿在雪地上抓了一把雪，揉成一团，突然向另一个幼儿掷去；然后停下来，笑着，等待着对方的反应。被雪块掷中的幼儿吃了一惊，刚要恼怒，但看到同伴的表情，似乎明白了什么。随即把书包一扔，也笑嘻嘻地抓起一把雪，向对方扔去。于是两个幼儿玩起了打雪仗的游戏。

在这个案例中，游戏活动的开展是以"元交际"过程为基础的。第一个幼儿动作的停顿、脸上的表情实际上构成了一个"游戏信号"，它告诉对方："快来玩呀！"。第二个幼儿觉察到这个信号，并正确理解这种"邀请"，于是做出了恰当反应，促成了两者之间的游戏的发生和发展。如果第二个幼儿没有正确辨识和理解这种"游戏信号",不具备"元交际"能力,可能会恼羞成怒,两个人就会打起来了。所以游戏是信息和意义的交流和沟通过程,"元交际"是它根本的特性。

从个体发生的角度来看,儿童"元交际"的能力是在成人的影响下,在与成人互动的社会性游戏过程中慢慢形成并发展起来的。"元交际"能力最早萌发于母婴游戏中,母亲与婴儿游戏时的表情、动作、语言,让婴儿逐渐熟悉这些"游戏信号",理解一些"假装""这不是真的"等隐喻,并把它迁移到伙伴游戏中。游戏过程不仅需要"元交际"的能力,也是让幼儿获得"元交际"能力的重要途径。所以游戏作为"元交际"是一种重要的学习方式,是通往人类文化与表征世界的途径,是人类文化共享的心理基础。

——【幼儿园教师资格证考试·考点预测】——

1. 认为"女孩玩娃娃是为了将来做妈妈,男孩开车是为了将来的职责做准备"的游戏理论是( )。

A. 剩余精力说　　B. 松弛说　　C. 复演说　　D. 生活预备说

答案解析:选D。生活预备说认为游戏是儿童对未来生活的预先练习。

2. 认为游戏创造了"最近发展区"的游戏理论流派是( )。

A. 精神分析学派　　　　　　B. 认知学派
C. 社会文化历史学派　　　　D. 元交际理论

答案解析:选C。社会文化历史学派认为,游戏在儿童发展中起着巨大的作用,儿童的游戏创造了"最近发展区",解决了儿童日益增长的新需要与儿童本身有限能力之间的矛盾。

第三节　游戏与儿童发展

游戏和儿童从来就是不可分的。古往今来,任何时代,任何民族,任何国家,没有不做游戏的儿童,没有不喜欢游戏的儿童。游戏是儿童生活的重要内容,儿童的发展在游戏中实现。本节内容将从游戏与儿童的关系入手,阐述游戏对儿童发展的重要价值,唤起人们对游戏的关注。

一、游戏是儿童的需要

人类的需要是一个多维度多层次的结构系统。西方心理学家马斯洛曾将人类的需要划分为七个层次,即生理需要、安全需要、归属和爱的需要、尊重需要、认知需要、审美需要、自我实现的需要。我国学者刘焱结合对学前儿童的观察,在此基础上,把儿童的基本需要划分为三个层次九种需要(图1-3)。她认为儿童有三个层次的需要,即生理的需要、认知活动的需要和社

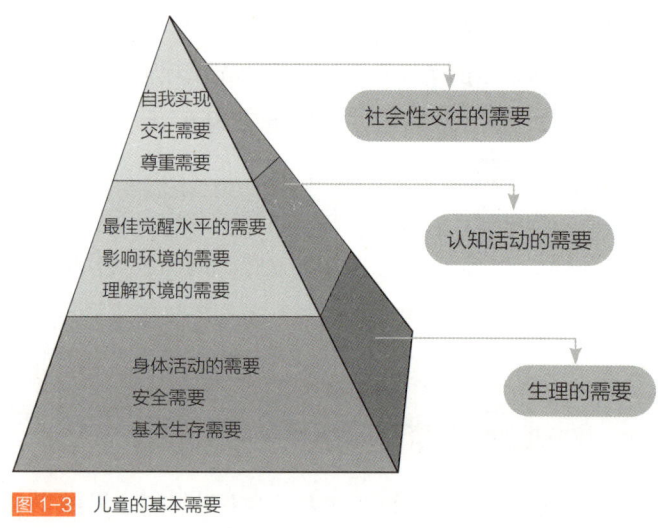

图 1-3　儿童的基本需要

会性交往的需要。其中基本生存需要和安全需要的满足是儿童游戏的前提,身体活动的需要、认知活动的需要及社会交往和自我实现需要则驱动儿童去游戏。游戏能让儿童的各种需要得到满足。需要的满足又带来了快乐,快乐作为强化物使儿童对游戏活动本身产生兴趣,兴趣和快乐这两种积极情绪体验相互作用、相互补充,进一步支持和促进儿童去游戏。如此循环往复,游戏就成为学前儿童稳定的兴趣,成为儿童的基本活动。

(一)游戏是儿童身体活动的需要

当儿童吃、喝、睡等基本的生存需要和安全需要得到满足后,儿童就有身体活动的需要。整个学前期,儿童神经系统特别是高级神经系统的活动还不成熟。总是表现为兴奋强于抑制,兴奋性强的外部表现形式就是好动,因此他们总是一刻不停地做各种动作。同时儿童的骨骼肌肉在生长发育的过程中也需要不断地补充高营养、氧气,游戏是一种积极的身体活动,儿童在游戏中可以自由地变换动作、姿势,可以多次重复他们感兴趣的动作和活动,不但使身体随时保持最佳的舒适状态,而且可以使儿童产生愉快的情绪体验。

(二)游戏是儿童认知活动的需要

理解环境和影响环境是儿童认知的需要,也是儿童与外界环境保持信息的平衡和协调的需要,可以使儿童保持最佳心理水平。一般来说,外界刺激与儿童主体已有经验不一致,即新鲜刺激出现时,儿童在主观上就会产生不确定性,感到紧张,产生理解外界环境的需求,出现探索性行为,这种行为帮助儿童消除主观的不确定性,儿童就会感觉舒适。而当周围环境过于单调、贫乏时,儿童就会"厌烦""疲劳",心理状态不佳,这时儿童会主动去影响环境、寻求刺激,以便保持机体的最佳状态。所以游戏可以满足儿童认知发展的需要。

（三）游戏是儿童社会交往活动的需要

游戏是儿童与人交往的媒介，在与成人的共同游戏中，儿童体验到最初的人际关系；在与人的相互作用中学会尊敬别人，也希望别人尊重和认可自己。儿童在游戏中通过了解自己的行为对外界环境产生的影响，建立自信。在获得成功的体验中，使自我实现得到满足。

二、游戏是儿童的权利

既然游戏是儿童正常的需要，也就应该成为儿童正当的权利，并得到尊重和保护。保障儿童游戏的权利是现代教育促进儿童健康、和谐、全面发展的基本策略，也符合我国一贯坚持的保护儿童权益政策。

（一）儿童拥有游戏的权利

1989年8月在丹麦哥本哈根举行的世界幼儿教育大会的主题就是保护儿童游戏的权利。1989年11月20日，第44届联合国大会一致通过的《儿童权利公约》第31条明确规定："儿童有权享有休息和闲暇，从事与儿童年龄相宜的游戏和娱乐活动，以及自由参加文化生活和艺术活动。"公约不仅确认儿童有发展权、受教育权，而且还有享受游戏的权利。我国政府先后颁布的《未成年人保护法》《九十年代中国儿童发展规划纲要》《幼儿园工作规程》等一系列文件法规中，就儿童权利、儿童游戏权利的保护问题也作了明确规定。可见儿童拥有游戏的权利已然得到各国政府和专业人士的认可。

（二）保证儿童游戏的时间

保障儿童游戏的权利，首先应该保障儿童有足够游戏的时间。受传统"重学轻玩"等教育理念的影响，许多成人信奉"业精于勤荒于嬉"等苦学精神，认为游戏是不学无术，浪费时间，用学习和作业挤掉了儿童游戏的时间，为了"不让孩子输在起跑线上"，不顾儿童的兴趣和愿望让孩子学习各种知识和技能，使儿童失去了游戏的机会。事实上，无论家庭中的儿童还是幼儿园的儿童，一天中主要时间应该用来游戏，而不是学习，这是学前期教育和学龄期教育的主要区别之一。

（三）保障儿童游戏的条件

儿童的游戏需要空间、设施设备和玩具材料等物质条件的保障。儿童的健康成长应该得到全社会的关注，给予儿童游戏全面的物质条件保障，综合解决儿童活动场地不足、游戏设施不普及、玩具材料不足、安全不过关等问题。

（四）给予儿童自由游戏的选择权

儿童教育工作者和家长还需要进一步更新教育理念，正确处理作为自由自主存在的游戏和作为教育手段的游戏的关系，让游戏不再负载太多的教育意图，让儿童拥有自主游戏的权力和机会，让儿童的游戏真正轻松愉快起来。

三、游戏对儿童发展的重要性

先从一个实验说起。20世纪60年代，美国加利福尼亚大学的罗森茨威格和他的同事历时十余年，进行了一系列研究。他们专门选了一批遗传素质一致的老鼠（一窝的老鼠），把它们任意分成三组。第一组3只老鼠被关在铁笼子里一起喂养，空间足够大，总有适量的水和食物，此为"标准环境"。第二组老鼠被单个地隔离起来，身处在三面不透明的笼子里，光线昏暗，几乎没有刺激，此为"贫乏环境"。第三组十几只老鼠一起被关在一个大而宽敞、光线充足、设备齐全的笼子里，内有秋千、滑梯、木梯、小桥及各种"玩具"，此为"丰富环境"（图1-4）。

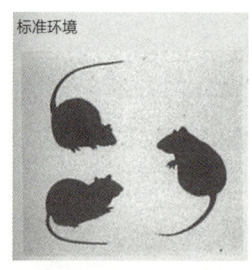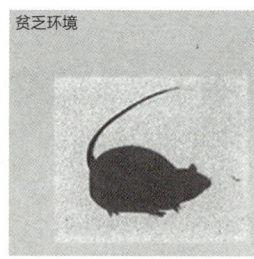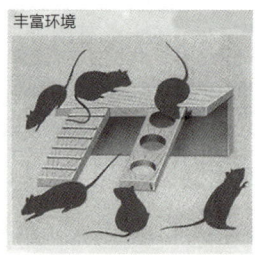

图1-4 被分成三组的老鼠们

这三组老鼠分别经过几个月的环境"熏陶"后，马克·罗森茨威格发现处于"丰富环境"中的老鼠最"贪玩"，处于"贫乏环境"中的老鼠最"老实"。之后他们将老鼠的大脑摘出解剖，进行分析，结果发现三组老鼠在大脑皮层厚度、脑皮层蛋白质含量、脑皮层与大脑的比重、脑细胞的大小、神经纤维、神经胶质细胞的数量等方面，都存在着明显的差异。

从解剖图（图1-5）可以看出，"丰富环境"组的老鼠优势最为显著，而"贫乏环境"组的老鼠最劣势。有关三组老鼠大脑的神经突触发现，在"丰富环境"的老鼠比在"贫乏环境"的老鼠神经突触大50%。

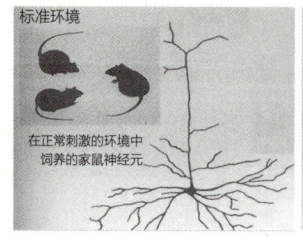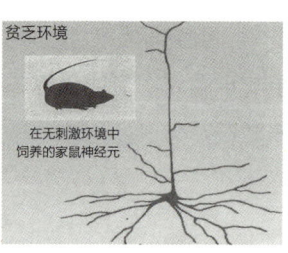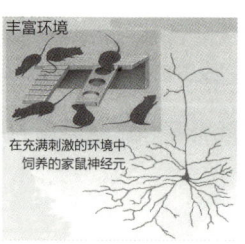

图1-5 三组老鼠大脑解剖后的神经突触

这个实验证实了老鼠小时候的生长环境会影响到大脑的重量和结构。由物推人，如果是儿童呢？给他游戏的环境和不给他游戏的环境是否会影响到他的大脑结构呢？显然不能拿人去做这样的实验，但是1997年，纳什（Nash）根据贝洛医学院的一项研究报告发现，那些游戏不充分或很少被抚触的幼儿，他们的大脑比同龄正常儿童的大脑要小20%~30%。

1994年，布朗（Brown）对多个成年犯罪者的童年生活进行了研究，发现其中有75%的人在幼年期缺乏游戏经验或没有正常的游戏经验。

在生命的第一年，游戏性的活动对于大脑发展和人类后继的基本能力的发展具有积极影响。在个体尚未发育完全的时期，游戏似乎具有一种决定性的功能。这种功能随着个体从猴到类人猿，直至人类这个愈益高级进化的过程，而显得越来越重要。他们发现，游戏是成年人胜任各项工作任务的前兆或先驱。

近二三十年的脑科学研究认为，游戏在动物和人类发展中的作用远比人们先前估计的重要得多。游戏的重要性也许可以和食物、睡眠、性等人的基本需求相提并论。自然的、创造性的游戏的剥夺，可能导致发展与行为的异常或不良。

我国著名的脑科学家——洪兰，专门从事大脑功能研究，她认为能够激活儿童大脑最好的三种方式是：运动、游戏和阅读。关于游戏，她说游戏不是学习的敌人，它是学习的伙伴，游戏是大脑成长的营养剂。从游戏中可以培养孩子的基本能力，而且会玩的孩子EQ高，可以在团体游戏互动中学习如何与人相处，完成他的社会化。孩子游戏的时候，想象力在发挥，而想象力是创造力的根本。

洪兰同样提供了实验佐证：游戏可以诱发神经元联结，增加大脑的可塑性，制造新的血管以运送生长因子，强化大脑功能，游戏时所产生的神经传导物质如多巴胺、血清张素（这是正向的神经传导物质，会使人心情好），可以帮助孩子控制大脑情绪，并中断大脑中焦虑的神经回路。

大量研究表明，游戏性越强的儿童，"外控性"越低，性情越随和宽容，情绪越积极乐观。游戏性强的儿童创造性强，他们喜欢探索，不墨守成规，有自信心和主见。他们不仅在现时可以拥有轻松自如的快乐童年，而且较强的游戏性还预示着他们在未来也可以拥有健康幸福的成年生活。

四、游戏的教育作用

游戏符合幼儿的生活需要，能够对他们身心和谐发展具有重要的促进作用。游戏的教育作用可以通过以下几个方面来看。

（一）游戏能促进幼儿身体的发展

游戏中大多含有各种动作的成分，对于锻炼幼儿的身体，促进儿童生长发育，增强体质具有重要作用。

1. **游戏能促进幼儿身体的生长发育**

幼儿处于身体快速发育时期，其活泼好动的特点，也是其发育需要的表现。在游戏中，儿童身体的各种器官都会得到活动：有全身运动，也有局部运动，有运动量大的活动，也有运动量小的活动。这些活动与运动，不仅促进儿童骨骼和肌肉的成熟，也有利于内脏器官和神经系统的发育。同时游戏往往能给儿童带来快乐和满足，以及轻松、愉悦的心情，这些对幼儿身体的健康生长具有良好的促进作用。另外，在户外进行的游戏可以让儿童接触充足的阳光、新鲜的空气，使儿童感受自然的滋养，提高机体对外界环境的适应能力，更好地促进儿童身体的健康发展。

2. **游戏能促进幼儿肢体动作和运动能力的发展**

幼儿的所有游戏几乎都包含着动作和运动的成分，天然的具有促进儿童身体动作和运动能力发挥的潜能。如户外体育游戏，包括攀登、追逐、跳绳、滑滑梯、走平衡木等游戏能锻炼幼儿的基本动作并促进幼儿大肌肉群的发育，使动作趋于协调，增强其运动能力。而室内的各种游戏，包括折纸、捏泥、插塑、穿珠等则能锻炼幼儿手部小肌肉群的协调能力，使动作趋于精细。

（二）游戏能促进幼儿认知的发展

幼儿认知的发展包含着感知、思维、想象力、语言、创造力的发展，游戏对他们的促进作用表现在以下几个方面。

1. **游戏能促进幼儿感知能力的提高**

感知觉是儿童认知活动的开端，幼儿必须通过各种感官去接触事物，进行直接的感知，才能对事物留下一定的印象，形成概念和记忆。游戏就是一种通过操作物体来感知事物的过程，在游戏中，儿童接触到各种性质的物体，并动用了各种感官参与其中，通过眼看、耳听、口尝、手摸，了解各种事物的特性，大大加强了感受性和观察力，促进了感知能力的提高。

另一方面，由于游戏是幼儿自主自愿的活动，是幼儿的兴趣所在，这就大大激发了他们的活动积极性，在兴趣引导下的对事物的感知、注意比成人要求下的有意注意更为集中和持久，感知事物的印象更深刻、更巩固。比如用图片教孩子认识"冰、雪"的各种属性，远不如玩过打雪仗、玩过冰块的孩子对冰和雪有更深刻的了解。由老师演示物体在水中的沉浮，不如用各种材料来玩过水的孩子对此有更深刻的体验。所以，游戏对感知能力提高的意义在于给了孩子更多综合运用感官体验事物的机会，从而提高了感官的感受性，促进了观察、记忆力的发展。

2. **游戏能促进幼儿思维能力的发展**

思维的发展是从问题开始的，因为不同水平、不同难度的问题都有一定的目的和条件，思维过程就是要分析既定条件，把条件与目的加以比较，运用已有的知识和能力，对问题进行分析，找出解决问题的办法，里面有分析、推理、判断。游戏中必然产生问题，在游戏情境中发生的问题，更容易激发孩子的思维积极性，为了游戏的开展，儿童能玩中生智，找出更多的解决问题的办法。所以游戏是问题的主要发生源，游戏的过程实际也会成为儿童解决问题的过程。

不少心理学家就游戏对儿童解决问题的能力的影响做过实验，都证明游戏有助于儿童问题解决能力的提高。

资料链接 1-1

布鲁纳等人曾以3~5岁的学前儿童作为试验对象，要求儿童坐在椅子上（不能站起来），从放在远处的一只透明塑料做成的盒子里取出一件奖品，盒子的开口对着儿童，但它的门是用一个"丁"形钩子钩住的。儿童唯一可利用的工具是3根长短不一的棍子和两只"C"形夹钳。解决问题的办法是用夹钳把两根短棍连接起来成为一根长棍，拨开门栓，将里面的奖品拨到眼前。

解题之前，儿童被分成5组做不同的训练：游戏组（用类似解题所需的多根短棒和多个夹钳自由玩耍），观察原理组（儿童观看实验者演示短棍接成长棍的原理），观察解题过程组（观察实验者完成整个工作的程序），操作工具组（操作练习夹钳连接短棍），看不见工具组（对解题工具既未操作过也未见过），然后让儿童解决上面的问题。

结果表明，成绩最好的是游戏组和观察解题过程组，其次是观察原理组和操作工具组，最差的是看不见工具组。最有启发的是，游戏组和观察解题过程组虽然成绩一样，但解决问题的能力为游戏组最强。游戏组的儿童不仅可多次解决问题，还更善于利用启发和暗示，遇到困难不易放弃，经得起挫折。尝试解题的方法，知道如何从简单开始，不轻易试行复杂的设想，弃权的儿童少。

分析具体原因可能是：第一，游戏的不确定性经常给儿童带来问题，促发儿童自发地进行探索，去寻找解决问题的办法，有了解决问题的基本实践。第二，由于是游戏，降低了儿童对成功的期望和对失败的担忧的压力，使儿童具有更强的挫折承受力和坚持性，因此在游戏背景中就能促使儿童机智地理解问题的条件和问题的情景，这是解决问题的重要心理基础。第三，游戏使孩子获得大量尝试在各种条件下使用各种物体的机会，使儿童的思维处于积极的活跃状态，他们常常创造性地使用物体，变换各种方式对待物体，在这一过程中试误、比较、操作、判断、思考，充满了变通性，有助于灵活地解决问题。第四，游戏中替代品的使用，本身就是一个复杂的思维过程，它需要比较分析代用品与被代用品之间的异同关系，尤其是同一种物体可替代不同的物体，不同的物体可以替代同一种物体的多种转换，具有发散思维的特点，是一种创造性地解决问题的实践。

3. 游戏能促进幼儿想象力的发展

想象力是智力的重要成分。幼儿如果缺乏想象力，就不能很好地掌握知识，更缺乏创造力。游戏是激发儿童想象力的最好方法。象征（假装）、模拟、联想是幼儿游戏的普遍特征，游戏为幼儿提供了想象的充分自由，因此想象是构成幼儿游戏活动不可缺少的心理成分。游戏时，玩具或材料可以通过以物代物在想象中使用，幼儿本身也以游戏角色通过以人代人在想象中活动，游戏的情节和场景更是充满了想象的内容。在游戏活动中，特别是角色游戏和建构游戏，能够巩固和加深儿童对周围事物的认识，随着扮演角色和游戏情节的发展变化，游戏内容越丰富，想象也就越活跃。

4. 游戏能促进幼儿语言能力的发展

语言发展的关键就在于使幼儿有机会以各种方式练习说话，游戏为儿童语言的实践提供了机会。游戏中不断出现的新情境、游戏伙伴间的交流，使幼儿练习了发音、训练了表达，丰富了词汇、理解了语义，而且幼儿天生就有一种通过游戏来练习刚获得的技能的冲动，儿童可以像操纵物体一样来操纵语言，把语言和词句当作具有多种玩法的玩具，自发地变化押韵的顺口溜玩对话的游戏。布鲁纳认为儿童最复杂的语法和言语往往是在游戏情景中最先使用，他以一个3岁孩子第一次使用条件句的例子为证："如果你和我好，把你的石弹子给我，我就把我的枪给你。"如此复杂的语言，通过教给一个3岁孩子用"如果……就……"造句恐怕是很难顺利完成的，但在游戏中，孩子成功地运用了。此外，一些复杂的重复句、省略语都首先出现在游戏情境中。在游戏中，儿童为了达到解决问题和冲突的目的，会运用已经掌握的语句，表达出更为复杂的意思和句子，如为了向伙伴索要玩具，会尝试使用多种表达方式来说服对方。

5. 游戏促进幼儿创造力的发展

创造力与主动自愿的内部动机、自由民主的气氛、灵活易变的形式有着密切的一致性，而这些恰恰也是游戏的特点和性质。游戏以其特有的魅力吸引儿童，让儿童拥有自由想象的空间，在不同程度上或不同侧面为儿童提供创造的机会和方法。例如，在想象性游戏中，儿童最初在物体和观念之间建立的独特关系和联想，往往成为创造性发展的萌芽。而儿童在游戏中尝试解决问题而产生的顿悟与创造性见解则是儿童创造过程的预演。象征游戏和结构游戏中的"以物代物"和"造型"都在挖掘儿童的创造潜能，改善儿童的认知结构，培养他们的创造意识。

> 🔗 **资料链接 1-2**
>
> 杰弗里·丹斯基和欧文·西尔弗曼做了一项研究，将4~6岁的儿童分成三组，让游戏组儿童在10分钟内自由地玩一些常用物品：一些纸巾和湿塑料杯、一把螺丝刀、一些纸夹和空白卡片以及一些火柴盒。模仿组儿童则模仿成人用这些物品做一些常规的事，如用纸夹夹紧卡片。控制组儿童只用一盒蜡笔给素描着色。随后对儿童进行物品用途测验，要求儿童想出同一物品的多种不同用途，测查儿童的创造力。结果发现，游戏组儿童比另外两组儿童能想出更多的非标准答案。而另外两组儿童成绩相当接近。游戏组儿童对未玩过的物品用途的反应，也明显好于另外两组。由此可见，游戏特别是自由游戏能促进儿童的创造性思维能力，有助于引发出多样性联想的态度及其心理结构的形成与发展。

（三）游戏能促进幼儿社会性的发展

游戏，大多都需要他人的配合，即便是单独的个人游戏，有时也有假想的游戏伙伴。游戏为儿童融入社会、融入游戏群体，提供了训练交往的机会，使儿童逐渐学会认识自己和同伴，正确处理与同伴间的关系，社会交往能力得到提高。

1. 游戏能促进学前儿童"去自我中心化"

心理学研究表明，儿童2~3岁开始意识到自己的存在，自我意识开始萌芽，但这种自我意识是以自我为中心的。只能从自己的角度出发看问题，以自己的想法、体验、情感来理解周围的人和事。游戏特别是角色游戏，在儿童学习从他人角度看问题的发展中起着重要的作用。在游戏中，儿童担当了角色，出于角色的需要，他必须以角色的身份及情感体验来行动，这时他既是"别人"，又是自己，在这种自我与角色的同一与守恒中，他"融化"了别人的经验，把自己摆在别人的位置上，从他人角度看问题，发现自己与别人的不同，学会发现自我。只有知道了别人与自己不同，才能够理解别人，逐渐改变自己看问题的角度，慢慢"去自我中心化"，发展起自我力量。

2. 游戏能促进学前儿童交往能力的发展

婴儿出生后的第一个社会交往团体是家庭，家庭成员很早就已经开始与婴儿展开了游戏活动。随后，同伴关系成了儿童时期一个最重要的人际关系，是儿童个性发展的社会化动因。儿童要在社会交往活动中不断学会适应集体生活，遵守群体规则，与同伴交往。而这一切是首先在游戏中得以实践的，游戏是儿童进行社会交往的起点和媒介。在游戏中，儿童就游戏的主题、规则、玩法进行交流，协商由谁来扮演什么角色，怎样布置背景、怎样使用玩具等来共同完成游戏活动。这种儿童间的交往互动，构成了儿童实际的社会关系网络，使儿童逐渐熟悉、认同周围的人和事，了解自己和同伴的想法、行为、愿望，理解他人的行为、情感，逐渐掌握人与人交往的规则，学会与同伴分享、互相谦让、合作等人际交往技能。

3. 游戏能促进学前儿童意志行为的发展

学前儿童自制力差，意志行动尚未充分发展，但在游戏中儿童却能表现出较高水平的意志行为，所以说游戏是磨炼意志、培养和锻炼儿童自制能力的场所。在游戏中，儿童乐于抑制自己的其他愿望，使自己的行为服从游戏的要求，遵守规则。在角色游戏中，角色本身包含着行为的准则和榜样，幼儿扮演角色的过程就是锻炼意志的过程。正因为如此，儿童在游戏条件下能够抗拒诱惑，延迟满足。例如，娃娃家里新投放了一些理发用的材料，大家对新材料都跃跃欲试，但是扮演理发师的人数是有限的。那么扮演顾客的人就要克制自己想要动手的愿望，乖乖地扮演好自己的角色。

资料链接 1-3

苏联心理学家马努依连柯曾做过"哨兵站岗"的实验，要求幼儿在空手的情况下，保持哨兵持枪的姿势。有两种情境：一种是非游戏情境：其他小朋友在一边玩，让被试在一边以哨兵持枪的姿势站着。另一种是游戏情境：实验者以游戏的方式告诉被试，其他小朋友是工人，正在包装糖果，你来当哨兵，站在旁边为保护工厂而站岗。结果表明：在游戏情境中的幼儿坚持站立不动的时间，远远超过非游戏情境下幼儿站立不动的时间。

幼儿在不同条件下保持站立姿势的时间

年龄	非游戏情境	游戏情境
4~5岁	41″	4′17″
5~6岁	2′55″	8′15″

4. 游戏有助于学前儿童亲社会行为的发展

儿童游戏尤其是角色游戏和表演游戏为学前儿童习得分享、谦让、助人等亲社会行为提供了机会和榜样。比如：娃娃家里"爸爸""妈妈"对小宝宝的照顾、关爱；超市游戏里售货员对顾客的热情和礼貌；《三只蝴蝶》故事表演里，大家的团结友爱……这些游戏为儿童提供了模仿和练习亲社会行为的良好时机。心理学的研究也证实，儿童的角色游戏和表演游戏提高了日后儿童发展亲社会行为的可能。

（四）游戏能促进学前儿童情感的发展

1. 游戏使学前儿童拥有更多积极的情绪体验

游戏时儿童可以按自己的意愿，自由自在地进行活动，在快乐的气氛中，通过自己的努力完成游戏任务，从而产生愉快和满足，获得成功的愉悦。游戏的内容和形式丰富多彩、灵活多样，儿童在游戏中通过扮演角色能够体验到各种积极的情绪情感。在游戏中，儿童把成人世界复杂的事物压缩为他们自己可以控制的范围，缩小了周围世界与自己已有经验的不协调和不一致，从而感到宁静安详。儿童在运用玩具探索的过程中，可以体验到由环境的适宜的新异性所带来的趣味性和兴奋感，并在多次重复中逐渐熟悉和掌握周围事物，由此产生满足感。所以，游戏让儿童完全放松自己，平和而专注地投入到自己感兴趣的活动中去，没有任何的心理压力。

2. 游戏帮助学前儿童转移和宣泄消极的情绪体验

生活中，学前儿童受外界各种因素影响，难免会产生一些消极情绪，如果消极情绪长期积压得不到适当的宣泄，会影响儿童的情绪健康。游戏则是儿童松弛紧张、宣泄消极情感的有效方式和途径。生活中人们都有这样的经验：让一个号啕大哭的孩子破涕为笑的最好方法是和他玩游戏或给他一件玩具，孩子会很快忘了刚才的不愉快，兴致勃勃地玩起来。游戏促成幼儿消极情绪的转移和宣泄，获得了心理的平衡。例如，幼儿会模仿爸爸妈妈的样子训斥小宝宝，以此转移来自父母严加管教带来的不良情绪。儿童害怕打针，但在游戏中却喜欢玩"打针"，通过再现痛苦的体验，减轻了害怕的程度，体验到战胜恐惧的愉快；在游戏中还能转换角色，扮成"医生"给别的"小孩"打针，发泄对医生和打针的恐惧。

3. 游戏能发展学前儿童的高级情感

游戏可以发展学前儿童的道德感、美感和理智感。

道德感主要指学前儿童评价自己和别人的行为是否符合社会道德行为标准时所产生的内

心体验。游戏是对现实生活的反映，角色的行为无不表现了道德的要求。例如：在公共汽车的游戏中，孩子扮演了给老人让座的乘客；在医院的游戏中，孩子扮演了同情和救护病人的医生。当孩子游戏中的角色行为经常和道德行为相联系时，对角色行为的体验也就常常充满着道德情感的体验，长此以往有助于形成稳定的道德情感。同时游戏的开展需要同伴之间的合作、谅解和帮助，游戏中能力弱的孩子常常需要能力强的孩子的帮助，这种帮助是被游戏的需要所促发的，被帮助的孩子会体验到友好，帮助者的行为得到肯定会体验到一种满足。可见，友爱、同情、荣誉等道德情感的体验产生于游戏之中。

美感是人对事物的审美体验，是人们在领略美好事物时产生的。学前儿童对美的体验有一个社会化的过程。儿童从小喜欢鲜艳悦目的东西，学前初期主要对颜色鲜明的东西如新的玩具、图画、衣服产生美感。在环境和教育的影响下，儿童逐渐形成审美标准，能从音乐、美术作品等多种活动形式中体验到美，不仅能感受美，而且能够创造美。游戏就是儿童感受美和创造美的特殊审美活动。在游戏中，儿童主动反映着自然和社会生活中的美好事物，表演着艺术作品中的美好形象，使用着艺术语言，进行着音乐和美术等艺术活动，装饰和美化自己的游戏环境，这些活动都有助于培养儿童对自然、社会、艺术的审美能力，发展着儿童的美感。

理智感是与学前儿童的认识活动、求知欲、好奇心和解决问题等需要是否满足相联系的内心体验。理智感是由求知动机引起的，否则就不会有探索、惊奇和了解事物的愿望。幼儿的求知欲在游戏中有着最充分的表现，他们通过看、摸、动、拆、提出问题，自发地去寻求答案，解决问题后会感到一种极大的满足和愉快。每当他们用一种材料玩出多种花样来，每当他们发现了事物的奥秘，掌握了一种游戏技巧，懂得了一个道理，都会由衷地发出欣喜的欢呼，这种求知欲的满足正是幼儿理智感的表现。对于幼儿来说，进入正规的学习之前，是游戏帮助他们发展了理智感。

── 【幼儿园教师资格证考试·考点预测】──────

1. 在幼儿园里，明明坐在地上，拿着一辆小汽车，在地上推来推去，口中喃喃自语。请根据你学过的游戏对幼儿的教育作用，说一说明明在玩小汽车的游戏中，能够得到哪些方面的发展？

幼儿游戏案例解析

参考答案：首先，在推拉小汽车的过程中，明明要控制汽车的方向和移动速度，可以锻炼明明的手部肌肉和手眼协调的能力，车子移动时发出的声音，能够给明明带来感官上的刺激，间接地有助于明明感觉器官的发展。在游戏中，他也可能充满了想象，想象自己驾驶小汽车的乐趣，甚至还可能联想到一些与驾驶或交通规则有关的事项。在推动小汽车的过程中，明明还可能会领悟到用力大小与汽车速度的关系，理解高低、快慢、前后、远近等概念。同时游戏中，明明为了控制小汽车，有了更多机会去思考、学习如何解决困难，并借助于自我中心语言，开始发展自己的思维能力。

2. 游戏能够促进幼儿哪些方面的发展？

答案参考：①游戏能够促进幼儿身体的发展；②游戏能够促进幼儿认知的发展；③游戏能够促进幼儿社会性的发展；④游戏能够促进幼儿情感的发展。

第四节　游戏在幼儿园的地位

"幼儿园"（kindergarten）一词源于德国教育家福禄倍尔，他把他创立的学前教育机构命名为"幼儿园"，就是要和各个幼儿学校区别开，意指儿童的花园。他认为，幼儿园如同花园，幼儿如同花园里的植物，老师应该像辛勤的园丁，儿童应该在这样的乐园里像花草一样欣欣向荣、自然成长。基于幼儿园这么美好的寓意，游戏在幼儿园教育中的地位是什么呢？人们认为游戏就如幼儿园的阳光雨露，是幼儿身心健康的重要保证。

一、游戏是幼儿园的基本活动

所谓幼儿园的基本活动，即游戏应该成为幼儿园最经常、最必须、最常见的活动。游戏是幼儿生活的主要内容。幼儿园作为幼儿重要的社会生活场所，应该为幼儿的学习和生活提供一种特殊的游戏生态环境，在这种游戏生态环境中，儿童的身体、认知、社会性和情感可以获得最自然的和谐统一。游戏是符合幼儿身心特点的一种活动，是儿童的生活方式和存在方式，社会和成人没有权利剥夺儿童在幼儿园过一种适宜他们身心发展需要和特点的"现时生活"。幼儿不只是为将来的生活做准备，他们当下所在的幼儿园经历就是生活，现在的生活和经验将决定他们未来的生活和经验。良好的成年生活是以丰富和充实的童年生活为基础的。幼儿所有的发展在游戏中均可以得到实现，游戏有利于他们身心的全面发展和主体性的发展。

教育家马卡连柯曾经指出："游戏在幼儿生活中具有积极重要的意义，幼儿在游戏中怎么样，长大的时候在工作生活的许多方面也会怎么样，未来活动家的教育，首先要在游戏中开始。"鉴于此，把游戏放在幼儿园的中心地位是发展幼儿教育的必然选择。

二、游戏在幼儿园的法规地位

幼儿园"以游戏为基本活动"已经成为现代学前教育的重要命题和普遍共识。但是游戏在我国幼儿园中地位的确立并不是一蹴而就的，而是经历了几代学前教育工作者的反复研讨和努力，经历了一个发展变化、不断推进的过程。

以我国先后出台的政策为依据，对游戏地位的提法最早涉及"主要活动"和"主导活动"等。1955年，我国印行的苏联《幼儿园教养员工作指南》中文版中提到"游戏是幼儿的一项主要活动，是共产主义教育的重要手段"。1956年，在当时聘请的苏联专家的指导下，北京师范大学学前教育研究室和北京市教育委员会联合编写并印发了《学前教育工作指南》，明确指出："在正确的教育下，三至七岁儿童的主导活动是游戏。"

"基本活动"的提法始于20世纪80年代，最早见于1981年《幼儿园教育纲要（试行草案）》，其中规定"幼儿园的教育任务、内容和要求是通过游戏、体育活动、上课、劳动、娱乐和日常生活等各种活动完成的，不可偏废""由于幼儿生理、心理的发展特点，幼儿最喜欢游戏，因此游戏成为幼儿生活中的基本活动。在游戏中幼儿最易接受教育，游戏在整个幼儿教育工作中占有极为重要的地位，是进行德、智、体、美全面发展教育的有力手段"。

1989年，由国家教育委员会颁布、1996年正式实施的《幼儿园工作规程》明确提出幼儿园教育应"以游戏为基本活动"。《幼儿园工作规程》第21条明确规定幼儿园要"以游戏为基本活动，寓教育于各项活动之中"，把游戏作为幼儿园教育工作的原则之一。在第25条中，进一步对幼儿园游戏做了具体的规定："游戏是对幼儿进行全面发展教育的重要形式，应根据幼儿的年龄特征选择和指导游戏，应充分尊重幼儿选择游戏的意愿，鼓励幼儿制作玩具，根据幼儿的实际经验和兴趣，在游戏的过程中给予适当指导，保持愉快的情绪，促进幼儿能力和个性的全面发展。"

2001年，教育部颁布实施了《幼儿园教育指导纲要（试行）》（以下简称《纲要》），《纲要》指导幼儿园深入实施素质教育。《纲要》中关于游戏的阐述秉承了《幼儿园工作规程》的主要精神，强调幼儿园教育应"以游戏为基本活动"以及"游戏是对幼儿进行全面发展教育的重要形式"，提出"幼儿园教育应尊重幼儿的人格和权利，尊重幼儿身心发展的规律和学习特点，以游戏为基本活动，保教并重，关注个别差异促进每个幼儿富有个性的发展"，在此基础上，《纲要》超越了单独游戏的概念，将游戏与课程更广泛地加以融合，使游戏成为课程的主线。

2010年7月，中共中央、国务院正式发布的《国家中长期教育改革和发展规划纲要（2010—2020年）》专章明确提出基本普及学前教育，学前教育进入了"发展的春天"。2012年2月，教育部颁布实施的《幼儿园教师专业标准（试行）》把"游戏活动的支持与引导"作为幼儿园教师应当具备的七大专业能力之一，并进一步将其细分为四种基本能力：①提供符合幼儿兴趣需要、年龄特点和发展目标的游戏条件。②充分利用与合理设计游戏活动空间，提供丰富、适宜的游戏材料，支持、引发和促进幼儿的游戏。③鼓励幼儿自主选择游戏内容、伙伴和材料，支持幼儿主动地、创造性地开展游戏，充分体验游戏的快乐和满足。④引导幼儿在游戏活动中获得身体、认知、语言和社会性等多方面的发展。可见，理解游戏对于幼儿学习和发展的重要价值，认同并坚持幼儿园以游戏为基本活动的教育理念，掌握组织和指导幼儿开展游戏活动的方法和技能，已经成为学前教育专业学生的基本要求。

2011年12月，针对幼儿园教育"小学化"现象日益突出的问题，教育部专门颁布了《关于规范幼儿园保育教育工作防止和纠正"小学化"现象的通知》，再次明确提出幼儿园"要坚持以游戏为基本活动"，"要创设多种区域活动空间，配备丰富的玩具、游戏材料和幼儿读物，为幼儿自主游戏和学习探索提供机会和条件"。

2016年3月1日，教育部颁布了新修订的《幼儿园工作规程》（以下简称《规程》），在对游戏的重视程度上一如1996年的《规程》。新的《规程》规定幼儿园要"以游戏为基本活动，寓教育于各项活动之中"，并进一步明确了"幼儿园应当将游戏作为对幼儿进行全面发展教育的重要形式。幼儿园应当因地制宜创设游戏条件，提供丰富、适宜的游戏材料，保证充足的游戏时间，开展多种游戏。幼儿园应当根据幼儿的年龄特点指导游戏，鼓励和支持幼儿根据自身兴趣、需要和经验水平，自主选择游戏内容、游戏材料和伙伴，使幼儿在游戏过程中获得积极的情绪情感，促进幼儿能力和个性的全面发展"。

2022年2月，教育部发布了《幼儿园保育教育质量评估指南》（以下简称《评估指南》），这是一个引领我国教育工作者重新认识儿童，聚焦保教质量，反思教育理论与实践的教育变革的"指挥棒"。与前面的文件一脉相承，强调我国幼儿园教育要以"游戏为基本活动形式"。《评估指南》中评估内容包括办园方向、保育与安全、教育过程、环境创设、教师队伍5个方面，15项关键指标，48个考查要点。其中在教育过程下的科学理念、活动组织两个关键指标中提出："遵循幼儿身心发展规律和学前教育规律，尊重幼儿个体差异，坚持以游戏为基本活动，珍视生活和游戏的独特教育价值。""以游戏为基本活动，确保幼儿每天有充分的自主游戏时间，因地制宜为幼儿创设游戏环境，提供丰富适宜的游戏材料，支持幼儿探究、试错、重复等行为，与幼儿一起分享游戏经验。"

三、幼儿园以游戏为基本活动的实现

幼儿园以游戏为基本活动，意味着幼儿园的一日生活活动将从老师预设好的课堂转移到幼儿主动参与的游戏上，这种转变对老师提出了更高的要求：要掌握幼儿的身心发展特点，将幼儿作为积极主动的学习主体；要承认并尊重幼儿学习与发展的个体差异性，有针对性地实施影响；要具备发现、分析、指导等方面的意识和能力，促使幼儿产生主动学习的动力等。建议可以通过以下途径去实现。

（一）幼儿园生活的游戏化

幼儿园生活的游戏化并不能简单地理解为将幼儿园一日生活环节和游戏活动拼凑组合在一起。教师首先应该从观念上做好准备，充分认识到幼儿生活本身的丰富性和综合性，充分认识到游戏在幼儿生活中的价值，意识到两者实质上具有互为影响的整体性。

从实践层面出发，幼儿园生活的游戏化可以从以下两个方面加以努力：其一，在幼儿园一日生活活动中，教师可以用贴近幼儿实际生活经验的、符合幼儿身心发展水平的游戏来组织活动，使幼儿在生动有趣的活动中感受到快乐，并在愉悦的情绪体验中完成一日生活，逐步养成健康的生活习惯，比如，很多小班幼儿不会主动喝水，针对这一问题，教师可以通过"小汽车加油"的游戏加以解决：用彩纸做成小汽车，在每辆车上贴上一位幼儿的标志，塑封后贴在墙上，同时做一批便于取放的卡片，当作"加油卡"。把"加油站"建在饮水桶边，鼓励孩子们喝完水给自己的小汽车"加油"，每喝一杯水就在小汽车上插一张"加油卡"。通过这个游戏激发幼儿的主动性，促进幼儿养成良好的喝水习惯。其二，以多种丰富多彩的游戏充实进幼儿园的一日生活活动之中，尽量减少不必要的集体行动和过渡环节，减少和消除消极等待的现象。比如，不少幼儿园在盥洗、进餐、如厕等环节存在较多的等待现象，先做完事情或先吃完东西的幼儿会显得无所事事，针对这一现象，教师可以将一些短小的音乐游戏或简单的手指游戏贯穿进来，使幼儿在轻松有趣的游戏氛围中获得发展。

（二）幼儿园课程的游戏化

游戏化并非强调幼儿园所有的课程都必须以游戏的方式加以表现，而是基于游戏作为一种精神的存在，强调游戏精神在课程中的体现，进而使游戏成为贯穿和融入幼儿园课程的主线。幼儿园课程的游戏化，要避免为游戏而强加游戏的倾向，避免使幼儿处于一种毫无意义的亢奋之中，丧失掉课程的教育价值。幼儿园课程游戏化的关键不在于多少外部的游戏形式，也不在于多少数量的游戏因素，而在于使幼儿真正产生以自发性、自主性、兴趣性、成就感为主要内涵的游戏性体验，从而让幼儿从"要我学"转变为"我要学"。

一方面，将游戏与课程这两种互为补充的形式整合起来，模糊游戏与课程之间的界限，从时间、空间、内容等方面将幼儿的经验统一整合在一起，使幼儿园课程不仅具备形式上的游戏化特征，更通过幼儿主动参与、自主体验、积极探索等方式让幼儿园课程具有内涵上的游戏化精神。因此，教师在进行集体活动指导过程中，应在保证幼儿积极参与的同时，关注到幼儿的发展需要和发展水平，避免时间的浪费，真正从形式和内容上做到幼儿的有效学习和长足发展。另一方面，游戏要成为幼儿课程的主线就要实现游戏精神与幼儿园课程之间的融通：关注幼儿的主体地位，尊重幼儿的选择权和决定权，满足幼儿表达与释放情绪情感的意愿；给予幼儿自由幻想与创造的足够空间；关注环境的创设和材料的提供，强调儿童与环境和材料的互动；关注活动的过程，将目标隐含在过程之中。将这种精神渗透于课程之中，幼儿园课程才能成为呵护幼儿健康成长的文化载体。

1. 课程与游戏的互动

以游戏为基本活动的幼儿园课程一方面把游戏作为课程实施的一个基本途径，另一方面也把游戏视为课程生成的重要来源，两者之间可以形成良好的互动关系，即游戏可以生成课程，课程也可以生成游戏。

（1）游戏生成课程。游戏生成课程，是教师根据幼儿在游戏中所表现出来的兴趣和愿望，及时开展有针对性的活动，进一步丰富和深化幼儿的相关经验，从而使课程更适合幼儿的个体需要。

> **案例 1-5**
>
> 　　一次下雨后，几个孩子饶有兴趣地拿着小铁铲到花坛里去玩挖蚯蚓的游戏，过了一会儿，老师看到他们七嘴八舌地在说什么，一问才知道原来孩子们对蚯蚓产生了浓厚的兴趣，看到老师就问："老师，蚯蚓有脚吗""老师，它们怎么跑出来的""老师，蚯蚓有眼睛吗"……老师不失时机地组织幼儿观察和讨论，开展了以"蚯蚓"为主题的活动，于是，一个不是由老师提前预设的课程就在游戏中自然生成了。

游戏生成课程，是教师根据幼儿在游戏中所表现出来的兴趣和愿望，及时开展有针对性的活动，进一步丰富和深化幼儿的相关经验，从而使课程更适合幼儿的个体需要，较好地使课程目标、内容与实施等与幼儿形成匹配。

（2）课程生成游戏。课程生成游戏则指把游戏作为课程实施的基本途径，根据幼儿实际发展情况，在游戏中支持、帮助、促进幼儿的学习和发展，包括为幼儿创设丰富有意义的游戏环境，精心设计、组织与课程匹配的游戏活动等。比如，数的组成与分解，很多老师往往采用图和填写等方式来让幼儿做练习，但幼儿却难以掌握，也有老师通过玩扑克牌、超市买东西找零、"好朋友抱一抱"等方式，让孩子在游戏中掌握数的组成，反而取得好的效果。设计这类课程需要把握课程和游戏之间的"度"的问题，幼儿不仅是游戏的主动参与者，也是课程实施的对象，要让幼儿在游戏过程中发挥自发性和自主性的特点，逐渐理解并掌握课程的内涵，而不要由教师生硬地去告知幼儿应该建构怎样的"知识"。只有这样，才能保证幼儿参与游戏的积极性，不至于将游戏变为一堂生硬的授课。

2. 课程游戏化的注意要点

从实践层面看，幼儿园课程的游戏化，应注意以下几个问题。

（1）游戏因素符合幼儿的年龄特点。幼儿不同的年龄段对游戏的理解和掌握能力不同，而不同性质的游戏因素对幼儿的要求也不尽相同，因此教师在选择游戏因素时应充分考虑到幼儿的年龄特点。比如，竞技性游戏要求幼儿具备相互合作意识和竞争意识，一般而言，这样的游戏就不太适合小班幼儿；因角色游戏具有较强的模仿性和假象性，常常在小班和中班加以运用。游戏因素如果不符合幼儿的年龄特点会直接影响教学的效果。例如，有一个名为"动物过河"的游戏，一位教师在中班进行该游戏，要求幼儿从"岸上"起跑，像小马一样跑过去，在"河边"停住，然后像螃蟹一样横着走过去。结果很多幼儿跑到河边，来不及停住，就直接冲过去，造成了混乱。究其原因，很大程度上是由于教师没有充分考虑到中班幼儿对身体运动控制能力的特点所造成的。

（2）游戏因素与课程内容相匹配。在课程内容方面，有些内容是可以通过幼儿自身对材料的操作而获得的，比如幼儿玩汽车模型，在尝试的过程中会发现从不同坡度、不同路面的斜坡上滑下来，汽车的快慢不同，在自我探索的过程中了解到影响速度的相关知识。类似于这种"程序性知识"的教学就应提供多种游戏材料，创设相关的游戏情境，鼓励幼儿尝试、发现和总结。而有些内容不容易通过幼儿自己的活动发现，需要老师提供相关的知识背景，使幼儿形成一定的知识储备后才能掌握，类似于这类"陈述性知识"的教学，就应选择相对直接的方式，通过一定的课程游戏加以对知识的巩固。

（3）游戏难度与幼儿的已有经验相匹配。课程游戏化，一定要把握好"度"的问题，这个"度"很大程度上取决于游戏与幼儿已有经验之间的"距离"——既不能太复杂（太复杂容易导致幼儿放弃游戏），又不能太简单（太简单容易导致幼儿提不起兴趣），要在幼儿能掌握的前提下构成一定的难度，充分体现出"跳起来摘桃子"的发展原则。但在现实中，一些幼儿教师往往容易忽略幼儿的前期知识储备而开展活动。例如，某个小班，在全班幼儿都熟悉了各种动物（如猫、狗、鸡等）声音的前提下，教师还兴致盎然地进行"听听谁在叫的游戏"，导致幼儿丧失了游戏的兴趣，达不到教师预期的教育效果。

【幼儿园教师资格证考试·考点预测】

1. 首次明确提出"以游戏为基本活动"的政策文件是（　　）。
A.《学前教育工作指南》
B.《幼儿园教育纲要（试行草案）》
C.《幼儿园工作规程》
D.《幼儿园教育指导纲要》

答案解析：选C。我国首次明确提出"以游戏为基本活动"的政策文件是1989年颁布，1996年正式实施的《幼儿园工作规程》。

2. 玲玲带了一个沙包到幼儿园，班上很多孩子都没有玩过，一时之间孩子们都围在玲玲周围，对沙包产生了浓厚的兴趣。玲玲开始得意地教大家怎么玩沙包，几个孩子抢着在教室外面玩丢沙包的游戏。教室外的场地是一块块的方形的地砖铺成的。杨老师觉得这个游戏是一个很好的课程资源，可以让孩子们在游戏中学会如何测量。于是她把全班幼儿都带到了户外，对孩子们说："玲玲带了一个新玩具到班里，看，就是这个沙包！今天，我们就来一起玩一玩丢沙包的游戏。"孩子们欢呼雀跃。杨老师接着说："丢沙包，首先要把沙包丢出去，我们请几个小朋友来试一试。"几个孩子试完后，她接着问："怎样才能知道扔得有多远呢？"有的孩子回答："可以数地砖。"有的孩子回答："用尺子量。"在杨老师的不断提示和追问下，幼儿说出了用绳子、布条量，用脚跨等不同方法。杨老师对这个活动很满意，孩子们却对这个活动越来越丧失兴趣，还有孩子小声地说："我只想玩一下，不想知道能扔多远。"杨老师纳闷：这个游戏不是孩子们自己感兴趣的吗？为什么自己将游戏与课程结合后孩子们反而丧失兴趣了呢？

请根据游戏与课程的互动关系，帮助杨老师分析原因。

参考答案：通过案例可以发现，幼儿感兴趣的是"丢沙包"这个游戏本身，关注点还没有转移到"能扔多远"的问题上，因此，在这个案例中，杨老师过于着急，心中只有课程，而没有关注到幼儿的兴趣点，为了达到自己预定的活动目的，没有充分把握与幼儿互动的节奏，导致活动出现问题。要实现课程和游戏的互动，实现课程游戏化，必须关注幼儿的主体地位，尊重幼儿的选择权和决定权，给予幼儿自由幻想与创造的足够空间；关注环境的创设和材料的提供，强调儿童与环境和材料的互动；关注活动的过程，将目标隐含在过程之中等。将游戏精神渗透于课程之中，幼儿园课程才能成为呵护幼儿健康成长的文化载体。

本章要点

1. 幼儿游戏是在一定时空中，儿童自发自愿进行的，伴有愉悦情绪体验的一系列假想的或现实的活动。这类活动是以自身为目的，既可以是儿童个体独自进行，也可以是儿童与其他人之间进行的社会交往活动。
2. 幼儿游戏的基本特点：主动性、愉悦性、虚构性、非功利性、有序性。
3. 游戏的结构要素一般由外部可观察的一些外在特征、内在的游戏性体验和外部的条件因素构成。游戏的外在特征包括面部表情、动作行为、游戏材料、言语。兴趣性体验、自主性体验、胜任感或成就感、幽默感、生理快感是游戏的内在体验，有自由选择游戏的权利和可能、自行决定游戏方式方法、游戏任务与幼儿能力相匹配、不担忧游戏外的奖惩是游戏的外部条件和保证。
4. 游戏的分类常用的有三种，从认知角度划分，可分为感觉运动游戏、象征性游戏、结构性游戏、规则游戏。从社会性角度划分，可分为偶然行为、旁观游戏、独自游戏、平行游戏、联合游戏和合作游戏。从教育作用划分，可分为创造性游戏和规则游戏。
5. 游戏的教育作用：游戏对学前儿童的身体发展、认知发展、社会性发展、情绪情感发展都具有重要的作用。
6. 游戏理论：包括早期经典游戏理论和现代游戏理论，分别从不同视角解读了游戏及其本质。
7. 游戏是幼儿园的基本活动形式，在幼儿园具有重要的地位。

关键术语

游戏　早期经典游戏理论　玩相　象征性游戏　课程游戏化　生活游戏化

思考题

1. 简述游戏的结构要素。
2. 游戏具有哪些教育作用？
3. 常见的游戏分类有哪些？
4. 说一说早期经典游戏理论的主要观点。

5. 简述游戏在幼儿园中的地位。

💬 案例讨论

1. 判断下面的幼儿行为是否是游戏？并说明理由。

   明明在数学区里，拿起卡片，按照要求对应卡片上的数字夹夹子，夹好以后数字立起来，"数字小人"就可以"站"好了，他看起来对自己的本领很自豪。

   浩浩一到幼儿园就拉上他的好朋友进入了建构区，两个人装了一把机关枪，一把手枪，接着对打起来，一边嘟嘟地开枪，一边炫耀自己的枪最厉害。

2. 幼儿园里，一群家长围在"中一班一周活动安排表"前，议论纷纷。

   "怎么一天就上这么两节课？"

   "一天有这么多时间在做游戏，要玩这么长时间？"

   "怎么这么多的游戏？我花这么多钱送我的女儿上幼儿园是来玩的？"

   "我们去找老师问问看。"

   面对家长的疑惑，你能替中一班的老师向家长做出具体解释吗？

⭐ 建议的活动

观摩幼儿园某班的一日游戏。

【目标】

1. 观察、分析幼儿园一日生活中游戏的类型。
2. 进一步认识游戏的特征。

【内容与要求】

观察并做记录，分析游戏的类型。

第二章 幼儿园游戏环境创设

知识目标

① 了解幼儿园游戏环境的概念,熟悉幼儿园户外和室内游戏环境的构成。

② 认知幼儿园游戏环境创设的意义,熟悉环境创设的基本要求。

③ 认知玩具和游戏材料在儿童发展中的意义,熟悉幼儿园玩具配备的内容及玩具和游戏材料选择、管理的要求。

能力目标

① 掌握幼儿园户外和室内游戏环境创设的基本要求和方法,能够对幼儿园的游戏环境进行创设与管理。

② 能够根据班级和儿童的需要正确投放玩具和游戏材料,并对实践中幼儿园的户外和室内游戏环境进行合理的分析和评价。

情感目标

① 体验和感知良好游戏环境的价值和重要性,树立以"儿童为本""儿童友好"的游戏环境创设理念。

② 基于儿童友好、儿童参与、儿童优先的原则,乐意结合幼儿身心发展需要和特点创设适宜的幼儿园游戏环境。

导入案例

贝贝马上就要上幼儿园了,妈妈提前带着贝贝来到幼儿园熟悉环境。刚进入幼儿园门口,贝贝就拉着妈妈往里跑,原来他看见了游戏场中间的大沙坑,旁边是一些五颜六色的玩沙工具。贝贝玩了一会儿,又看见旁边的小拖车,也想玩,妈妈陪贝贝玩了拖车、滑梯、蹦床,好不容易才把贝贝带到教室,结果他很快就被教室里游戏区的玩具吸引了。临走的时候,贝贝跟妈妈说:"幼儿园真好玩,我要来幼儿园。"

在这个案例中,贝贝为什么会喜欢这个幼儿园?因为这个幼儿园有吸引他的东西,不管是幼儿园的户外活动场地和材料,还是教室里放满玩具的游戏区,里面都蕴含了对儿童发展和需求的考虑,构成了幼儿园的游戏环境。相信通过本章的学习,你可以对幼儿园游戏环境创设有清楚的了解。

第一节　幼儿园游戏环境创设概述

游戏是学前儿童身心发展的需要和基本的学习方式,也是他们在幼儿园生活的基本内容。正如小鸟飞行需要蓝天一样,游戏也需要"空间"。幼儿园的游戏环境是儿童在幼儿园生活所需要的基本条件。创设丰富的、能够激发儿童探索的兴趣、想象和思考的游戏环境,是在为儿童创设有利于其发展的学习环境,也是在为幼儿园课程的形成、发展和实施创造良好的前提和基础。

一、幼儿园游戏环境

幼儿园游戏环境是指游戏活动得以实施的一切条件的总和,包括物质环境和心理环境。物质环境是有形的、静态的环境,主要是指幼儿园各种人工或非人工的游戏空间和场地、游戏材料、设施、玩具、游戏时间等。心理环境是无形的、变化的,是指环境中的人际关系及心理氛围,包括师生关系、同伴关系和游戏氛围等。其中物质环境是儿童进行游戏的前提。例如,让小朋友完成建造、拆卸、炊事、挖掘、种植、养殖等多种多样的活动,前提是要有自然环境(如花园、池塘、种植园等)和自然材料(泥土、木材、绳索)以及工具等。心理环境是儿童进行游戏的根本，必须建立尊重、平等、信任、关心的师幼关系，营造愉悦、安全、自由的游戏氛围才能够鼓励儿童进行探索与创造，真正的游戏才能产生。

游戏环境创设是指教师对幼儿环境进行整体、系统的方案设计和实施，包括对环境中基本条件（硬件和软件）、空间规划以及区域内材料的提供等方面从宏观到微观的长远思考和安排。

二、游戏环境创设的意义

（一）有利于幼儿园教育目标的达成

在幼儿园里，"环境"是幼儿的第三位老师，幼儿园里的每一面墙壁都会说话，主题墙、区域布置、材料匹配都蕴含着教育的意图，是一种无声的语言，对幼儿有着潜移默化的影响，有着润物细无声的效果。例如，卫生间里的洗手图，区域活动里的图片导引，都在引导孩子养成好的习惯。

（二）有利于满足幼儿爱游戏的天性，促进幼儿与环境的良好互动

正如案例中贝贝对幼儿园的喜欢，首先就来自于环境满足了他爱游戏的天性，游戏材料激发着他与环境进行不断地互动，并持续引发游戏行为的产生。

（三）有利于促进幼儿身心和谐发展，使幼儿真正成为游戏的主人

丰富、整洁、优美的游戏环境给幼儿带来美的享受，让他们感受到身心愉悦的同时也会引发幼儿的游戏活动和探究活动，培养他们的适应力、思考力，让幼儿在积极的互动中得到身体、智能、社会性、情感等方面的和谐发展。

芬兰教育家苏塔玛指出，缺乏刺激性、新异性的环境会剥夺幼儿感官的辨别力，削弱思维的积极性，降低幼儿观察事物的细节和微小差异的能力。所以教师要把教育意图渗透在丰富、有组织的环境中，为幼儿提供探索的机会，通过游戏环境中的诸因素来传递信息，启发引导幼儿，通过幼儿与环境的良好互动，反馈幼儿游戏的需要并立即加以补充、完善。所以良好的游戏环境是幼儿学习和娱乐的最佳场所。

三、游戏环境创设的基本要求

（一）符合安全要求

幼儿的年龄特点决定了其活泼好动的特点，但因为其器官的稚嫩，动作发育的不完善和危险意识的欠缺，会导致各种意外事故的发生。所以幼儿园游戏环境创设首先要考虑安全问题，尽可能把幼儿游戏中可能受到的伤害降到最低点，但又不能因噎废食。因此，提前的考虑预设是非常必要的。同时幼儿园需要定期进行器械检查维护、环境消毒、预设游戏空间密度等，做好安全防范。

（二）适合幼儿年龄特点，富有趣味性

游戏器材的选择要符合幼儿的年龄特点，适合幼儿的身高、体重，操作方便，材料富有童心童趣。在舒适的、适合儿童的环境里，儿童的活动积极性和效果才能达到理想状态。例如：建构区幼儿有站有坐，有趴有跪，可以准备较为宽敞的区域；益智区以操作为主，适合坐姿，可以准备适合的桌子和椅子。

（三）体现形式丰富、内容多样的要求

无论户外还是室内，幼儿园的游戏活动有集体、个别、私密、开放的形式，因此在环境创设上要有开放的区域，也要有相对封闭或半封闭的区域。

（四）力求符合游戏空间密度要求

空间密度是指游戏环境中可供每个幼儿使用的空间的大小。很多研究表明，空间密度会影响幼儿的游戏和游戏中的交往行为。按照我国的幼儿园空间标准，要保证游戏环境中每个幼儿使用的空间大小（户外人均不少于$4m^2$，室内人均不少于$2m^2$）。但是现阶段大多数幼儿园，尤其是大中城市幼儿园，普遍存在空间密度过小的问题。因此常常需要通过改变布置、分组等形式来改善。

（五）玩具材料丰富

对于小孩子来讲，玩具和材料是最有诱惑力的东西，能够满足其好奇、爱玩、探索的心理需求。所以无论室内还是户外游戏环境都应该尽可能提供充足的玩具和材料，并随着幼儿的发展需求不断地进行调整和补充。一般来说，户外游戏以运动类和探索类游戏为主，所以应该尽可能多投放此类玩具和材料，而室内游戏以社会交往、认知、操作类游戏为主，所以玩具和材料的投放与户外不同。幼儿年龄不同对玩具和材料的要求也不一样，投放时也应考虑幼儿的年龄特点。

总之，好的游戏环境应该是符合幼儿特点的，满足儿童需要的，并能引发幼儿发展的，这是评价游戏环境适宜性的主要标准。

──【幼儿园教师资格证考试·考点预测】──

1. 下列不属于幼儿园游戏环境创设基本要求的是（　　）。
A. 要有安全性　　　　　　　　B. 符合幼儿年龄特点，富有童趣
C. 材料的丰富性　　　　　　　D. 注重美化

答案解析：选D。因为幼儿园游戏环境创设的基本要求包括：符合安全要求，适合幼儿

年龄特点、富有趣味性、体现形式丰富、内容多样的要求，力求符合游戏空间密度要求，玩具材料丰富等要求。因此注重美化不是幼儿园环境创设的基本要求，因此答案选D。

2. 下列要素不属于幼儿园游戏的物质环境的是（　　）。
A. 游戏材料　　　　B. 游戏时间　　　　C. 游戏场地　　　　D. 师生关系

答案解析：选D。因为幼儿园游戏环境包括物质环境和心理环境，物质环境是有形的、静态的环境，主要是指幼儿园各种人工或非人工的游戏空间和场地、游戏材料、设施、玩具、游戏时间等，因此ABC都属于物质环境范畴，D属于心理环境范畴。

第二节　户外游戏环境的创设

户外游戏活动的广阔空间，对于幼儿来说总是充满了诱惑和刺激，为幼儿从事自发性的自由探险提供各种机会，使他们摆脱空间的限制，发挥幼儿的想象力和创造力。因此，户外游戏是幼儿生活中不可或缺的重要内容。幼儿园应该认真科学地规划户外游戏场地和游戏环境，促进幼儿的健康发展。

一、关于户外游戏场地

户外游戏场地，其实就是幼儿可以亲近大自然的活动场所和空间。为了弥补城市化带来的人和自然的疏离，户外游戏场地的设计一直被当作有效弥补都市生活中自然气息缺乏的手段。所以户外游戏场地的设计历来也是幼儿园环境创设中的一个重要部分，为幼儿提供更多观察自然，进行大运动的机会。

研究表明，年长儿童在户外游戏的时间多于年幼儿童，他们更喜欢户外游戏，而且男孩比女孩更喜欢户外游戏，他们在室外游戏的时间多于女孩，在室外进行的想象游戏也显著多于女孩。

2016年新颁布的《幼儿园工作规程》规定："在正常情况下，幼儿户外活动时间（包括户外体育活动时间）每天不得少于2小时，寄宿制幼儿园不得少于3小时，高寒高温地区可酌情增减。"因此创设安全适宜的户外游戏场地，才能为儿童提供一个科学健康的环境。

二、户外游戏场地创设的内容要求

我国教育部在对于《城乡建设环境保护部、国家教育委员会托儿所、幼儿园建筑设计规范》中托儿所、幼儿园总面积设计中第九条明确规定托儿所、幼儿园室外游戏场地应满足下列要求：必须设置各班专用的室外游戏场地。每班的游戏场地面积不应小于60m²。各游戏场地之间宜采取分隔措施。应有全园共用的室外游戏场地，其面积不宜小于以下公式的计算值：室外共用游戏场地面积M=180+20（N-1），其中N为班数。室外共用游戏场地应考虑设置游戏器械、30m跑道、沙坑、洗手池和储水深度不超过0.3m的戏水池等。所以目前各个省对于幼儿园的等级评估会根据这些硬性指标做具体的规定，如绿化面积、生均面积等作为一级、二级、三级幼儿园的评估指标。

三、户外游戏环境创设的内容构成

幼儿园户外游戏环境常设内容包括运动器械区、运动综合游戏区、沙水泥巴游戏区、运动休闲区、种植养殖区、涂鸦区、车道或跑道区、冒险游戏区、自然区、木工游戏区、材料广场等。

（一）运动器械区（图2-1、图2-2）

运动器械区主要是指攀登架、滑梯这样的大型组合玩具和秋千、跷跷板、转椅这样的中型器械区。若户外空间场地较大，可以设立在任何一个空间，可以考虑运动器械之间要设有一定距离，幼儿进出口处要铺设安全软垫。

图2-1 攀登架一角

图2-2 滑梯

（二）运动综合游戏区（图2-3、图2-4）

运动综合游戏区主要包括以平衡、钻爬、跳跃、投掷、走、跑为主而准备的幼儿户外运动综合游戏区，同时也包括使用小型游戏运动器械开展的户外游戏活动区，如球类区、绳类区、圈类区等，这一空间相对较大也集中，能够保证全班幼儿集体游戏、分组游戏等。运动场地的四周可以栽种高大的乔木，保证夏季提供绿荫。

（三）沙水泥巴游戏区（图2-5至图2-8）

玩沙、玩水、玩石头、玩泥巴是小孩子最喜欢的游戏，而且百玩不厌。沙水泥巴的触觉很特别，能刺激幼儿的感官，沙水泥巴富有变化，有助于幼儿想象力、创造力的发展。玩沙区幼儿通过玩沙可以练习铲、挖、堆、叠、装等多种动作技能，同时能够促进幼儿感受沙子的特性，对沙子的质地、重量、黏度等拥有基本的认识，同时可以拥有创造性表达与表现的机会，还可以进一步感受对测量的认知。玩

图2-3　攀爬梯组合

图2-4　小型器械区

图2-5　泥巴区

图2-6　水池

图2-7　沙池

图2-8　五彩石

水区则使幼儿有机会观察和探索水的自然流动，通过修建"水坝"等来控制水流的速度和流量的大小。认识干—湿，沉—浮等概念。

一般沙水游戏区可以分开设置，也可以合起来设置。

（四）运动休闲区（图2-9）

幼儿园户外运动游戏场地作为静态游戏活动场地，可以安排一些闲置的空间，如长廊、操场、树荫、花棚等。在这个运动休闲区中，可以放置一些自然装饰而成的桌子、凳子、吊床、秋千等，它们的作用显得必不可少。

（五）种植养殖区（图2-10、图2-11）

幼儿园可以以班为单位为幼儿选择适合种植和养殖的一块区域。种植区可以有计划地由每个班的幼儿固定或轮流管理，幼儿通过播种、栽培、施肥、浇水等过程可以了解植物的生长过程；在养殖区通过喂养、照顾小动物，了解养殖动物的生活习性，同时增加对小动物的热爱。

（六）涂鸦区（图2-12）

涂鸦区一般设置在户外相对安静的地方，幼儿可以在桌面上、地面上、墙面上、树干

图2-9 休闲凉亭

图2-10 养殖区

图2-11 种植区

图2-12 涂鸦区

上、石头上等任意地方涂鸦。涂鸦的空间和工具、材料本身的创意也是涂鸦游戏富有吸引力的组成部分。

（七）车道或跑道区（图2-13、图2-14）

车道主要是为幼儿骑车和推车等各种有轮子的游戏设施提供的。车道的地面设计不宜太软，可以根据幼儿园实际增加一些坡度，使活动提高挑战性和趣味性，从而吸引幼儿玩耍和探索。车道和跑道也可以合二为一，目的是通过骑车或奔跑，协调幼儿的身体动作，控制幼儿的方向和速度，锻炼勇气和胆量。

（八）冒险游戏区（图2-15至图2-17）

这类游戏区一般设置在树丛或者高大灌木之间，设置攀爬、滑索、蹦跳、钻爬等设施，让幼儿进行大肌肉动作的探险活动。一般这类游戏区富有挑战性，锻炼幼儿体能的同时，培养幼儿乐于挑战、敢于冒险的游戏精神。

图2-13 有坡度的滑道

图2-14 塑胶跑道

图2-15 滑索

图2-16 蹦床

图2-17 移动迷宫

（九）自然区（图2-18、图2-19）

幼儿园如果空间规模有限，可以把小树林和小山坡、小山洞设计在一起，既符合自然的要求，又节约空间。小树林里可以种植各种树木，包括果树和花木，可以在小树林里增设秋千、摇椅等玩具器械，也可以在绿地上建造游戏小屋，既能促进幼儿社会交往性需要，也能满足幼儿独自游戏的需要。游戏小屋可以满足幼儿有时候一个人或两个朋友一起待着的需求。游戏小屋应该有敞开着的门或者窗户，以便老师能够看到里面的幼儿。

图2-18 自然区1

图2-19 自然区2

（十）木工游戏区

户外木工游戏可以较好地解决噪声和空间不足的问题，可以设置在相对安静的场地边缘，可以呈现开放式的，有屋顶或者透明玻璃顶。木工活动可以让幼儿在敲敲打打的动手操作中感知材料，学习使用工具，方便幼儿设计、测量、计算、制作等科学学习和探究活动。

（十一）材料广场（图2-20、图2-21）

作为户外游戏材料集中投放的地方，可以集中设置在几个游戏区周围，满足周围孩子游戏的需求，它的价值显而易见。在这里孩子们可以寻找游戏中需要的材料，解决游戏中的问题，又或者由材料引发孩子新的游戏。瑞吉欧教育中提到，材料广场是孩子游戏点子生成的地方。当然材料广场设置时要考虑众多因素，既要方便孩子取放，又要遮风挡雨。

图2-20 材料广场1

图2-21 材料广场2

四、户外游戏环境创设的原则

（一）安全性原则

幼儿是最稚嫩最无危机意识的个体，因此安全是户外游戏场地设计时需要考虑的第一原则和要素。场地安全、设施安全、制度安全、设施使用符合规范要求、活动规则有序。只有提前做好这些综合考虑，才能把危险值降到最低。在户外游戏场地最常见的意外伤害是儿童从游戏器械或设备上掉落到地面上。因此在所有的攀登物下面都应当铺设一定厚度的具有柔软性和弹性的材料，如沙、木屑、胶垫等。运用草坪、沙、灌木丛、树、水、花、树皮和吊床等为儿童创设一个安全舒适的户外游戏场。

户外游戏场所用的材料（包括铺地的材料）应当耐用、无毒、经济，能牢固地固定和安装，便于保养和维护。设备和设施应当适合于幼儿的年龄、身材、活动能力的特点，具有发展适宜性。

（二）自然性原则

户外环境相对于室内最突出的一个区别就是自然性。在户外幼儿可以享受大自然赐予的阳光、空气、水等。户外游戏环境中的树木、土坡、草坪、藤萝架等深受幼儿的欢迎。所以应根据幼儿园实际，因地制宜，利用当地自然景观、气候特点和材料，创设具有原生态的游戏环境。正如攀登架给儿童带来的快乐不能和爬一棵真正的大树相提并论。尽量让草地、树林、小溪、小山坡等自然的东西成为儿童探索、嬉戏的游戏场。游戏场的设计应当重视对场地的自然环境（如小山坡、大树、草地、小溪等）的利用。

（三）挑战性原则

儿童喜欢挑战和探险，不能因为安全问题就忽略孩子冒险的需求。爬高、荡秋千、钻山洞、过绳索等一些富有挑战自我胆量和能力的项目不能缺少。幼儿正是在种种挑战性的活动中去发展勇气，感受自信，学会自我保护，发现自己的"最近发展区"的。

（四）整体性原则

户外游戏环境不仅仅是"运动"的地方，同样也是儿童探索学习的地方，要促进儿童身体、认知、社会性和审美的全面发展，活动要多样，增加各领域间的横向联系，满足幼儿不同方面的需求。

五、户外游戏环境创设要点

（1）整体观察户外可利用的空间，以尊重原生态的自然风貌为主，进行区域布局和绿化美化，如围墙、栏杆可种植爬蔓植物，两棵大树之间可以吊挂饰物，也可以拴绳让儿童荡秋千、过索桥等。

（2）完成自然结构布局如山坡、树林、小沟等之后，进行永久性环境规划，即大型组合玩具、地面、沙水池、操场、跑道、遮阳亭。

（3）多层次、综合利用空间。幼儿园里的每一寸土地，花草树木，墙壁都是孩子们活动的资源。可以细化墙面、地面、楼顶、平台、栏杆、屋角、墙根、门厅、房屋之间的空隙，实现可美化、儿童化、教育化。

（4）关注区域之间的关系，拓宽幼儿游戏内容。在设计户外游戏环境时，要综合考虑各区域的联动关系，方便于孩子们之间的互动交往，同时拓展孩子们的游戏内容。

（5）补足室内游戏短板，满足幼儿全面发展的需求。有些游戏在室内受到局限，把它放在户外进行，满足孩子的需求。例如，玩泥活动由于受到材料、场地等的限制，在活动室里很难开展，所以在户外设置"泥池"，让孩子们可以自由地进行陶泥塑型，不受场地、材料难收拾等的限制。

（6）户外环境的设计让老师在不同角度都能观察到幼儿，保证幼儿的安全。教师的合理站位将是保证幼儿游戏安全、顺利开展的重要因素，所以在进行户外区域布置时，必须考虑到教师对幼儿的观察。

（7）投放玩具材料时，要考虑材料的移动与组合，真实与虚假等因素。

（8）合理设置游戏区域，要考虑游戏空间的分隔、空间密度、空间大小等因素。

由此可见，幼儿园户外游戏环境创设有明确的安全标准、设施标准和构成标准，并非越大越好，也并非越奢侈越好，而是要结合自己幼儿园所在地区、环境、气候的特点，因地制宜，建设独特的、具有本园特色的"幼儿乐园"。表2-1是美国得克萨斯大学教授弗罗斯特提出的关于游戏场的10条评价标准，从中可以了解到游戏场地设计的基本要求。

表2-1 游戏场评价标准

1. 鼓励幼儿游戏	吸引人的、容易接近
	开放的空间和令人放松的环境
	从户内到户外通行无阻
	有适合不同年龄的设备和设施
2. 刺激幼儿感官	在比例、亮度、质地和色彩上的变化和对比
	多功能的设备
	给幼儿多种经验
3. 激发幼儿的好奇心	可以让幼儿自己加以变化的设备
	可以让幼儿进行实验和建构的材料
	植物和动物

续表

4. 满足幼儿基本的社会和身体方面的需要	给予幼儿舒适感
	设备和器械的尺寸适合幼儿的身材
	具有体能上的挑战
5. 促进幼儿和环境之间的互动	能为幼儿的行为提供一定规范的、摆放整齐的储藏室
	可供幼儿阅读、玩拼图或独处的半封闭的空间
6. 支持幼儿与其他幼儿的交往	各种不同的空间
	足够大的空间以避免冲突的发生
	能促进幼儿社会性交往的设备和设施
7. 支持幼儿与成人的交往	易于保养和维护的设备设施
	足够大的和使用方便的储藏室
	方便教师观察监督的空间结构
	可供幼儿和成人休息的空间
8. 丰富认知类型的幼儿游戏	功能性的、体能性的、大肌肉运动的、活动性的游戏
	建构性的、创造性的游戏
	扮演角色的、假装的、象征性的游戏
	有组织的、规则性的游戏
9. 丰富社会性类型的幼儿游戏	独自的、独处的、沉思性的游戏
	平行的、肩并肩的游戏
	合作性的相互关系
10. 促进幼儿的社会性和认知发展	提供渐进的挑战性
	整合户内和户外的活动
	成人参与幼儿的游戏

【幼儿园教师资格证考试·考点预测】

1. 以下不属于幼儿园户外游戏环境创设应该考虑和遵循的原则的是（　　）。
A. 自然性原则　　B. 安全性原则　　C. 神秘性原则　　D. 整体性原则

答案解析：选C。幼儿园户外游戏环境的设计应该考虑和遵循的原则：自然性原则、安全性原则、挑战性原则、整体性原则。因此本题答案应该选C。

2. 以下不属于幼儿园户外游戏环境创设的要点的是（　　）。

A. 尊重幼儿园的原生态　　　　　　B. 合理设置游戏区

C. 综合利用每一个空间　　　　　　D. 游戏区设置得越多越好

答案解析：选D。幼儿园户外游戏环境创设的要点是以尊重原生态的自然风貌为主，整体设计完成自然结构布局的永久性环境创设，细化各个角落的美化和教育化功能，合理设置游戏区域，投放丰富的玩具材料。因此本题答案应该选D。

拓展阅读

寿光市市直机关幼儿园建桥园户外环境创设

山东省寿光市市直机关幼儿园建桥园是山东省示范幼儿园，总占地面积13000m²，户外总面积5500m²，其中绿地面积2000m²。幼儿园现有24个教学班，设大、中、小三个级部，在园幼儿1200余人，教职工127人。2015年，建桥幼儿园开始研究户外自主游戏，户外环境设计将园林和游乐场融于一体，让孩子们在优美自然的环境中乐玩、趣玩、强身健体。根据幼儿园已有的户外环境条件进行统筹设置，构建了户外11个区域。

1. 以塑胶地面为主的综合体能区。该区占地面积约300m²，是幼儿早操场地兼户外活动场地。在场地的四周设有功能不同的大型滑梯，同时存放大量的可组合移动器械，如高低不同的梯子、大油桶、滚子、轮胎、小推车、汽车和各种自制玩具等。孩子们可以在这里根据游戏主题自由选择器械进行跑、跳、攀爬、负重、钻爬等体能游戏。

2. 充满夏威夷风情并具有多种功能的休闲娱乐区。该区占地面积约100m²，形状不规则，呈带状分散在幼儿园南区。该区种植有不同品种的绿植，结合该区的特点又增设了"红外线""吊床""喂动物""超级演讲台"等多种功能的子区域。"红外线"是利用红色的绳子在多棵树之间错综交叉成不同的高度，并在绳子上系上铃铛，孩子们可以在这里进行钻、跨、匍匐等活动，根据情境开展多种探险、寻宝游戏，当碰到绳子铃铛就会响起来，增加了游戏的趣味性。"吊床"是在两棵树之间系上吊床，孩子们可以在这里休息、游戏。休闲娱乐区既是孩子们的休息区，又是兼具平衡、跨跳、投掷、休闲交往的游戏区。

3. 充满挑战的冒险游戏区。该区占地面积约50m²，设置了适合孩子们攀爬的轮胎山、轮胎墙，充满挑战的空中滑梯。该区还设置有不同高度、长度的滑道，孩子们通过不同形式的攀爬、升降椅等进行高空滑索，该区在保障孩子安全的同时，对孩子的臂力、耐力的提高均有帮助，而且很多玩具都具有挑战性，满足了幼儿喜欢冒险的心理。

4. 富有生活情趣的角色游戏区。该区由"茅草屋""休闲餐厅""超能陆战队"构成。

"茅草屋"占地面积约10m²，充满原始风格的灶台、凉棚为这个区域提供了基本的游戏结构框架，废旧的锅碗瓢盆等生活物品和幼儿园户外的自然材料成为该区材料的主体，孩子们可以根据自己的兴趣开展娃娃家、野餐等角色游戏。

"休闲餐厅"占地面积约15m²，弧状的顶棚设计，为幼儿创造了舒适的游戏环境。设有多种功能的操作台、烧烤架、果汁冷饮加工处等，投放废旧的锅碗瓢盆、冰柜、自行车等具有生活气息的物品，孩子们可以在这里开展餐厅、烧烤、外卖等游戏。

5. 可以任意创作、彰显个性的艺术游戏区。该区又分为"户外涂鸦区"和"小小叮当林"。

"户外涂鸦区"占地面积约15m^2，借助教学楼楼体特点进行了两维设置，设置了适合粉笔画和水粉画的涂鸦墙壁，并投放了各色颜料、各类刷子、笔，除此之外，废旧报纸、户外的树叶、废旧的小汽车和轮胎、各种形状的石头也成为孩子们创作的材料，在这里，孩子们的创造力和想象力可以得到充分的发挥。

"小小叮当林"占地面积约6m^2，借助几棵树搭建了一个表演的舞台，旁边的木屋成为该区的材料收放处，从一定程度上减少了户外材料的损耗，另外该区的废旧生活材料、竹筒、PVC制成的打击乐器墙，成为孩子们游戏的主要材料。孩子们在自然的环境中尽情地歌舞、故事表演，对幼儿的想象力、语言能力、艺术表现力的发展均有帮助。尤其是置身于大自然中的那份自由自在，带给孩子一份不可替代的愉悦。

6. 富有天然吸引力的沙水游戏区。该区精细划分为沙池、水池、泥池、泥巴台等。

沙池占地面积约25m²，靠近水源、三面环树。沙池里有自制的挖掘机、小水桶、铁锹、竹竿、三通、多通的PVC水管等，可以满足幼儿各种自由的沙水游戏。

泥池和泥巴台相邻，占地面积约有30m²，旁边设有工具屋，存放水鞋、围裙、铁锹、水桶、模具等材料。幼儿可以在泥池里和泥，玩泥浆，感受玩泥的乐趣。同时成形的泥可以很方便地拿到泥巴台上进行塑形。

水池采用环形设计，方便的水源在户外游戏中起到了很大的支撑作用，无论是茅草屋、休闲餐厅、彩绘区，还是战地医院都可以从该处取水，并且该水域可以同时容纳30多人用水和游戏后洗手的需求。

7. 贴近生活的种植区。该区占地面积约20m²，可以根据季节的变化种植蔬菜、水果和粮食等不同的农作物。幼儿在参与种植、管理和收获的过程中，了解植物的生长过程，体验种植的喜悦。

8. 可以进行科学探究活动的养殖区。养殖区位于幼儿园的西北角，占地面积约10m²，比较安静，适合小动物生活。孩子们每天都可以来看望这里饲养的孔雀的一家，喂它们吃食，在喂养的过程中，观察孔雀的生长过程，了解孔雀的生活习性，积累生命科学的经验。

9. 可以进行木工创造的鲁班园。该区占地面积约10m²，是幼儿园户外的特色区域，以"用地面积不需太大、半开放式、比较安静"的原则进行场地设置，立柱式镂空设计让光线穿透其中，增加了通透性，也有利于教师观察孩子活动。该区木质材料以梧桐木为主，加以投放各种木工工具和幼儿防护装备。木工坊活动是孩子们喜欢的手工活动，在动手操作中，幼儿学习设计、学习测量、学习使用工具、学习分工协作，同时，幼儿的专注、坚持、耐心、细致等学习品质也在学习中不断养成。

10. 充满创意的户外搭建区。该区占地面积约21m²，坐落在教学楼底下，是半开放的空间，投放了大型的

碳化积木和泡沫砖等建构材料，还有奶粉桶、易拉罐等辅助材料。孩子们可以在这里进行建筑设计和有主题的搭建，因空间场地较大且独立，因而可以对搭建作品进行一段时间的留存。

11. 百玩不厌的大型玩具区。大型玩具存在于幼儿园的中、西两区，作为孩子们情有独钟的器械有着不可替代的作用，可以锻炼孩子们的攀、钻、爬、平衡等各种能力。在幼儿进行户外自主游戏过程中，它成为孩子们的百变游戏区。既是孩子们捉迷藏中的"藏身之处"，又是孩子们的城堡；滑梯底下的阴凉成为孩子们的"私密空间"。

幼儿园良好的户外环境必须适合幼儿的年龄特点,要充分考虑幼儿的兴趣和安全,让幼儿感到轻松愉快,能激发幼儿参与户外活动游戏的愿望,促进幼儿的发展。在户外游戏中,丰富的游戏材料是引导幼儿主动游戏的重要因素,它可以激发幼儿参与户外游戏活动的积极性,促进幼儿在户外活动中身心和谐健康的发展。

陈鹤琴先生说过:"小孩是生来好动的,是以游戏为生命的。对孩子来说,游戏就是工作,工作就是游戏。"在幼儿园户外环境的创设过程中,希望把游戏的权利还给幼儿,让幼儿在自然的环境中,"童"领天下,趣味无穷。

第三节 室内游戏环境的创设

室内和户外对于儿童来说都是重要的生活、游戏和学习的环境。但是由于室内和户外环境在空间的利用与功能等方面存在着差异,因此创设室内和室外环境的方法也不同。一般来说,好的室内环境,更有利于儿童按照自己的能力和兴趣,自主地选择区域、玩具和伙伴,主动进行游戏活动、探索活动和交往活动;也有利于教师更好地观察儿童,更好地组织班级活动,促进师幼良好的互动。

一、幼儿室内游戏环境创设的内容

(一)空间密度

空间密度可以用以下公式来计算:

$$空间密度 = \frac{房间大小 - 不可用的空间大小}{儿童的人数}$$

空间密度的数值越低显示空间越拥挤。史密斯和康洛利研究发现,空间越拥挤,粗大动作的游戏行为越少,从人均75平方英尺(约7.0m²)降到25平方英尺(约2.3m²)的时候,对儿童的社会性行为产生影响,这时候交往合作的频率增加,但继续降到人均15平方英尺(约1.4m²)的时候,攻击性行为明显增多,团体游戏减少。

一般来说,儿童处于人均2.3~7.0m²之间是比较适合儿童游戏的空间密度。

可以根据游戏品质、幼儿的游戏行为判断空间的拥挤程度,估计出对儿童游戏行为产生正面影响的有效空间,并适当调整空间密度。较大的空间可增加运动的想象性游戏和打闹嬉戏的发生频率,较小的空间则能产生较多安静的社会性游戏和结构游戏。

(二)空间利用

幼儿园室内空间是指围绕幼儿的日常生活和游戏活动的空间,主要包括班级活动空间、辅助活动空间,如表2-2所示。

表2-2 幼儿园室内空间

班级活动空间	辅助活动空间	围绕空间的各建筑元素
活动室(主要空间)、卧室、盥洗室、衣帽间	建筑门厅、走廊、楼梯等	墙面与顶面、地面、门、床、柱、台等的设计

教师要结合幼儿园实际,根据本年龄段幼儿发展目标、学期目标内容,加以设计和利用,如图2-22至图2-28所示。

图2-22 某幼儿园活动室

图 2-23　某幼儿园盥洗室

图 2-24　某幼儿园卧室的安排

图 2-25　某幼儿园门厅设计

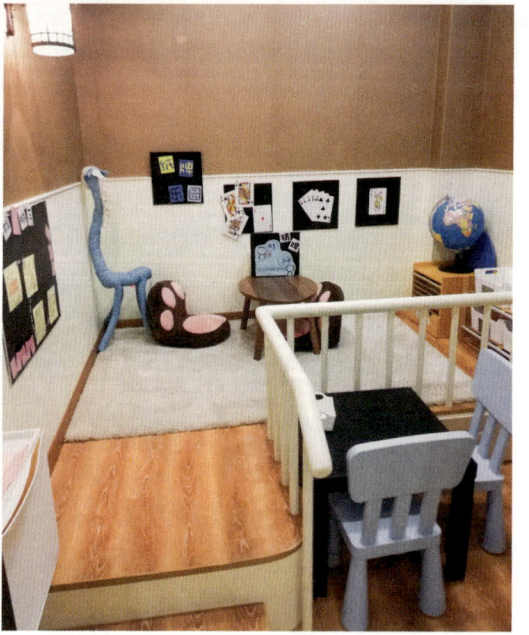

图 2-26　某幼儿园走廊拐角的设计

图 2-27 某幼儿园走廊的设计

图 2-28 某幼儿园墙面和地面的设计

（三）区域与材料安排

现阶段幼儿园室内环境设计中，有多种多样的区域，大致有以下3种类型。

1. 常规区域

常规区域包括角色区、表演区、建构区、美工区、益智区、科学区、阅读区等。这些区域在幼儿园里都不陌生，在各个年龄班都可以设置，只是投放的材料和开展的活动不同，所以称为常规区域。

（1）角色区（图2-29、图2-30）。设置要注意适当的私密性或半封闭性。比如开放式的"娃娃家"容易使儿童的游戏受到干扰。低矮的玩具架，与儿童身材高矮差不多的"冰箱""衣柜"等可作为"娃娃家"的自然隔断。为儿童提供开商店、理发店、快餐店等其他形式的游戏所需要的各种材料、道具。

图2-29 娃娃家

图2-30 甜品店

（2）表演区（图2-31）。提供稍微宽广的空间，提供各类表演服装、道具以及丝巾等辅助材料，方便幼儿化妆表演或进行音乐、歌唱活动。

（3）阅读区（图2-32）。应设置在安静、自然采光条件良好的地方。提供儿童阅读时所用的设备，如桌椅或地毯、靠垫等。供儿童阅读的材料包括各种买来的、手工制作的图书和杂志、画册等。图书要平放在开放式的书架上，便于幼儿园选择和取放。

（4）科学区（图2-33）。应设于独立且安静的地方，避免干扰。还应注意光线要好，可近窗或者靠近水源设置。同时要有足够的操作桌面和丰富的操作材料。必要时可投放纸、笔等文具，让幼儿随时可做观察和实验记录。

（5）益智区（图2-34）。需要一个相对安静的环境，保证儿童不受干扰地进行探索和

图2-31 表演区

图2-32 阅读区

图2-33 科学区

图2-34 益智区

思考，为儿童提供桌子或让他们在地毯上玩，如各种拼图、插板、木钉板、棋类、迷宫图、串珠、数字卡等。

（6）美工区（图2-35）。画架、放置美工材料的开放式的柜子，供儿童绘画、做手工的桌子等是美工区必需的设备，同时还应为儿童提供展示作品和晾干物品的空间与设备。美工活动所需的材料包括各种纸、颜料、绘画和粘贴、切割、装订工具和材料等。由于美工区的材料属于消耗性的，可以回收利用各种包装盒、纸等。

图2-35 美工区

（7）建构区（图2-36、图2-37）。建构游戏所需的空间较大，因此留给建构区的空间应足够大，可以用作集体活动的区域。应当远离通道以使儿童能够不受干扰地全身心地进行建构活动，同时也能够避免儿童的建构物被来来往往的其他儿童所碰倒。

建构区应当铺设地毯，可以减少噪声，也有助于把建构区和其他活动区分开。

图2-36 建构区1

2. 特色区域

特色也就是与众不同的比较独特的区域，这种特色可以是区域特色，也可以是园本、班本特色的体现。比如，有些幼儿

图2-37 建构区2

园结合本地区的特色，创立了陶艺区、木工区。有些幼儿园结合本园、本班的特点设立乐高玩具区、音乐舞蹈区等。

3. 主题区域

主题区域是伴随着幼儿园主题教学活动的开展而创设的区域。即把主题目标、主题活动内容物化在区域材料当中，引导幼儿在区域的自主活动中实现主题目标。

主题区域的活动相对来讲，学习的成分多一些，游戏的成分少一些。主题区域从目标到操作，结构性更高一些，是主题教学很好的补充。

一般来讲，主题区域在一个班级中不可以太多，以1~2个为宜，太多的主题区域会限制幼儿的自主游戏。

二、幼儿园室内游戏环境创设的要求

（一）挖掘游戏空间的实用价值，因地制宜

室内环境不仅仅要用来开展区域活动，还有集体活动、生活活动等，所有室内空间的规划应该综合考虑、统筹安排。如果室内空间比较充足，可以在集体活动区之外，单独进行区域规划，如果室内面积有限，可以将集体活动、区域活动融为一体。平常将区域橱子放置活动室周边，游戏时再把区域布局进行调整，充分利用空间。当然如果幼儿园有单独的寝室空间甚至是走廊、门厅、楼梯转角等空间较大时，也可以考虑充分利用起来。

（二）坚持儿童兴趣导向

结合幼儿自身表现出的探索兴趣、对事物形象的认知经验及个人表达表现的作品作为环境创设内容的基本点。

（三）考虑动态与静态的游戏区分配，避免相互干扰

一般来讲，角色区、表演区等比较吵闹的游戏区可以单独设置在一个空间内，同时要注意区域空间呈现开放或者半封闭式，有助于增加各区之间的互动，丰富游戏情节。而阅读区、建构区、科学区、益智区等相对安静的区域则需要设置在一起，空间设计相对封闭，保证幼儿不被打扰，专注地进行活动。

（四）依据人数设立活动区

依据班级人数提供活动区，同时活动区的种类可以多样，满足幼儿多种游戏需求和体验。若一个班30人，一个区域可以容纳3~6个人，那么设5~8个区域比较适宜。如果一个班级设8个区域，一般常规、特色区域和主题区域的比例可参考5∶1∶2或6∶1∶1设计。有的幼儿园受到空间小和班级人数多等条件的限制，因地制宜开展同龄混班游戏，这样既可以解决空间问题，又可以满足孩子多种游戏的需求，扩大交往空间。

（五）常设区域与变换区域的调整

教师根据幼儿的年龄特点，创设固定的常规区域，但也要根据孩子的兴趣及时调整区域。比如说随着社会的发展，很多新生事物走进人们的生活中，如外卖、快递、饮料等，教师可以根据孩子游戏的需求创设新区域。同时幼儿不感兴趣，很少问津的区域教师根据观察和了解后及时地做出调整。

🔗 **资料链接 2-1**

室内游戏环境评价的标准

1. 幼儿喜欢，对幼儿有吸引力，让幼儿感到安全舒适。
2. 各活动区名称易于幼儿理解，活动区的结构方便幼儿寻找和取放材料。
3. 空间安排和分割合理，利于幼儿活动和行走。当幼儿在活动区全神贯注地游戏时，不会受到干扰。
4. 材料丰富多样，能支持幼儿游戏和探索，获得多样性经验。
5. 玩具和材料反映人类社会和文化的多样性。
6. 幼儿有独处空间。

三、幼儿室内游戏环境创设的原则

（一）发展适宜性原则

一方面要面向全体，符合幼儿发展年龄特点和水平；另一方面要考虑幼儿个体差异，提供符合幼儿的认知经验和操作能力的材料和工具，激发幼儿操作的兴趣。

（二）丰富性原则

为儿童提供可供他们探索、改变和组合的多样化的材料，确保每个儿童能够根据自己的兴趣和需要来选择和使用材料，另外，材料要有层次性和结构性，采用渐进式投放，保持数量的适宜性。当材料少了，儿童无法开展丰富多彩的活动，满足不了儿童创造性活动的需要，但材料也不是越多越好。另外，材料应多选用自然材料和废旧物品，保证材料的可操作性和安全性。

（三）参与性原则

陈鹤琴先生认为，用儿童的双手和思想布置的环境，会使他们更深刻地理解环境中的事物，也使他们更爱护环境。体现出幼儿与教师共同参与合作的过程就是需要教师发现与引导幼儿参与创设的意识，将教育性蕴含于环境和活动中，通过参与，体现儿童的自主性，增强儿童的主人翁意识。

（四）经济性原则

幼儿园室内游戏环境要从实际出发，就地取材，废物利用，充分利用原有环境和现成材料，挖掘园本特色。生活中常见的各种材质的盒子、纸箱、泡沫、竹竿等材料能成为区域中的材料，而且这样低结构材料更有利于幼儿在游戏进行以物代物以及想象能力的发展。

—— 【幼儿园教师资格证考试·考点预测】——

1．以下不属于幼儿园室内环境创设要求的是（　　）。
A．动静分离
B．考虑幼儿的兴趣和年龄特点
C．因地制宜，充分利用空间
D．区域可以固定不变

答案解析：选D。幼儿园户外游戏环境创设的要点中，教师根据幼儿的年龄特点创设有固定的常规区域，但也要根据孩子的兴趣及时调整区域。因此本题答案应该选D。

2．室内环境创设的原则是（　　）。
A．经济性原则　　B．参与性原则　　C．丰富性原则　　D．适宜性原则

答案解析：选ABCD。室内环境创设的原则有发展适宜性原则，丰富性原则，经济性原则，参与性原则。因此答案应该选ABCD。

第四节　玩具与游戏材料

提到游戏，很自然地就会想到玩具材料，它与幼儿的游戏是密不可分的，有人称玩具为幼儿的"教科书"，这说明了玩具材料在很大程度上影响幼儿的发展。

一、玩具在儿童发展中的作用

（一）玩具是儿童生活中的亲密伴侣

玩具陪伴了儿童的童年岁月，帮助儿童认识周围的世界，满足了儿童对活动和交往的需求，消除了儿童的孤独和寂寞。教师经常可以看见儿童与玩具窃窃私语，儿童与玩具同枕共眠。曾有人做过统计，一个健康的6岁以下的儿童，约有1.5万个小时是同玩具一起度过的。可见，玩具是儿童最忠实的伙伴。

（二）玩具是儿童游戏的物质基础

鲁迅先生曾说，"游戏是儿童最正当的行为，玩具是儿童的天使"。所以玩具和游戏材料与儿童的游戏是浑然一体的，游戏离不开玩具和游戏材料，玩具和游戏材料是儿童游戏的工具和物质支柱。玩具激发儿童游戏的动机，丰富游戏的内容，使游戏的情节、形式发生变

化，为儿童提供练习能力的机会。

（三）玩具是儿童的第一本教科书

玩具是游戏与幼儿身心发展之间的一座"桥梁"，也是儿童生命中的"第一本书"。玩具不仅能够促进幼儿游戏的发生和发展，使幼儿获得各类认知和生活经验，而且还承载着一定的社会文化、审美和价值取向，传递着社会和自然的法则。美国伊利诺伊州大学研究发现，玩具可以刺激每个脑神经元多生长25%的突触。贝勒大学的研究者们发现，不玩耍、不常接触人和物的孩子，其大脑比同年龄的儿童小20%~30%。

二、玩具的种类

玩具材料品种繁多，角度不同，种类就不同，一般来讲，人们习惯于按照玩具的专门化程度进行分类，将玩具分为两大类：成型玩具和非成型玩具。

（一）成型玩具（专门化玩具）

成型玩具也叫专门化玩具，专门化指的是结构度高，功能固定，通常只有一种操作方法的材料。专门化的玩具象征着实物，有逼真的形象、固定的功能和确定的意义，代表儿童所熟悉的人或物，其本身特别容易引起儿童的注意，唤起他们以往的印象和经验，并产生联想，很受儿童喜欢。尤其对年龄较小的儿童，这类玩具为他们的游戏指出明确的方向。由于成型玩具品种繁多，依据其功能又将其分成若干类。

（1）模拟玩具：模拟生活中的物体制作的玩具，如各种娃娃、各种小动物、小汽车、飞机、轮船、玩具电话等。

（2）建构玩具：能够用来拆装和组合建构的玩具，如积木、插塑、拼图、串珠玩具、套叠玩具、橡皮泥等。

（3）体育玩具：如秋千、滑梯、攀登架、平衡木、跳绳、三轮车、各种球等。

（4）音乐玩具：如各种打击乐器（三角铁、铃鼓）、玩具钢琴、小提琴等。

（5）表演玩具：为儿童表演故事所用的玩具，以及儿童自己表演故事所使用的物品，如角色的服装、木偶头、皮影、桌面表演的形象玩具、简易戏台等。

（6）娱乐玩具：如拨浪鼓、摇铃、弹力玩具等。这类玩具对儿童有娱乐、消遣的作用。

（二）非成型玩具（非专门化玩具）

非成型玩具指玩具或材料的游戏功能相对不确定，结构性程度相对较低，游戏者可以根据自己的想法和想象自由地使用的游戏材料。由于这种玩具提供的信息较多，加工使用的可能性也大，可以用一件物体代替多种物体，也可以相互组合成另一个象征物而不受限制，例如，破损的半个皮球可以当锅、当碗、当遮阳伞使用；小瓶子当花瓶、药瓶、奶瓶使用；纸做成车票、门票、相片、钱等。这类玩具具有灵活性、多功能性、经久性，而且来源广泛，经济简便，是幼儿园玩具的重要组成部分。另外，非成型玩具还为自制玩具提供了条件，如废旧纸盒、线轴、冰棍棒等都可以用来自制玩具。

研究表明，非成型玩具或游戏材料可以促进幼儿在游戏中的想象和发散性思维。比较适合幼儿园中、大班的幼儿使用。

三、玩具和游戏材料的选择

玩具和游戏材料的种类繁多，但游戏时并非越多越好，而是要根据幼儿的不同需要，有选择地为幼儿提供玩具。表2-3提供了选择玩具和游戏材料时可参考的基本框架。

玩具和游戏材料的选择

表 2-3 选择玩具和游戏材料的基本框架

结构因素	特征
大小	总体特征（包括重量、厚度、长度、宽度等是否容易把握）
	各部分的特征（包括大小、数量等）
	各部分的结构和可移动性
材料质地	材料的种类（质地、软/硬、颜色/对比/纯正）
	可清洗性
	视听觉效果的年龄和个体适宜性
复杂性	感知觉与概念的复杂性
	与生活的接近性、客观性、逼真性
	开放性/封闭性
发展适宜性	操作所要求的动作的精细、协调性水平
	可能引起的兴趣性、注意力、坚持性
	挑战性
文化适宜性	具有文化适宜性
	尊重人类和文化的多样性
	无刻板化的观念、偏见和歧视
安全性	是否有年龄和安全（或警告）标志
	易碎性/牢固性
	边缘、点、角的锐利性
	是否有可能让幼儿吞咽下去的过于细小的部分
	不含有毒物质

续表

结构因素	特征
安全性	含铅量
	电动、机械玩具的安全性
	带线玩具的长度
	适宜于游戏者的大、小肌肉的运动能力

在玩具和游戏材料的选择上，幼儿园也可以从以下几个方面进行考虑。

（一）玩具选择要有规划

给儿童提供玩具时，幼儿园要统筹安排，按班级规模和班额配置各阶段必备的玩具，再有计划地进行非成型玩具的收集和添置。在为儿童和班级选择玩具时不是越多越好。研究表明：孩子同时拥有过多的玩具，不但对其心理发展没有多少益处，反而有害。过多的玩具易分散孩子的注意力，造成注意力不集中、不稳定，养成做事不认真、不细致的习惯以及喜新厌旧、见异思迁等不良性格。同时还易使孩子养成浪费、不知爱惜玩具的习性。玩具数量适当，可在一定程度上使孩子学会专心，也有利于孩子研究旧玩具的新玩法，能充分挖掘玩具的潜在教育功能。

（二）玩具要符合儿童的年龄特点

不同年龄的儿童对玩具的需求是不同的。教师应根据各阶段儿童发展的身心需要为儿童选择适宜的玩具，才能让儿童在玩玩具中学习和成长。一般形象化玩具随儿童年龄的增加而递减，而低结构的材料随儿童年龄的增长而递增。根据儿童认知水平的不同，提供的玩具也要有所侧重。0~3岁以感觉运动类玩具为主，3~5岁以象征性玩具为主，5~6岁以规则性玩具为主，运动类玩具随着儿童运动能力的提高逐步增加难度和复杂性。

（三）玩具应经济耐用

价格昂贵的玩具不一定是好的玩具。现实生活中人们发现这样的现象：儿童对父母买来的高级玩具不屑一顾，却对一个废旧的包装盒爱不释手。所以评价玩具的好坏应该看它对儿童发展的意义，比如儿童对它的玩耍频率，玩法是否多样等。另外玩具必须结实耐用、不易损坏，色彩不易脱落。因为易损坏的玩具不仅存在潜在的安全隐患，往往还给儿童带来沮丧和不快，甚至带来不必要的紧张，降低了玩具的娱乐性。

（四）玩具要安全卫生

玩具及材料是否安全、卫生是选择玩具的最基本的标准。游戏材料和玩具的涂色、原料及填充物应无毒无异味，容易洗晒。带声响的玩具，声音要和谐悦耳，避免噪声。玩具还应绝对保证儿童的安全，预防一切可能引起的伤害。带有硬的尖角和锋利边缘的粗糙玩具，不要提供给儿童。另外，具有发射能力的枪炮、弓箭等玩具也暗含不安全因素。3岁以下儿童的玩具应大于嘴巴，以免儿童吞咽，如小的玻璃球、纽扣等不能让儿童单独去玩。

（五）玩具应具有教育意义

无论成人是否意识到、是否认可，幼儿在玩玩具的过程中在自觉不自觉地学习，玩具就是幼儿的教科书，实现了润物细无声的教育作用，因此选择玩具时要注意玩具的教育性，自觉反思自己的教育观念和价值取向。

首先，玩具应能向幼儿提供丰富的感知觉刺激和经验，帮助幼儿认识和理解周围的自然世界和社会生活。

其次，玩具应以正确的方式向幼儿传递正确的概念或观念。玩具所蕴含的概念和观念应该是正确的，并且玩具的颜色、形状、各组成部分之间的关系以及玩法应恰当，能以正确的方式呈现这些概念和观念。

最后，玩具应摒弃刻板的印象，消除偏见与歧视，以开放的、尊重的、包容的方式向儿童呈现多样化的人类社会文化。

四、玩具和游戏材料的投放

首先，教师要根据儿童不同的年龄特点，每学期、每月制定适合本班儿童整体发展水平的各活动区儿童的发展目标，在不同的活动区按目标循序渐进地投放材料。

其次，教师在观察、了解每个儿童个体差异的基础上，在同一活动区分层次投放难易不同的玩具和游戏材料。

再次，投放玩具和材料时要考虑新旧玩具搭配，现成玩具与自制玩具比例适当，尽量发挥一物多用的功能。

具体来说，不同年龄阶段儿童有不同的发展特点，投放的品种与数量应有所区别。小班玩具种类不必太多，但相同的玩具数量要充足，因为他们好模仿，喜欢人手一件。中、大班儿童的玩具更多是要满足其体力、智力积极活动的要求，通过提供多种多样的游戏材料，让儿童运用迁移能力来解决问题。例如，给儿童提供没有固定玩法的材料，让儿童按意愿创造性地玩，发挥玩具的不同功能，一物多玩。

另外，投放材料还要注意考虑教育的目的、意图以及儿童的个性、需求等。例如，有的儿童过分好动、坐不住，就可以有针对性地为他投放那些既有趣味又需要耐心操作才能成功的玩具，如拼图、泥塑、棋类等；对那些胆小、活动少、不灵活的孩子则应多投放运动性的玩具，如皮球、绳子、小车等，为他们创造多活动的环境，以此弥补儿童性格的不足，为其全面发展创造条件。

五、玩具和游戏材料的管理

用什么方式存放或呈现玩具或游戏材料对学前儿童也有"教育"或"影响"的作用。如果玩具或游戏材料乱堆乱放，就会使儿童认为不需要珍惜玩具或游戏材料，不必爱护它们。而且杂乱无章地堆放不利于儿童找到自己想要的玩具或材料，会降低其探索事物之间关系的努力和兴趣，养成做事和思考问题无秩序、杂乱无章的习惯。

生活中的每一件事情都在教儿童学习，所以，教师不仅应该仔细为儿童选择、投放玩具材料，也应仔细考虑玩具和游戏材料的存放和呈现问题。

首先，玩具或游戏材料应存放在专门的玩具柜或玩具架上，玩具柜或玩具架应当是开放式的，高度适宜于幼儿自己取拿、存放玩具（图2-38）。

其次，玩具的放置应井井有条，各种玩具在玩具架上应有固定的位置，大型建筑玩具应放低层，较小的玩具可存放在透明的容器（如透明的塑料盒子）或开放式的框子里，如果是不透明的盒子，应在上面贴上标志（实物图片或符号），以方便幼儿寻找。玩具不要相互遮掩，应使幼儿看到玩具架上的所有玩具（图2-39）。

图2-38　美工区材料摆放

再次，建立适宜的行为规则：玩具使用完要放回原处；每一次游戏结束以后一定要分类清理，摆放好玩具。破损玩具要及时处理，不要放在玩具架上。

最后，玩具要经常进行清洗与消毒。一些不能擦洗的玩具要经常放在太阳底下曝晒，利用日光消毒。对所有玩具、材料器械要进行经常的安全检查，对破旧的玩具要及时修理更换。

图2-39　美工区材料标签

六、"玩具"带来的隐患

在社会经济迅猛发展的形势下，玩具正以日新月异的速度变化和发展着。随着科技的进步，儿童玩具市场也走向了机械智能化、控制电动化、产品多样化的道路，高科技的玩具，使儿童领略了现代科技带来的刺激与痛快，也出现了繁荣背后隐含的许多问题。

首先，尽管玩具市场琳琅满目、品种繁多让人目不暇接，但真正适合儿童需要的玩具为数不多。许多玩具除了带给儿童短时间的声光刺激外，别无任何教育价值。

其次，高科技玩具将一个完完整整的结果给了儿童，以成人的技术代替孩子创造的过程。孩子为游戏而选择玩具、制作玩具、使用玩具，那动人心弦的过程被技术压缩了，这种直接来自结果的享受，只是对儿童产生表面的、短暂的吸引，而不能对儿童人格的形成有所触动和引导。

再次，目前运用声、光、电、集成电路等高科技的玩具生命周期短，售后又缺乏维修服务、回收指引，导致大量的垃圾产生和新的污染出现等问题。

另外，玩具设计和生产中的高档追求和利益追逐，使得许多玩具违背了对儿童生命和生存权的维护，给儿童健康和生命带来了极大的危害。如制作工艺上的缺陷，不环保的玩具材料，不合格的涂料、油漆等。据统计，70%的家庭事故受害者都是儿童，而这些事故中又有一半以上是由玩具引起的。

玩具是儿童生命发展的"精神食粮"，教师在满足儿童身心需要的同时，应最大限度地保证玩具制作的环保性和使用的安全性，让儿童健康成长。

拓展阅读

陈鹤琴《游戏与玩物》节选

原则十：小孩子的玩物应当合乎以下几种标准。

（一）好的玩物

1. 好的玩物是有变化而活动的，小孩子玩了不容易生厌。这个标准在上文已经详细说过，此处不再赘述。

2. 好的玩物是可以引起兴致的，如小娃娃、猫、狗之类。

讨论：在世界上恐怕没有一个国家的小孩子不玩小娃娃的。我国的小孩子在洋式娃娃未输入以前，或以枕头当娃娃，或以街上买来的泥人做娃娃玩。

这种模仿游戏于小孩子确实有很大的益处：①可以培养小孩子的兴趣；②可以学习缝纫、洗濯之事。小孩子有了一个小娃娃，做母亲的可以教他做件衣服给小娃娃穿，并且可以教他洗洗衣服。

但是现在街坊上卖的洋娃娃或者是不坚固；或者是太贵，非普通家庭所能购买。有一种用袜子做的小娃娃，是母亲自己可以做的，只要用一只新的袜子，塞以木棉，在面上用线做耳目口鼻等东西就可以了。不但小娃娃可以用袜子做的，还有各种动物也可以这样做的。

3. 好的玩物是可以刺激想象力和发展创造力的，如积木类。

讨论：普通的玩物只能供人看看，不能玩弄的。父母所要购买的玩物是能够刺激想象力或创造力的。积木是一种很好的玩物，小孩子可以用它来做搭桥、砌屋等游戏。

4. 好的玩物是质料优美，构造坚固不易损坏的，如木类、橡皮类。

讨论：普通纸做的和泥做的玩物是不经用的。用木、橡皮、松香、竹等材料做的玩物比较好一点，但做得不坚固仍是一玩就坏。要知购买容易弄坏的玩物是不经济的，所以做父母的购买玩物的时候，不单单须顾到玩物的质料美不美，而且也须顾到玩物构造得坚固不坚固。

5. 好的玩物能洗濯而颜色不变，形状不丑陋，足以发舒美感，如松香做的玩具。

讨论：街上卖的泥老虎、泥人、鬼面具等，都是很丑陋很不卫生的。泥老虎稍一受湿，小孩子就沾染了一手颜色，一个不留心，颜色就要沾染食物上去。这是何等的危险呢？

关于好的玩物，前面已经简略地说过了，现在把坏的玩物也简单地说一说。

（二）坏的玩物

1. 坏的玩物只能使小孩子旁观而不能玩耍，如汽车、电车之类。这种玩物不能激发思想，而且动作也很单调，不能支持小孩子的兴趣。

2. 坏的玩物是容易发生危险的，如洋铁做的摇铃、刀等。有尖角利边的玩物不应买给小孩子玩弄，以免危险。

3. 坏的玩物是不合卫生的，如有毛的猫、狗之类。有毛的玩物只可以作微生虫寄托的地方而无可玩的价值，做父母的千万不要买这种惟妙惟肖的玩物给小孩子玩，以重卫生。

4. 坏的玩物是有嘈杂声音的，如泥做的摇咕咚等。

5. 坏的玩物是质料薄弱、颜色丑陋而不能洗濯的，如纸人、泥狗之类。

总结：作为父母，不要因爱子女之心太切，而对于玩物之优劣毫不加考虑，凡小孩子喜欢的玩物就买给他玩。要知道玩物是有好有坏的。好的玩物能激发思想，启迪知识，强健身体，培养美感；但坏的玩物是要发生危险而束缚思想的。所以做父母的购买玩物的时候应该慎重一些。

【幼儿园教师资格证考试·考点预测】

1. 幼儿园玩具和材料投放时应考虑的原则是（　　）。

A. 考虑幼儿的年龄特点　　　　B. 材料安全卫生

C. 有教育性　　　　　　　　　D. 经济耐用

答案解析：选ABCD。为幼儿选择玩具和材料要考虑幼儿的年龄特点，材料安全卫生，要经济耐用，要有教育性。因此答案应该选ABCD。

2. 小王老师今年带小班，为了不让幼儿把材料弄得到处都是，于是他把玩具和材料都装到木质盒子里，这样幼儿游戏时就不容易发现材料，更不会弄乱。你觉得小王老师的这种做法对吗？为什么？

A. 对 B. 不对

答案解析：选B。玩具和材料是满足幼儿游戏的材料，应该放置在专门的玩具柜或玩具架上，玩具柜或玩具架应当是开放式的，如果是不透明的盒子，应在上面贴上标志（实物图片或符号），以方便幼儿寻找。玩具不要相互遮掩，应使幼儿看到玩具架上的所有玩具，供幼儿游戏自由选择。

第五节　游戏心理环境的创设

无论户外还是室内的游戏环境，均属于物质环境的创设。学前儿童游戏环境包括物质的也包括精神的。精神层面的环境即心理环境，它是一种无形的环境，最早由美国心理学家勒温提出的一个基本概念，是指影响个体心理活动的各种因素，包括现实作用于个体的刺激或信息及其系统和一个人自己的心理状态、意识倾向。心理环境一般由人际关系、文化观念等因素结合在一起形成的氛围。这种氛围的形成决定着人的自我能否被挖掘、发展和完善。决定着人的潜能能否被最大化的实现，决定着人的创造能力、应变能力、操作能力等多方面能力的顺利有效形成。

一、幼儿园游戏心理环境的内涵

幼儿园游戏的心理环境是指幼儿园游戏活动对幼儿发展产生影响的一切因素的总和，它主要包括幼儿园游戏环境中人际关系及心理氛围，即幼儿的同伴关系、师幼关系、宽松自如的游戏氛围等。这里的游戏氛围包括：幼儿能否自如地选择和使用游戏材料，能否不受干涉地自由游戏，能否在游戏中不担心犯错等。幼儿只有在和谐、民主、平等、合作的良好心理环境中，才能拥有温和、安全、信任的心理体验，才能享受游戏的快乐，感受合作的愉悦。

二、幼儿园游戏心理环境创设的原则

（一）儿童本位原则

尊重幼儿的心理特征，眼里有"儿童"，游戏中尊重儿童的独立性、尊重儿童的人格尊严，尊重儿童游戏的权利，尊重儿童独立做决定和选择的权利。所有游戏活动的出发点应该是孩子，而不是老师个人的好恶和外界的奖评。

（二）差异性原则

世界上没有两片相同的树叶，也没有两个完全相同的人。每个儿童都来自不同的家庭，具有不同的个性特点。游戏中要尊重孩子表现的差异性，看到孩子身上与众不同之处，不能要求所有孩子达到一个标准。幼儿园不是工厂，生产统一的零部件，培养的是多姿多彩的儿童，要对游戏中的各种状况做出思想和策略上的准备，及时调整游戏环境和条件。

（三）发展性原则

要用发展的眼光和方法看待儿童的成长，允许孩子出错，把游戏中的每一次错误看成孩子成长的机会。以发展的眼光看待孩子在游戏中的表现，为其成长创造最有利的环境。

（四）开放性原则

游戏中要尽量保护儿童发散的思维方式，保护孩子的想象力和好奇心。以童心看待孩子的行为，允许孩子尝试一些动作和行为。同时，幼儿园可以借助家庭、社区各方力量来为孩子的游戏创设一个开放、多元的环境。

三、幼儿游戏心理环境创设的要求

（一）建立民主、平等、和谐的师幼关系

即幼儿老师要有一颗关爱每一个孩子的心，成为孩子心中的亲密朋友。老师要尊重和理解幼儿的需求，了解他们的兴趣爱好，让幼儿与老师在一起感受到的是亲切、自然和温馨，没有压抑感。教师要学会适当放手，适度参与到幼儿的游戏中，成为孩子的玩伴，鼓励幼儿的自主思考，协助他们操作与创作，不做过多的干预。在游戏中要拿捏好自己的身份，扮演好引导者、参与者和支持者的角色，营造一个孩子可以全然真实展示自己的空间，不给孩子太多压力。

（二）建立互助、友爱的幼儿同伴关系

同伴关系是幼儿心理成长和智力成长的一个非常重要的社会性因素。游戏中同伴之间的互助、协商、交换、合作，是幼儿游戏不断深入的保证。良好的同伴关系可以促进幼儿游戏

中幼儿的主动性、积极性，可以使幼儿在一个轻松愉悦的游戏环境中，获得全面发展。因此老师要注意引导幼儿之间的良好互动，杜绝人为干预、孤立幼儿的行为。

（三）建立友好、真诚的师师关系

幼儿园老师之间的真诚合作、相互尊重，是儿童建立同伴关系的榜样，也为幼儿游戏创造了和谐、民主的前提环境。所以，教师要以身作则，建立良好的同事关系，日常生活中相互关怀，相互分享，共同合作，促进儿童的健康成长。

（四）保证游戏材料充分选择、使用，并给予幼儿心理的支持

丰富的游戏材料能够启发幼儿的游戏，激发幼儿游戏的积极性和主动性。游戏活动是儿童的自主性活动，理应让幼儿根据自己的兴趣和愿望来选择和使用材料，如果游戏材料成为幼儿园炫耀的道具，成为摆设，将严重背离幼儿游戏的真谛。所以，教师要尊重孩子选择使用材料的自由。同时也要包容幼儿认识事物的方式和特点，对于儿童错误使用材料，不小心弄坏材料的情况，要给予宽容和理解。

（五）创设良好的游戏心理环境，培养幼儿的创新意识

要为幼儿创设安全、自由、宽松的游戏心理环境，要淡化教师的权威意识，减少对幼儿的直接评价，多创造机会去引导幼儿，并启发幼儿参与游戏的讨论、鼓励幼儿自主判断和思考，逐渐形成自我评价能力。当幼儿在游戏中有创新意识的尝试时，即使是错误的，尝试是失败的，也要给予宽容和理解，并给予幼儿继续探究的信心和机会。游戏结束时，教师对幼儿的评价要客观公正，坚持正面激励。

本章要点

1. 幼儿园游戏环境包括幼儿园物质环境和心理环境，物质环境包括户外环境、室内环境和游戏材料。
2. 游戏环境创设的意义和基本要求。
3. 户外游戏环境的基本构成、创设原则和创设要点。
4. 室内游戏环境的区域组成和区域创设的一般要求。
5. 玩具的意义、种类、选择和管理。
6. 游戏心理环境的创设原则和创设要点。

关键术语

物质环境　心理环境　户外游戏环境　室内游戏环境　空间密度　常设区域　特色区域　主题区域

思考题

1. 举例说明幼儿园户外游戏环境规划中应该遵循的原则。
2. 如何规划幼儿园室内游戏环境？
3. 结合实际，谈一谈教师应如何为儿童投放玩具和游戏材料？

案例讨论

有的幼儿园在创设物质环境过程中，购买大量高昂的成品玩具，追求高档，教师花费大量心血精心布置五彩缤纷的墙饰，甚至还买一些名画进行装饰，环境的布置非常明显地体现了幼儿园中教师的特长和喜好。面对这些高档的材料，教师时刻提醒幼儿注意爱护，甚至很多时候不让幼儿操作这些材料，只是有人来参观时，才拿出来让幼儿操作。这种高档的环境一旦布置好之后，整个学期，甚至学年基本不会变动。此外，有的幼儿园小、中、大班环境布置得非常雷同，当人置身其中时，如果不看班级标识牌，根本无法判断是小班、中班、还是大班。

结合有关幼儿园物质环境创设基本原则方面的知识，分析以上现象中，主要违背了哪些原则？并说明理由。

建议的活动

观摩幼儿园一个班级的区域设置。

【目标】

1. 观察、分析幼儿园区域设置状况。
2. 进一步把握区域设置的要求。

【内容与要求】

观察并做出平面图，分析幼儿园班级的区域设置现状，分析其合理性和弊端。

第三章 角色游戏

知识目标

① 了解角色游戏的概念和特点，知道角色游戏的构成要素和发展价值。

② 认知幼儿园各年龄班角色游戏发展的特点，熟悉角色游戏的指导要点。

能力目标

① 掌握角色游戏组织和指导的技巧和方法，能够根据幼儿的身心特点创设适宜的角色游戏环境，支持幼儿的游戏。

② 能够运用角色游戏相关理论，观察和分析幼儿的角色游戏行为，并运用恰当的策略进行指导和反馈。

情感目标

① 认同角色游戏对幼儿身心发展的重要意义，乐意深入探究角色游戏，保护和支持幼儿的角色游戏行为。

② 正确看待幼儿的角色扮演，愿意借助游戏扩展幼儿的经验，倾听和理解幼儿的表达，做幼儿成长路上的引路人，引导幼儿向更高水平迈进。

导入案例

某幼儿园自由活动区内，中班的活动区角"大千美食城"生意异常"火爆"。5岁的佳佳小朋友头上戴着白色厨师帽，身着"工作服"，正在忙绿地喊着："请大家别着急，马上就好！"一旁的强强说："你快做点吧，要不客人就等急了。"原来，他们在"大千美食城"玩开饭店的游戏。外面的顾客小朋友正在餐桌旁等着就餐呢，佳佳是女孩，她用塑料碗做面条、米饭，强强是老板兼厨师，他用彩色纸片、各种形状的树叶、草叶炒"鱼香肉丝"。突然，强强说："哎呀，忙死了，我们快点请一个服务员吧，这样我做出主食和菜就可以让服务员给大家端过去了。"佳佳说："就是啊，都忙不过来了。"于是，强强对着外面的小朋友喊道："谁来做服务员啊？我们给很多的工资啊！"……

在这个案例中，佳佳和强强就是在做角色游戏，他们扮演了生活中的厨师、老板的角色，孩子们准备了很多菜，尽管不是真的，但是他们投入的表情和有趣的对话，让大家似乎都能感受到现场"生意火爆"的样子。角色游戏就是如此让儿童着迷，乐此不疲。

第一节　角色游戏概述

角色游戏是幼儿园区域游戏的重要组成部分，是学前儿童按照自己的兴趣和意愿，通过扮演角色，运用模仿和想象，借助真实或替代的材料，创造性地再现周围社会生活的游戏，又称为主题角色游戏。

角色游戏是幼儿对现实生活的一种积极主动的再现活动，是幼儿对生活中感兴趣的活动的创造性反映，是幼儿期特有的也是最为典型的象征性游戏，在幼儿期2岁左右自然产生，学前中期也就是4~5岁中班时期，幼儿开展角色游戏最多、最常见也最为丰富。学前晚期即5~6岁大班阶段，角色游戏发展到最高峰。

角色游戏作为一种典型的游戏形式，它全面反映了游戏的特点，是幼儿成长过程中一项重要的活动，心理学家们研究幼儿心理时，也以角色游戏为主要标本。

一、角色游戏的特点

（一）表征性

幼儿在游戏中，常以动作、语言来扮演角色（图3-1），对游戏的动作和情境进行假想，幼儿游戏过程中的假想会出现以人代人，以物代物，以物代人，以人代物等表征特点，其实质是幼儿用语言、动作、物体等抽象符号替代、表现出头脑中实体形象的过程，是幼儿表征能力发展的产物。表征使幼儿摆脱具体事物的限制，将假想性和真实性巧妙地结合起来。游戏中的这些"假想"活动对于幼儿来说都是非常"当真"的。

表征在角色游戏中主要表现在以下3个方面：

（1）情境转换。将现实生活中真实的情境迁移到一个假想的情境中。幼儿还可以通过动作将游戏情境进行浓缩或转换。例如，娃娃家中，妈妈一摸孩子额头，说："呀！小孩发烧了，快送医院吧。"结果，抱着孩子在院子里走一圈回来了，说："打针了，孩子病好了。"

（2）替代物。幼儿在游戏中会积极利用身边的玩具和材料替代游戏中的物品，还可以一物多用。例如，积塑条可以是老爷爷的"拐杖"，也可以是火车的"铁轨"，还可以是警察叔叔的"警棍"等。

（3）角色扮演，幼儿通过语言、表情、动作等表现出对他们所熟悉角色的认知和体验，这一过程充满了幼儿的想象活动。

图3-1 儿童正在扮演角色

（二）独立自主性和创造性

自主性是游戏最本质的属性，这一点在角色游戏中彰显得淋漓尽致。幼儿根据自己的生活经验和兴趣需要选择主题、角色、材料，游戏过程中自由切换情节和发展内容，使自身的主动性和创造性在游戏中得到充分体现。这些创造性是幼儿未来活动的萌芽。

幼儿开展角色游戏的目的在于主体内部反映生活印象的需要，教师指导角色游戏，只能充分引导和发挥幼儿的自主权，而不能包办代替，或对角色游戏的玩法实施训练。

（三）社会性

角色游戏是幼儿对周围社会生活的体验，也是幼儿对社会生活的模拟，常常包含着幼儿对成人生活的某种期待。例如，女孩希望成为像妈妈那样的大人，可以做很多事情，可以穿漂亮的裙子。

游戏的主题和内容都源自幼儿感兴趣的社会生活印象。比如，幼儿参观了超市，对收银员、导购员的活动感兴趣，就希望通过玩"小超市"的游戏来满足心理需求。

孩子的认知经验水平是有一定局限性的，例如，幼儿扮演医生，往往不能正确地使用听诊器，会出现病人说头痛则听头，说肚子痛则听肚子，说脚痛则听脚的情况，这样也无须大人去纠正或指手画脚，随着孩子们社会经验的丰富，他们自然会不断地去修正自己的认知和经验。

总之，角色游戏，不是简单地过家家，而是幼儿通过想象，创造性地模仿现实生活的活动，它为孩子们提供了模仿、再现人与人关系的机会，为促进幼儿健康成长打下良好的基础。

二、角色游戏的结构

游戏主题、角色扮演、假想和内在规则性是角色游戏的基本结构。其中，"游戏主题"是一个核心要素，儿童扮演角色的所有行动都服从于游戏的"主题"，其他要素都要围绕着"主题"组织起来而构成角色游戏的基本框架。

（一）游戏主题

游戏主题统率着其他的结构要素，所以有些专家也把角色游戏称为主题游戏。主题是指幼儿在游戏中所反映的他熟知的社会生活以及在活动中的动作、事件和相互关系，如"小吃一条街""美美理发店""我的家""爱心医院"等，都是幼儿喜欢的主题活动。

游戏主题不仅指游戏名称，还包括游戏的内容。"大千美食城"中佳佳和强强等小朋友模仿饭店厨师、面点师的活动就是源于生活中的经验表象作为游戏的主题。

（二）角色扮演

角色是构成角色游戏的基本要素。幼儿在游戏中可以扮演一个或多个角色，这些角色通常是他们自认为重要的，或者是经常接触的，或者是引起强烈情感的人物，如娃娃家的爸爸妈妈、医院的医生、超市的收银员等。幼儿借助语言、动作、表情等重新组合头脑中已有的人物表象，创造性地进行表达，展现自己对社会角色的认知和体验，老师讲故事、警察抓坏人、妈妈照看孩子、护士照顾病人等幼儿眼中各种社会角色的活动都像磁铁一样吸引着他们。

1. 角色扮演的多样性

幼儿扮演的角色一般有机能性角色、互补性角色、想象性角色、关联性角色和同一性角色5类。

（1）机能性角色。指幼儿通过模仿对象的一两个最富特色的典型动作来进行角色扮演。例如，通过方向盘的转动动作来扮演司机，通过手臂的挥动动作来扮演交通警察，通过听诊器、注射器的使用来扮演医生等。

（2）互补性角色。指幼儿所扮演的角色是以角色关系中另一方的存在为条件。例如，扮演妈妈是以孩子的存在为前提条件，扮演医生是以病人的存在为前提条件。

（3）想象性角色。指幼儿扮演的不是现实生活中的人物，而是来源于幼儿的想象。如奥特曼、机器猫、机器人等，可能来源于故事、童话、电视、电影等文学作品中。

（4）关联性角色。指同一游戏中，一人承担多重角色，角色动作指向不同角色。例如，妈妈去医院上班，去超市购物。

（5）同一性角色。指角色动作指向同一类型角色，同一类角色之间的配合。例如，司机对司机。

2. 幼儿对角色扮演的"选择性"

通常，幼儿根据自己的情感取向对扮演的角色有很强的选择性。有三种角色幼儿比较喜欢扮演：第一种是幼儿比较崇拜和尊敬的人，如父母、司机、教师等；第二种是让幼儿感到害怕的人或动物，如医生、警察等；第三种是与自己身份不同或低于自己身份的角色，如小动物、小婴儿等。另外，幼儿对角色的"选择"也受到性别和生活经验的影响。男孩更爱扮演父亲、叔叔、司机、警察等具有明显男性特征的角色。女孩更爱扮演妈妈、医生、护士等。受经验影响，有研究表明：住院的孩子往往比不住院的孩子更倾向玩医生看病、打针等游戏。

（三）假想

1. 对材料和物品的假想

角色游戏离不开游戏材料的辅助和支持（图3-2），特别是幼儿对游戏材料和物品的假想。对物品的选择、假想，是由幼儿的思维发展水平决定的。例如，在娃娃家游戏中，把枕头当成娃娃，把树叶当成菜，把海绵当面包。由于不同的幼儿对同一物品会有不同的想象，因此，他们想要共同游戏，就需要通过交流，幼儿必须把自己的想象用语言表达出来，使别的幼儿能够理解与接受。例如，幼儿指着积木说："这是饼干"，指着沙子说："这是米"，这样个人的表征就变成了游戏的表征，大家对材料和物品的假想达成统一，幼儿才能够投入快乐的游戏情境之中，感受假想材料和活动带给自己的满足感，才能顺利游戏。在游戏中，积木和沙子是替代物，而饼干和米是被替代物。幼儿的以物代物不是盲目的，替代物和被替代物在外形上有一定的相似性，孩子们会考虑材料的形状、颜色、质地、功能等进行假想利用。例如，他们会把土当成沙子或面粉，而绝对不会把砖头石块当成面粉或大米。

替代物和被替代物在幼儿思维中出现的顺序有两种情况：一种情况是由替代物引发的想象活动：这个东西可以用来当什么呢？比如，看到一只凳子，便想象用它当汽车；另一种情况是由被替代物引发的想象活动：什么东西可以用来"当它"呢？比如，医院游戏中幼儿想要一个注射器，他便会依照头脑中已有的注射器的表象来寻找相似的替代物，如一个棉签。替代行为的出现是儿童心理发展和游戏发展的一大进步。

图3-2 角色游戏材料

2. 对游戏动作和情境的假想

幼儿游戏中的动作和情境假想具有概括性，是对现实生活中某一类动作或情境的概括，不是具体某人、某一动作的翻版，如医生为病人看病，妈妈抱娃娃、喂娃娃，这是对医生、母亲动作的概括，即孩子认为，大多数医生和妈妈都是这样的，这样就为幼儿的集体合作游戏提供了可能性，不同经验的幼儿都可以参与到同一主题的游戏中来。游戏动作与情境的假想是角色游戏非常重要的创造性心智活动。

首先，幼儿在游戏中是通过对扮演角色的某些代表性动作来进行角色的假想的，但幼儿的假想动作往往不会像现实生活中角色的动作那样复杂。例如：幼儿会用给孩子喂饭、梳头、穿衣服等个别动作来代表妈妈照料孩子的活动；用"站岗"来代表解放军的活动等。

其次，在角色游戏中，幼儿不是单纯地玩玩具，而是通过使用玩具的动作来表现假想的游戏情节，并且假想各种游戏情境以表达自己的思想、感情和体验。例如，拿着玩具电话假想正在和妈妈通话，坐在玩具车上假想自己是"司机"，在拥挤的马路上行驶等。游戏情节与一定的情境密不可分，对游戏情节的假想又会衍生出相关的情境，例如：给妈妈打电话时，妈妈可能在做什么，在哪里；司机开车时发生了什么事情，周围还有什么人？

（四）内在的游戏规则

维果斯基认为：角色扮演的特征——按规则行事，强化了儿童在行动前的思考能力，它要求儿童抵抗自己的即时冲动。游戏中的规则表现为：正确地表现现实生活中每个人物应有的动作及其先后顺序，人们的态度以及相互间的关系等。常听孩子说："不是这样的，医生看病要先挂号，才开药，先用酒精消毒，才打针。"等，这正是内在的游戏规则的体现，而不需依靠任何人告诉他们该如何按规则去开展游戏。

角色游戏中的规则不同于规则游戏中的规则。规则游戏中的规则是外在的，是为了保证游戏的顺利进行而规定的，可以是预设的，可以在游戏中生成的，还可以在参与者都同意的情况下进行修改，不具有必然性。而角色游戏的规则是受角色制约的，扮演哪种角色就必然要按照相应的角色行为来游戏，是不可以随意改动的。这就是角色游戏规则的内在性。幼儿在游戏中对角色、材料、动作、情景等的假想或假想过程中，有真诚的体验、追求逼真的表演，他们尽管是在虚构却不愿违背真实生活的逻辑原则，即自始至终都在遵守蕴含在角色关系中的内在规则，使自己的游戏中的假装活动符合角色身份的要求。如果某个幼儿做出不符合角色要求的行为，不仅违背了游戏的规则，还会受到同伴的谴责，甚至被淘汰出局。

三、角色游戏的发展

角色游戏的发展可以从替代行为的发展、角色扮演的发展、游戏主题和情节的发展、语言和社会能力的发展四个方面来理解。

角色游戏的发展

（一）替代行为的发展

替代即"以物代物"，替代行为的出现是儿童心理和游戏发展的一大进步，具有情感的意义，替代行为的出现满足了儿童的情感需要，缓建了儿童的需要和现实之间的矛盾。也有认知的意义，替代的发生反映了形象思维的发展，表明儿童能够摆脱眼前的直接形象，在头脑里进行联想类比。

物的替代行为大致有以下这样一个发展的线索。

1. 实物的适宜性操作

即发生在12~13个月的装扮动作。所谓装扮动作是指脱离了真实背景和真实需要的动作，例如，在非睡眠的时空背景下做出睡眠的动作，在非口渴的情况下，拿着空杯子做出喝水的动作等。假装睡觉、假装用杯子喝水，这种装扮动作的发生往往是偶发的、突然的、瞬时的。这些动作的出现表明婴儿的记忆、联想、延迟模仿的心理现象的发生，是心理发展的一大进步，只有婴儿对经常接触的物品有了充分的感知以后才有可能。所以装扮动作发生的早晚，也可以作为游戏发展水平的一个早期指标。

2. 混合性替代

指1岁半以后，儿童的装扮动作中出现的物品和动作之间并非相适宜，而是用多种替代动作对待同一种物品。或用多种物品做出同一种替代动作。例如，同样一只杯子，孩子既用来做出喝水的动作，又会放到地上滚动，还会扣在头上或放在耳朵上听，也会把玩具放进去洗；有的孩子会用杯子、蛋壳、西瓜皮等不同的东西做出同一种"喝"的动作。这个阶段儿童的行为还不具有主观上的替代意识，是客观上的替代行为，所以不考虑替代物和被替代物之间在形状和功能上是否具有相似性，替代完全是主观任意的，"任何东西可以假装是其他任何东西的替代物"。

3. 模拟物替代

指2岁左右，儿童开始学会逐渐按照物体的习惯用法，来使用模拟实物的玩具，进行装扮游戏。这时候的装扮行为由刺激物引起，受模拟物的暗示，因此什么样的玩具就激发起了什么样的装扮行为。比如，看见针管模拟物就装扮看病的行为，看见炊具的模拟品就玩烧饭的游戏。此时的替代特点取决于替代物与被替代物之间的真实性，替代物越逼真越能引发装扮行为。这说明这个阶段的孩子开始注意物与物之间的相似关系了。

4. 相似物替代

在模拟物的影响下，2岁半到3岁孩子开始寻找替代物进行游戏，他们会考虑替代物与被替代物之间的对等关系，寻找相似点，或者形状相似，或是功能相似，至于功能和形状哪一个为主并不重要，重要的是已会根据装扮的需要来选择替代物。比如，用一块小木片假装梳子给娃娃梳头。

这意味着儿童对替代物的使用进入了从逼真到相似的阶段。研究发现，物的相似性对3岁以前的孩子是否能够进行装扮游戏至关重要。

5. 多功能物替代

大约3岁以后，儿童使用多功能物品进行替代的现象逐渐增多。一个物品可以多种替代，因此替代物的范围扩大了，倾向于可以用任何东西来代替想要的任何东西，说明儿童游戏有了更广阔的想象空间和活动范围。但是替代物的运用仍然符合一定的选择原则，或以形状或以功能为选择标准，只不过与原型的相似度在减弱，这与儿童发散思维的发展有关，反映了儿童象征开始灵活、多样化的发展趋势。

6. 抽象性替代

大约在4、5岁时，儿童出现用动作和言语来代替一个不在眼前的替代行为，顺利完成假装动作。比如，吃饭不一定要有模拟的碗或替代的碗，吃的动作就足以实现他们的愿望。买东西、给钱、给娃娃穿衣服等全部可以用动作或语言来实现。逐渐实现了"以无代有"，这种用语言和动作来替代物体的形象表明，儿童的思维进一步向抽象化发展。

（二）角色扮演水平的发展

角色扮演是角色游戏的核心因素，是象征性游戏的高级阶段，是随着装扮动作和以物代物后出现的一种活动方式。儿童在角色游戏中所扮演的各种角色类型，是不同水平上社会性认知发展的反映。

第一阶段，幼儿不能意识到自己所扮演的角色，而是满足于摆弄物体和反复进行同样的动作。例如，幼儿反复"喂娃娃"，不停地"炒菜"，却没有意识到自己是在扮演某个角色。

第二阶段，幼儿开始意识到自己所扮演的角色，但是经常会转移注意力，不能始终按照角色的要求来行动。例如，"妈妈"在喂娃娃，听到有人喊自己或是看到别的游戏开始了，会丢下娃娃就走，离开自己的游戏和所扮演的角色。

第三阶段，幼儿角色意识明确，能够按照角色要求来行动，但还不能与其他角色进行有效的配合。例如，扮演医生的幼儿始终在忙着自己的事情，一会儿给"病人"把脉，一会儿用听诊器听心跳，但一直没有注意到旁边的护士，没有跟护士进行角色间的互动沟通。

第四阶段，幼儿的角色意识明确而且能够协调角色间的关系，有角色行为配合互动，已达到共同游戏的需要和实现游戏的目的。例如，同样是扮演医生，不仅查看"病人"的状态，而且请护士给"病人"量体温，还会安慰"病人"，嘱咐"病人"回家按时吃药等。

从各种角色出现的发展来看，基本顺序是先有机能性角色、互补性角色，最后出现关联性角色、同一性角色。从角色扮演的心理发展来看，先有角色行为（各种假装动作），再有角色意识（能够分辨现实中的自己与游戏中自己扮演的角色，知道自己正在假装别人）。最后有了角色认知（对角色行为职责和角色之间关系的理解）。当孩子的角色认知出现并初步发展以后，角色行为和角色意识逆转，角色意识开始成为角色游戏的重心，儿童会先确定自己所扮演的角色，对角色有了清楚的理解后，再根据角色选择替代物进行动作。

（三）游戏主题和情节的发展

游戏主题是指游戏中反映的社会现象的范围，随着幼儿年龄的增长，游戏的主题范围由幼儿所熟悉的家庭或幼儿园的生活，逐渐扩大到社会生活，如从家庭生活主题，到医院、商场、超市、银行等扩展的社会生活主题（图3-3）。游戏情节的发展则经历了从无情节—有简单情节—有内在逻辑性的情节—系列情节发展。

图 3-3　风味小吃一条街

（四）语言和社会能力的发展

第一阶段，平行游戏阶段，游戏时幼儿各自玩各自的，很少有语言沟通，主要是自言自语。例如：一个孩子在喂娃娃，其他孩子也把娃娃抱起来喂；一个孩子在给娃娃穿衣服，别的孩子看到也会照样做。这种平行游戏是游戏的社会化水平的初级形式，说明儿童之间形成了初步的玩伴关系。

第二阶段，幼儿开始进行联合游戏，彼此行为相互关联，但不相互协调。其行为的社会性仅仅是同伴交往关系而不是合作的关系。比如，他们可以交换材料，可以有语言沟通，提供和接受彼此的玩具，对他人的活动表示赞赏或否定甚至攻击。在游戏内容上，没有共同的意愿，只是愿意在一起玩，没有明确的分工，每个人仍然是以自己的兴趣来游戏的。

第三阶段，幼儿进入合作游戏阶段。与合作游戏对应，儿童能够依据游戏情节的发展和角色身份进行有意义的沟通，游戏前会进行协商，确定主题、角色分配和材料选择，游戏过程中会依据角色的行为规则（应该怎样，不应该怎样）和同伴的交往规则（交换、轮流、分享等）进行协作。这些规则的渗透和习得奠定了幼儿规则游戏的基础。

🔗 **资料链接 3-1**

幼儿角色游戏发展评价标准

对幼儿角色游戏发展水平的评价可以从游戏的目的性、参与游戏的主动性、对所担任角色的理解度、遵守职责情况、游戏的表现形式、游戏中角色间的关系、对游戏材料的使用、组织游戏的能力和持续时间9个方面进行。具体内容下表所示。

幼儿角色游戏发展评价标准

项目	分数			
	0分	2分	4分	6分
目的性	无目的性	有时会更换目的	事先能想好目的	有目的地持续玩
主动性	不参与游戏	能参加现成的游戏	在别人的带领下参与游戏	主动地游戏
对所担任角色的理解度	不明确角色	能明确角色	能主动担任角色	能担任主要角色
遵守职责情况	不按角色职责行动	有时按角色职责行动	基本能按角色职责行动	一直按角色职责行动
表现形式	重复个别动作	各动作有联系	有一系列动作	能够创造性地活动
角色间的关系	自己玩，和别人没联系	与别人偶尔有联系	在启发下与别人保持联系	明确角色关系，互相配合联系
对游戏材料的使用	凭兴趣使用	按角色需要使用	创造性使用	为游戏设计、制作玩具
组织游戏的能力	无组织能力	基本上会商量地分配角色	能出主意使游戏进行下去	能带领别人玩或教别人玩
持续时间	坚持不到10分钟	能玩10~20分钟	能认真玩20~30分钟	能坚持到游戏结束

四、角色游戏的教育作用

角色游戏是幼儿最喜欢的游戏，在角色游戏中，幼儿锻炼和发展着自身的各种能力，吸收着周围生活中丰富的知识，逐渐形成良好的个性品质，组织和指导幼儿的角色游戏是对幼儿进行全面发展教育的重要途径。

1. 促进幼儿想象力与思维能力的发展

幼儿可以自由地发挥其想象力和创造力，因而他们对角色游戏的兴趣最为浓厚，幼儿会在游戏过程中逐渐发现问题，进而会发挥他们的想象力、创造力去解决问题。

> **案例 3-1**
>
> 在一次模拟唱歌活动中，小演员方方忽然想到，唱歌要用麦克风，声音才会变响，才会让更多的观众听到，可是老师并没有提供麦克风，怎么办呢？这时妞妞发现了舞台上一个自制的响声罐，是让孩子们打节奏用的，方方拿着它仔细看了一会儿，这不正像一个麦克风吗？于是，孩子们的麦克风就诞生啦！

案例中，孩子们以眼前的材料代替真实的物品，积极想办法解决问题，使想象、记忆、思维和语言都得到了发展。

2. 培养幼儿的社会交往能力

幼儿喜欢娃娃家、小医院、小吃店等角色游戏，他们在扮演不同角色的过程中，不但能掌握社会行为规范，逐渐摆脱"自我中心"意识，而且能学习不同角色间的交往方式，促进幼儿社会性的发展。

案例 3-2

在一个小吃店的游戏中，有个客人走过来说："我要买一个汉堡！"老板说："好的，请稍等。"随后让厨师制作了一个汉堡，放在包装袋里，在收银台上扫了一下后想要递给客人，忽然看到客人东西有点多，就对客人说："哎呀，你包里放得下吗？我给你拿个袋子吧！"于是，他就从一旁取过一个袋子将汉堡装进去递给了客人。

这就是一个典型的在游戏中学会为他人考虑、学会社会交往的例子。

3. 培养幼儿积极的情绪情感

角色游戏的内容和形式是灵活多样的，它为幼儿提供了表现自己情绪的机会，例如，在娃娃家的游戏中，扮演父母的幼儿体验着父母对孩子的关心和爱护，幼儿模仿妈妈去熨衣服，模仿爸爸妈妈去照顾宝宝，由此来体会当爸爸妈妈的辛苦。同时，幼儿在生活情境中产生的焦虑和紧张等不良情绪，也可以在游戏中得以缓和。

4. 促进幼儿语言交往能力的发展

角色游戏中，幼儿身处一个非常喜爱的环境，对周围的一切都非常感兴趣，心中会产生许多有趣的想法："我能和你一起扮演医生吗？""我们是不是应该给娃娃吃点饭呢？"这些出于扮演角色或游戏开展需要的表达，让幼儿在不知不觉中提高了语言交往的能力。

在日常生活中，幼儿之间的交流机会是有限的，唯有角色游戏能为他们搭建一种相对比较正式的语言交流情景。幼儿在游戏过程中练习对话、学习新词汇、感知语境、体会情绪、学会表达自己，甚至当出现争执时引起辩论，在意见不一时学会协商，在遇到困难时学会讨论，增进了幼儿之间的互动交流，丰富了语言表达的多样性。不同的角色游戏会给幼儿带来不同的体验，但幼儿能从中共同受益，得到同伴之间、师幼之间语言表达的锻炼机会。

案例 3-3

中班小朋友谭谭在角色扮演区和小伙伴一起给小动物洗澡，找来蛋糕盒子作为洗澡盆，并准备去接水。但由于"洗澡盆"太大，尝试了几次都不能直接放在水龙头下接水，于是谭谭邀请老师帮忙。老师见状，对谭谭说："我们一起找其他东西来替代吧，你看，要找什么样的盆子才能接到水呢？"谭谭想了想说："小一点的盆子。"老师点点头说："这个办法你们只有试了才行，你和小伙伴再商量一下有其他好方法吗？去试一试。"谭谭和小伙伴一起在活动室找了一个小饼干盒当作小盆子，大小正好能放在水龙头底下接水。谭谭和小伙伴高兴地接着玩游戏。

在案例中，当幼儿遇到了困难，向教师主动寻求帮助时，教师做出了积极的回应，但帮助的方法并不是自己替代幼儿解决问题，而是让幼儿观察分析失败的原因，和小伙伴一起找到解决问题的方向，鼓励他们在遇到问题时，通过和同伴协商，自己动脑筋想办法解决问题。这样不但可以提高幼儿和同伴交流时的表达能力，还可以锻炼幼儿协商解决问题的能力。

【幼儿园教师资格证考试·考点预测】

1. 幼儿角色游戏的特点包括（　　）。
A. 自主性　　B. 社会性　　C. 创造性　　D. 表征性　　E. 表演性

答案解析：选ABCD。幼儿角色游戏具有自主性、社会性、创造性和表征性的特点，表演性属于表演游戏的特点。

2. 组成角色游戏基本结构的要素有（　　）。
A. 动作扮演　　B. 以人代人　　C. 以物代物　　D. 情景转变　　E. 内部规则

答案解析：选BCDE。角色游戏的基本结构主要是由以下4个方面的要素组成：（1）角色的扮演，即以人代人；（2）对物品的假想，即以物代物；（3）对游戏动作和情景的假想，即情景转变；（4）内部规则。

3. 角色游戏的支柱是（　　）。
A. 规则　　B. 方法　　C. 指导　　D. 想象活动

答案解析：选D。角色游戏是幼儿按照自己的兴趣和意愿，通过扮演角色，运用想象和模仿，借助真实或替代的材料，创造性地再现周围社会生活的游戏。因此想象活动是角色游戏的支柱。

4. 一般认为，角色游戏在（　　）达到最高峰。

A. 2岁以内　　　　B. 2~3岁　　　　C. 5~6岁　　　　D. 7岁以上

答案解析：选C。4~5岁中班时期，幼儿开展角色游戏最多、最常见也最为丰富，学前晚期即5~6岁大班阶段发展到最高峰。

第二节　角色游戏的组织和指导

一、角色游戏组织与指导的原则

（一）主体性原则

角色游戏的组织和指导应当以尊重和发挥幼儿的主体性为前提。尊重幼儿的主体性，首先要尊重幼儿游戏的兴趣和需要。角色游戏是幼儿表现和表达自己对现实生活的认识、理解、体验和感受的重要手段，教师应当理解幼儿和游戏间的关系，不把自己的兴趣、计划强加给幼儿。当幼儿要玩的游戏不同于成人的计划和想法时，教师应当尊重幼儿的兴趣和想法，并积极帮助幼儿实现他们的愿望。

尊重幼儿的主体性，还要尊重幼儿游戏活动的年龄特点。幼儿由于受年龄水平的限制，幼儿游戏的情节和内容往往不连贯、不周全，教师应当给幼儿时间去思考、探索、想象，允许他们按照自己的节奏和想法游戏，不强求完美。

尊重幼儿的主体性，还表现在相信幼儿的能力，给幼儿自主探索和尝试错误的机会。游戏中每个幼儿的游戏兴趣和方式方法是存在个体差异的，教师应当允许各种差异的存在，当幼儿出现一些错误的举止和表现时，不盲目纠正，而应多观察，只要这种错误不会对幼儿和其他幼儿造成伤害，应允许孩子的偶尔过错，给予孩子更多探索和尝试的机会，保证孩子游戏的独立性和充分性。

（二）开放性原则

"开放性"与"计划性""预设性"相对，是指教师在组织和指导角色游戏中应积极地理解幼儿的想法，敏感地发现其中的"价值"和"意义"，并及时调整自己的计划。

教师接纳幼儿的想法并调整自己预先的"计划"，才能使幼儿园角色游戏真正成为幼儿自己"想要玩的"和"喜欢玩的"游戏，而不是"老师让我们玩的游戏"。

遵循开放性原则并不是要排斥和否定教师指导的计划性，而是教师的计划性指导必须建立在对幼儿游戏兴趣和需要的合理观察的基础上，教师在对幼儿游戏细致观察的基础上，可以考虑下一步应当"做什么"和"怎么做"。这种计划性应当以幼儿在角色游戏中产生的问题、困惑、需要和兴趣为基础。

（三）整合性原则

角色游戏组织和指导的整合性原则，是以幼儿身心发展的整体性和幼儿对学习内容的综合性要求为依据的。角色游戏活动具有自然整合不同课程领域的学习内容、促进幼儿整体发展的内在潜能。例如，在商店游戏中，幼儿要摆放商品，需要学习"分类"，在买卖的过程中需要进行"数的加减运算"，幼儿为商店制作商品、制作价签等，发展了他们的动手操作能力和审美能力。显然，商店游戏活动中所产生的问题涉及科学、数学、语言、美工等不同的课程领域，要解决这些问题，幼儿在教师引导下开展的系列活动实际上使幼儿园各领域的课程和内容得到了有机的整合，有利于幼儿的整体发展。

角色游戏组织和指导的整合性原则的实现，不仅来自内容的整合，也为各游戏区域的整合提供了可能。同样在商店游戏中，为了丰富商店的商品，幼儿可以把美工区变成"加工厂"，把美工区制作的"产品"送到商店，娃娃家的小朋友可以到商店购买"物品"，满足家庭的需要。不同区域之间形成的社会交往关系促进了游戏水平的发展，整合了孩子的生活经验，促进了孩子的发展。

"主体性""开放性""整合性"原则的实践可以使角色游戏兼具"自然性"和"教育性"，有利于发挥角色游戏的价值。

二、角色游戏指导的主要内容

角色游戏是一种自发性的游戏，即使没有教师、家长的指导，也普遍存在于幼儿的游戏生活中，只是幼儿的这些游戏往往比较简单，内容和情节也比较平淡。作为学前教育的一种重要手段，角色游戏被赋予了一定的教育目的，因此教师的指导就必不可少了。角色游戏的指导工作主要是围绕游戏前、游戏过程中和游戏结束后这三个阶段展开的。

（一）游戏前的指导

游戏前的指导任务主要是为游戏的开展创设良好的环境和条件，包括3个方面的内容。

1. 丰富幼儿的生活经验，拓宽角色游戏的内容

角色游戏是幼儿对现实生活的反应，幼儿的生活经验越丰富，游戏的内容也就越充实、越新颖。丰富的生活经验是发展角色游戏的基础。

幼儿的生活经验主要来自家庭和幼儿园的生活和见闻。为了充实角色游戏的内容，教师一方面要在日常教育教学活动、生活活动和娱乐活动中，利用一切机会引导幼儿观察周围生活，拓展幼儿的视野，丰富和加深幼儿对周围生活的印象；另一方面还可指导和协助家长安排好幼儿的家庭生活，丰富幼儿的见闻。

值得注意的是，在丰富幼儿的社会经验时，应引导幼儿重点关注环境中的人是如何活动的，因为幼儿重点模仿的是环境中的人的动作行为，他需要通过人的活动来再现生活。例如，苏联幼儿教育工作者柯罗列娃的研究证实，第一次带领幼儿参观火车站时，只介绍了火车、火车站、售票厅等实物。在教师为幼儿准备了游戏材料，并帮助幼儿分配角色的情况下，幼儿仍不愿意玩"火车站"的游戏。第二次参观火车站时，教师主要向幼儿介绍了火车站上人们的活动和活动的社会意义，参观后的幼儿立即进行了火车站的游戏，而且玩了很长时间。所以孩子只有在观察的基础上，了解了角色人物的活动及价值，才会有兴致去想象和扮演。

2. 创设游戏场地、准备丰富的玩具和游戏材料

游戏场地、游戏设备、玩具和材料是开展角色游戏的物质条件，同时又是激发幼儿游戏愿望和兴趣、发展幼儿想象力的重要工具。教师在给幼儿提供游戏的物质条件时应注意以下几个方面的内容。

（1）要为幼儿设置相对固定的游戏场所和设备。固定的游戏场所和设备能吸引幼儿进行游戏，也便于幼儿开展游戏。例如，幼儿看到室内布置的娃娃家，以及娃娃的床和衣服等，就自然而然想起自己的家庭生活，从而产生游戏的愿望。

（2）要为幼儿提供丰富多样的玩具材料。丰富的游戏材料能激发幼儿游戏的兴趣，满足幼儿游戏的需要。教师可以为幼儿提供部分逼真的玩具，如娃娃、听诊器、注射器等，随着幼儿年龄的逐渐增长，教师还可以与幼儿共同收集和主题相关的废旧材料，让幼儿参与游戏材料的准备过程，自制玩具，这不仅可以及时更新游戏材料，增加玩具的数量，还可以充分调动幼儿的积极性、主动性和创造性，对中、大班幼儿来讲更具有重要意义。

3. 提供充足的游戏时间，促进游戏深入开展

充足的自由活动时间是幼儿深入自主地开展角色游戏的决定条件。幼儿的角色游戏所需时间一般都较长，每次不能少于30~50分钟。只有在较长的时间里，幼儿才能有寻找游戏伙伴、商量主题和情节、分配角色及准备材料等机会。如果游戏时间太短，游戏情节难以充分展开，势必影响游戏的结果，这既会影响幼儿继续开展角色游戏的兴趣，也不能使角色游戏达到它应有的教育目的。

（二）游戏过程中的指导

在角色游戏的活动过程中，教师要抓住游戏过程的主要环节，协助幼儿按照自己的兴趣和愿望组织和开展游戏，以尊重幼儿的主体性为原则进行科学指导。

1. 鼓励和启发幼儿按照自己的意愿确定游戏的主题

角色游戏中，教师要充分给予幼儿游戏的主动性，相信幼儿、尊重幼儿，放手让幼儿主动活动，同时要善于发现幼儿游戏的需要，适当启发幼儿游戏的动机，通过提问、建议，鼓励幼儿自主提出并确定游戏的主题。适当启发幼儿游戏的动机，帮助幼儿学会确立主题。有些幼儿特别是低龄幼儿，经常重复模仿成人的动作，但缺乏更为丰富情节的现象。例如，

3岁半的琪琪坐在小椅子上,双手不停地旋转模仿司机开车的动作,嘴里还不时地"嘀嘀嘀"。显然,他是在学司机开车。但他并没有意识到自己在扮演角色,只有简单地动作重复,此时教师可以给予启发引导,可以说:"小朋友,你是在开车吗?那你就是小司机啦(帮助孩子明确角色意识)!你开的是货车还是客车(引发孩子联想和想象)?"如果是货车的话,可以问他准备拉什么,是否需要人帮忙装卸货物;如果是客车的话,可以问他是开往哪里的,有没有乘客、售票员。这样经过教师指点,幼儿会迅速明确主题,继而围绕主题展开游戏。

2. 指导幼儿选择和分配角色

教师要在平时的游戏中引导幼儿学会各种分配角色的方法,在分配角色时,教师还要注意观察,使幼儿在扮演角色时有一定的针对性和公平性。角色分配是展开游戏的关键要素,应注意以下问题:

(1)确定主题后不清楚该有什么角色。例如,几个男孩想玩"神七奔月",只知道有人去驾驶神七,这时老师应加以引导:"除了驾驶员,地面上是不是有叔叔阿姨这些科学家们来指挥飞船跟驾驶员联系呢?"

(2)幼儿分配角色产生纠纷时,教师要采用多种方法帮助幼儿解决纠纷。例如,娃娃家游戏中,三个小朋友都想当爸爸,老师开导说:"三个小朋友都做爸爸的话,家里就没有妈妈,没妈妈就没有孩子了,可怎么办呢?"在老师的开导下,三个幼儿互相商定,三个人轮换扮演角色,这样不仅解决了矛盾,还促进了幼儿社会性的发展。

3. 指导幼儿丰富游戏内容和情节,提高游戏水平

指导幼儿丰富游戏内容和情节,教师要注意关注游戏中幼儿的"假装与想象、角色扮演,同伴交往、语言交流",如果发现缺乏这些要素,教师可通过以下两种方法进行指导。

(1)教师参与游戏,通过扮演角色促进游戏情节的发展。教师参与游戏扮演角色,一方面可提高幼儿游戏的兴趣,调动和激发幼儿的主动性和创造性,同时可使游戏内容和情节得到自然的丰富和展开,不让幼儿感到"被干涉",在不知不觉中提高其游戏的能力和水平。例如,在寄快递的游戏中,教师可扮演不知道邮寄目的地、忘了电话号码的寄件人,从而吸引快递工作人员主动的帮助,这样就丰富了角色间的对话。在商店游戏中,教师可扮演成一个难缠的顾客,故意要买一些商店没有的商品,以引发幼儿寻找代替物或到工厂定做,使得游戏情节进一步展开。

在游戏过程中,教师应在对游戏充分观察的基础上实施指导,并注意把握好介入指导的适时与适度。一般情况下,教师介入指导的时机有三种:当幼儿在角色游戏中出现问题或困难时;当游戏需要给予提升时;当教育目标需要在游戏中完成时。适度的指导一方面是指教师的指导要以幼儿为主体,帮助幼儿按自己的意愿和想象,不要把教师的设计和意图强加给幼儿;另一方面是指要在了解幼儿已有经验的基础上,有目的地根据每个幼儿的发展需要进行针对性的指导。

(2)提供有助于丰富游戏内容和促进情节发展的玩具和材料。在游戏中,教师应注意观察幼儿游戏的情况,按需要随时增减与幼儿游戏主题相关的玩具和材料,引导游戏情节的进

一步发展。教师可在活动室的一角设立一个百宝箱，收集一些半成品和废旧物品（如易拉罐、饮料瓶、纸盒、挂历纸、橡皮泥）放在里面，方便幼儿寻找替代物。例如，在快餐店的游戏中，幼儿发现少了鸡翅，便找到百宝箱，临时用橡皮泥捏了一个，这样，游戏情节又可以进一步发展下去了。恰到好处的材料，同样可以起到丰富内容和推动情节发展的作用。

4. 加强角色之间的内在联系，增强游戏的合作性

无论什么主题的角色游戏，都会有多个角色。角色的职责及其相互关系，是角色游戏重要的规则，也是反映游戏水平的重要指标。幼儿刚开始游戏时，往往独自摆弄和操作玩具。他们不注意其他角色的行为，只关注自己扮演的角色和角色行为，很少发生交往活动。教师要启发扮演各个角色的幼儿加强与其他角色之间的联系与交往，使游戏内容更加丰富。需要注意的是，游戏中角色之间的联系是自然的联系。为联系而联系，或强制幼儿去联系，结果都将破坏游戏，影响幼儿在游戏中发挥主动性、积极性和创造性。例如，有一位教师发现"医院"没有病人，就让"餐厅"老板带员工来体检，结果正在忙碌的"餐厅"游戏便被迫停止，而"医院"又出现了排队等待体检的现象。这位教师的做法，破坏了幼儿原有游戏的主题，使大部分孩子失去了游戏的积极性和主动性。

5. 引导幼儿遵守游戏规则

角色游戏包含内部规则和外部规则两种游戏规则。内部规则是角色本身的职责以及角色间的相互关系，如医院的护士应该听从医生的安排，不擅自给病人打针、吃药等；外部规则是开展游戏所必须遵守的游戏常规，包括不干扰他人的游戏、游戏结束按照类别收放玩具和在游戏过程中注意环境卫生等方面。

在内部规则方面，幼儿有时会做一些角色职责以外的事情，或者不知道角色还有些什么事情要做，或者不理解角色间应有的关系，这是幼儿的社会生活经验不丰富，对角色的体会不深刻造成的。在指导时，教师要引导幼儿发掘角色的任务，按角色间应有的关系行动。对于外部规则，由于幼儿对于自己参与制定的规则往往比较乐意接受，所以教师可引导幼儿共同制定和完善游戏常规。

需要注意的是，教师的指导和参与一定要掌握恰当的时机，教师指导的时机如果掌握不好，就可能给幼儿的游戏造成干扰。

游戏进行中教师介入指导的几种时机：

（1）当幼儿不能投入游戏情境时。

（2）当幼儿难以与别人沟通互动时。

（3）当幼儿一再重复原有的游戏行为，进一步扩展有困难时。

（4）当幼儿缺少材料，游戏难以进行时。

（5）当幼儿发生游戏技能困难时。

（6）当游戏中出现负面行为效应时。

（三）游戏结束后的指导

1. 让游戏在愉快自然的状态下结束

在愉快自然的状态下结束游戏能保持幼儿下次继续游戏的积极性。为此，教师要把握好结束游戏的时机和结束游戏的方法。

结束游戏的时机有两种情况：一种是游戏情节开展得比较顺利，应在幼儿情绪尚未低落时结束游戏。这样可以让幼儿感觉意犹未尽，对下次游戏充满期盼。第二种是游戏情节已告一段落，再往下发展有困难，这时即使是游戏结束时间还没到，也应该提醒幼儿结束游戏，以免产生倦怠感。

结束游戏有多种方法，教师可根据游戏的内容和情节来灵活掌握。结束游戏可以以教师的身份提醒，也可以以角色的身份提醒。例如，老师说："现在时间到了，该下班了。"这时如果"售货员"没卖完东西，"医生"没看完"病人"……可以让他们对对方说："请明天再来吧，今天下班了。"这样也便于幼儿自然而然地收拾玩具，结束游戏。结束游戏可以个别提醒，也可以集体提醒。例如，可以个别提醒收拾玩具需要时间较多的游戏组先结束，也可以让游戏情节正处于高潮的游戏组在场地允许的条件下继续游戏。

2. 做好游戏后的整理工作

游戏结束后，整理场地，收拾玩具，既是方便游戏下次开展的必要条件，又是培养幼儿良好生活习惯的重要时机，教师千万不能包办代替。针对不同年龄班幼儿的特点，教师应该采取不同的指导方法。例如，对小班幼儿，主要是培养他们游戏后整理的意识。教师可以请幼儿帮助一起收放玩具，整理场地。对中班幼儿，主要是培养他们收拾玩具的能力。整理场地要以幼儿为主，教师只在必要时给予帮助。到了大班，应要求幼儿独立做好整理场地的工作，教师只要给予一定的督促就行了。

3. 评价、总结游戏

角色游戏的讲评也是组织游戏的重要环节。成功的讲评对提高游戏质量、发展游戏情节和巩固游戏中所获得的情绪体验等都有直接的导向作用。教师可以针对下列几点进行讲评。

（1）就游戏情节进行讲评。在游戏过程中，教师应随时发现和捕捉一些典型的情节，抓住幼儿的想象力、创造力萌发的良好时机或幼儿无意间发展出的某些精彩情节进行讲评，经过教师及时肯定的讲评，在以后的游戏中这些就成为幼儿有意努力的方向。

（2）就游戏材料和玩具的制作与使用进行讲评。当玩具缺少时，有些幼儿寻找代替物，一物多用。有的幼儿会自己动手，现场赶制一些玩具。这将使幼儿的想象力、解决问题的能力都得到提高，教师在讲评时应给予充分的肯定，以鼓励幼儿的创造性发挥。

（3）就游戏中幼儿的行为进行讲评。例如，在"娃娃家"里争夺玩具，把商店里弄得乱七八糟等，教师可以选择这些幼儿能辨清是非的现象，让幼儿讨论，使其在讨论中懂得如何改正。

除教师讲评外，讲评的形式还可以有下列几种形式：

（1）讨论式评议。即教师引导幼儿一起讨论、评议游戏中存在的问题，通过交换意见取得共同认识。这样可以丰富幼儿的感性经验，促进游戏发展，提高幼儿提出问题和解决问题的能力。讨论式评议应注意两个方面：一是要选择能引起全体幼儿发表见解的问题进行讨论。二是讨论时应鼓励幼儿发表意见，引导幼儿展开争论。教师应巧妙地引导争论，在争论中发展幼儿的思维能力。

（2）现场评议。有的游戏开展得很好，为了教育全体幼儿，教师可以保留游戏现场，组织现场评议。例如，"猴山建筑"游戏很有特色，各组游戏结束后，教师可带领全体幼儿来参观"猴山"，请扮演建筑工人的幼儿介绍设计和建造方法，让小朋友提意见。这样讲评可以使幼儿继续处在游戏之中，受到幼儿的喜爱。

（3）汇报。游戏结束后，要让各组幼儿都讲讲他们是怎么玩的。教师应有重点地抓住某些主题进行汇报，使它与今后的游戏联系起来。例如，"戏院"游戏小组汇报后，教师说："听说你们今天演的新戏的名字叫'××'，我明天想看，你们能卖张明天的票给我吗？"这样一来，引来许多孩子要买预售票，于是扮演剧院售票员的幼儿去拿票卖给大家。虽然票是假的，可孩子们把买到的票小心翼翼地交给家长说："不能丢了，丢了，明天就看不成戏了。"这种讲评使孩子们对明天的游戏充满欢乐的期待。

教师在评价活动中应注意：不要以教师评价为主，同时评价要具体、准确，不要抽象。如不要笼统地表扬"娃娃家玩得挺好"，怎么好，哪里好要讲清楚。引导幼儿进行评价时应提出开放性的问题，以使幼儿有讨论的话题内容。评价活动应是指导幼儿再次游戏的方向。另外，所有评价时间不要过长，以5~10分钟为宜。

三、各年龄班角色游戏的特点与指导

不同年龄阶段，幼儿游戏发展的层次水平各不相同。如小班孩子的角色游戏以模仿为主，大班孩子的角色游戏则以创造为主。教师应针对不同的年龄段，选择不同的侧重点进行指导，以达到开展角色游戏的目的。

（一）小班角色游戏的特点和指导

1. 小班幼儿角色游戏的特点

（1）小班幼儿的角色游戏主要直接依赖玩具，通常面前有什么玩具就玩什么游戏，离开了玩具，游戏也就停止了。

（2）小班的角色游戏以不断摆弄玩具为主，他们喜欢反映熟悉角色中的个别行为，如模仿司机开车，反复转动方向盘等，但对角色和规则的理解较差。

（3）小班角色游戏的主题和角色均带有不稳定的特点。常表现为看到别人玩什么，就扔掉自己手上的玩具，去模仿玩别人的东西。

（4）小班幼儿游戏正处于独自游戏和平行游戏的高峰期，喜欢和同伴玩同样或者相似的游戏。游戏时没有组织者，目的性也不强，同伴之间没有什么交往，但可能会向同伴借玩具或相互评论一下。

2. 小班角色游戏的指导要点

（1）教师以游戏的发起者和指导者介入幼儿游戏，在与儿童游戏的过程中达到指导的目的。可通过提问"你在做什么""想想他是怎么做的"了解幼儿的想法，激发幼儿的思维。例如，一位幼儿到娃娃家当爸爸，可是他在娃娃家里东摸摸西摸摸，也不知道可以做些什么。这时，老师走过去对他说："嘿，你想想，你的爸爸在家都做些什么呢？"听了老师的话，这位幼儿开心地坐到了娃娃家的小椅子上，拿了一本书看了起来。

小班幼儿在游戏中往往同时扮演相同的角色。例如，一个娃娃家也许有2~3位"妈妈"，或好几个"爸爸"。这是由幼儿年龄特点所造成的，教师不用去干涉，应顺其自然。

（2）教师要根据幼儿的生活经验为小班幼儿提供种类少、数量多，而且形状相似的成型玩具，以激发幼儿玩角色游戏的兴趣，同时保证每个孩子都能拿到玩具，避免为玩具发生争吵，满足幼儿平行游戏的需要。

（3）以情景再现的方式开展游戏讲评，对幼儿所扮演的角色和游戏中的玩法进行梳理，讲评重点放在对玩具操作以及游戏动作和角色名称的关系上，引起幼儿对角色的重视，理解动作与角色的关系。

游戏结束时，教师不要急于让幼儿收拾整理，而要在敞开式的游戏情景中进行评价。

（二）中班角色游戏的特点和指导

案例 3-4

爱心理发店

角色游戏开始了，瑶瑶穿上工作服，拿起了电吹风、各色发夹招呼着来回走过的小伙伴们："快来美发呀！我们的美发技术是一流的。"在她的宣传下，果然有几个姑娘走进了理发店。"我想做个新娘头。"青青指着美容书其中的一页说。瑶瑶马上热情相迎，并像模像样地拿起吹风机为她塑造发型，她选了几个彩色发夹固定发型，最后插上了彩色绸带，青青满意地点了点头。此时一旁的倩倩急着说："我也做一个发型，但头发要彩色的。"瑶瑶一时为难起来，说："这里没有染发剂，我给你戴上两个假发圈吧，也很好看的。"倩倩看到漂亮的假发圈，点头同意了。

从游戏中可以看出，中班幼儿在日常生活中积累了一定的生活经验，美发师能向客人作介绍，能用语言与同伴交往，能选择利用材料。

1. 中班幼儿角色游戏的特点

（1）角色游戏的目的性和计划性增强。游戏前能根据自己的兴趣选择主题，确定角色，他们首先会给自己找到一个角色，然后带着这个角色去做想做的事。

（2）角色游戏主题扩展，角色扮演能力增强。中班角色游戏主题比小班有所扩展，但仍以日常生活为主，情节比较简单。角色扮演能力有所提高，出现的角色类型越来越丰富，但容易频繁换场，脱离角色。

（3）角色游戏的社会性水平提高。中班幼儿有了与别人交往的愿望，能在一定程度上相互合作，但还不具备足够交往的技能，常常与同伴发生纠纷。

2. 中班角色游戏区域的创设

（1）初期一般设置娃娃家、餐馆、超市、医院、理发店，后期可新增银行，在幼儿熟悉娃娃家厨房操作的基础上扩增点心店等。

（2）中班的角色区活动空间不宜过小，较大的空间方便不同游戏主题之间的联系。

3. 中班幼儿角色游戏的指导要点

（1）教师应在提供成型玩具的基础上，增加半成品以及废旧物品材料的提供。鼓励幼儿玩多种主题或相同主题的游戏，以满足和促进幼儿想象力和创造力的发展。

（2）在游戏时，教师一方面要引导幼儿拓展游戏主题，设计游戏情节，学会分配游戏角色；另一方面还要引导幼儿加深对角色的理解，如可以用语言来提示幼儿："司机叔叔在不开车的时候还干什么呀？他要擦车，给车加油，检修机器……"

（3）就游戏中出现的问题引导幼儿开展讨论，在讨论中寻找答案，解决问题，从而进一步发挥他们的主动性和积极性。

中班幼儿常常是一边游戏一边想下面的情节，还没有具备事先计划、设计出游戏过程的能力。因此，对于中班幼儿角色游戏的指导应侧重于加深他们对角色的理解，要求幼儿能比较正确地反映出角色特有的行为和语言。例如，"在医院"的游戏中，一开始"护士"只知道给"病人"打针、发药、测体温。这时，老师可以启发他们想一想护士是不是还应该照顾病人呢？

（三）大班角色游戏的特点和指导

1. 大班角色游戏的特点

（1）游戏主题稳定、新颖，内容丰富，角色增多并能反映较为复杂的人物关系。

（2）角色扮演逼真，大班幼儿能注意各种职业的工作责任和职业规范，追求对角色行为的"合理性"，一旦出现不符合现实逻辑的游戏行为会进行指责和纠正。

（3）表征能力提高，游戏内容丰富连贯，游戏材料更具有创造性。

（4）大班游戏处于合作游戏阶段，喜欢并且善于和同伴一起游戏，独立解决问题的能力进一步加强。

2. 大班角色游戏区域的创设

（1）角色游戏区除了提供与主题相关的基本材料外，还应提供象征性材料，增加角色游戏活动的趣味性。

（2）角色游戏区可以设置游戏"百宝箱"，放置一些废旧物品和手工用具，让幼儿根据游戏情节的需要，利用材料进行想象与创造。

（3）及时调整角色游戏内容和区域的设置，为联合游戏、合作游戏做好物质准备与指导支持。

3. 大班角色游戏的指导要点

（1）教师应着重培养幼儿独立开展游戏的能力，如开展新主题的能力、游戏组织和计划的能力、解决游戏中出现的困难和纠纷的能力，以及自制玩具的能力等。

（2）教师应更多地用提问、建议等语言形式指导幼儿的游戏，观察幼儿游戏的种种意图，鼓励幼儿在游戏中的创造。

（3）教师要在幼儿的合作程度上加以关注，引导幼儿在游戏中展开更多、更深入的沟通交流，以反映现实生活中更复杂的社会关系。

（4）在游戏评价环节中，教师应加以重视，并给予幼儿更多表现的空间，培养他们分析问题和评价游戏的能力。

因此，大班幼儿角色游戏指导的重点应放在激发幼儿的创新意识，以及培养幼儿在游戏中自己解决问题的能力上。

【幼儿园教师资格证考试·考点预测】

1. 教师组织指导幼儿开展角色游戏的首要工作是（　　）。
A. 丰富幼儿生活印象　　B. 确定主题　　C. 分配角色　　D. 适当参与

答案解析：选A。角色游戏是建立在幼儿所掌握的生活知识和经验基础上的社会生活再造活动。

2. "娃娃家"里，一个小姑娘翻炒着锅里的塑料玩具，但炒好的"菜"太大根本装不进碗里。她环顾四周，没有发现老师的身影。她随即把塑料玩具扔在脚底下，竭尽全力把塑料玩具踩成碎片。然后，把这些碎片重新放进锅里，翻炒了一会儿，倒进碗里。老师并没有发现她的小动作，她的脸上洋溢着成功的快乐。

案例中的小姑娘为什么"毁坏"玩具？

参考答案：在一些幼儿园的"娃娃家"虽然配有各种形象逼真的小家具等，但是，真正可供幼儿拿在手里玩的玩具或游戏材料，从种类到数量都很少，尤其缺乏可供幼儿用作象征物的非结构性材料。如果教师看到幼儿的这种行为，一般会把她的行为归结为"不爱护公物"并加以纠正。但是，幼儿之所以这么做正在于教师所提供的游戏材料不能满足幼儿游戏的需要。完全逼真的成品玩具并不能为幼儿游戏提供充分的支持。所以，幼儿只能通过搞"破坏"来实现自己的目的。有关研究指出："如果教师想在'娃娃家'里激发幼儿更高水平的假装行为，就应将幼儿熟悉的真实玩具换成积木、橡皮泥等需要幼儿进行更高水平的认知转换的材料。"成品玩具虽然逼真，但是结构性较强，为幼儿留下的自由想象和创造的空间较小，幼儿不容易根据自己的需要和想象对它们进行象征性的改造。因此，在幼儿园的角色游戏中，教师应当多为幼儿提供具有开放性的非成品玩具或游戏材料。

本章要点

1. 角色游戏是幼儿按照自己的意愿，以模仿和想象，借助真实或替代的材料，通过扮演角色，创造性地再现周围社会生活的游戏，又称为象征性游戏。
2. 角色游戏具有表征性、独立自主性和创造性、社会性等特点。幼儿角色游戏过程的假想会出现以人代人，以物代物，以物代人，以人代物等表征特点。
3. 角色游戏的结构：游戏主题、角色扮演、假想（对材料和物品的假想、对游戏动作和情境的假想）、内在的游戏规则。
4. 角色游戏的发展可以从替代行为的发展、角色扮演水平的发展、游戏主题和情节的发展、语言和社会能力的发展四个方面来衡量和评价。
5. 角色游戏的教育作用：促进幼儿想象力与思维能力的发展；培养幼儿的社会交往能力；培养幼儿积极的情绪情感；促进幼儿语言交往能力的发展。
6. 角色游戏组织和指导的原则：主体性、开放性、整合性。
7. 教师应做好幼儿角色游戏的指导工作。角色游戏指导的内容：游戏前的指导、游戏过程中的指导、游戏结束后的指导。
8. 各年龄班角色游戏指导：小班、中班、大班的特点和指导要点。幼儿的年龄不同，教师的指导方法也各有区别。

关键术语

角色游戏　游戏主题　表征　角色扮演　假想　替代物　情境转换

思考题

1. 什么是角色游戏？其特点是什么？
2. 角色游戏的结构由哪几部分组成？
3. 分析幼儿角色游戏指导的内容。
4. 在游戏中，教师如何针对小、中、大班幼儿的特点进行指导？

案例讨论

1. 在很多幼儿园里，不同年龄班的角色游戏区往往千篇一律都是"娃娃家"。但是，在一些幼儿园的大班却看不到"娃娃家"。教师认为"大班幼儿不喜欢玩'娃娃家'"，所以就"撤了"，你怎么看待这种现象？

2. 女孩A独自坐在角色游戏区给"娃娃"穿、脱衣服。她不看也不与她附近的幼儿交往。老师观察了她一会儿，决定对该幼儿提供帮助。于是有了下面的故事：

老师："你的'娃娃'饿了吗？我们可以给它做饭。"（游戏提议。）

A不说话，继续给"娃娃"穿、脱衣服。

老师："如果它饿了的话，告诉我。我们可以在厨房给它做一顿丰盛的'午饭'。"老师边说边走向厨房，拿出锅和盘，与幼儿玩平行游戏。

A走向老师："我的宝宝饿了。"（教师的行为引起幼儿的反应。）

老师："好吧，让我们看看给它做什么。"

A："宝宝食物。"

这时幼儿B走向老师："我来'做饭'。"（教师和A的游戏引起其他幼儿的注意。）

老师："为什么你俩不一起'做饭'？我来抱'娃娃'。"（让出"交往"的机会，鼓励幼儿之间的互动。）

幼儿C也过来："我能玩吗？"（引起更多幼儿的兴趣。）

B对A说："不，我们正在'做饭'，对吧？"A点点头但没说话。

老师："你为什么不'切菜'呢？"（提供"介入"游戏的方法。）

C："好的。莎拉，可以借我一把刀吗？"

A："我正在用，这给你。"（给了C一把塑料刀。）

B："你的'娃娃'叫什么名字，莎拉？"

A："劳旺达。"

B："好吧，劳旺达，你的'饭'做好了。"

几分钟后，教师离开了桌子。A与她的伙伴一直玩了很久，直到游戏时间结束。

你怎么评价在这个案例中老师的指导？并说明理由。

☆ 建议的活动

角色游戏的观察与记录。

【目标】

1. 观察、记录幼儿角色游戏的能力。
2. 评价与指导幼儿游戏的能力。

【内容与要求】

到幼儿园见习或观看幼儿角色游戏实录，根据实际观察填写以下记录表。

角色游戏观察记录表

游戏名称：_____　　班　级：_____　　指导教师：_____
观 察 者：_____　　观察日期：_____　　观察时间：_____

观察线索提示	观察内容
1. 主题的确定	
2. 材料的运用	
3. 游戏技能	
4. 新颖性与创造性	
5. 游戏常规的执行	
6. 社会参与水平与或伙伴合作和交往的行为	
7. 游戏持续时间	
8. 独立自主性（自定主题，自选伙伴，主动交流，协调关系等）	

游戏材料的提供：

教师的指导或影响：

游戏评价：

第四章 结构游戏

知识目标

① 了解结构游戏的概念和特点，理解结构游戏对儿童发展的重要价值。

② 了解结构游戏的分类，掌握结构游戏的发展阶段，熟悉不同结构材料的结构技能。

③ 认知幼儿园各年龄班结构游戏发展的特点，熟悉结构游戏的指导要点。

能力目标

① 掌握结构游戏组织与指导的技巧和方法，能够根据幼儿的身心特点创设适宜的结构游戏环境，支持幼儿的游戏。

② 能够设计和组织不同年龄班的结构游戏，观察和分析幼儿在结构游戏中的表现，并给予恰当的反馈和支持。

情感目标

① 认同结构游戏对幼儿身心发展的重要价值，乐意深入探究结构游戏，支持幼儿的结构游戏行为。

② 感知结构游戏材料的多样化，愿意挖掘和利用身边的各项结构游戏资源，借助传统益智玩具中结构游戏的传承，不断守正创新，增强专业自信和民族自信。

导入案例

幼儿园的沙池里，平平对轩轩说："我们来搭个公园，好吗？"轩轩不语，用铲子不停地往盆里装沙，好一会儿才回答："今天我来做坦克。"平平看看轩轩，然后拿起杯子、水壶为轩轩装水，并慢慢地往盆里倒。轩轩则用双手将水和沙搅拌在一起。水倒完了，平平又开始帮轩轩往盆里加沙，还不断地问："沙还要吗？沙够了吗？"轩轩终于说话了："不要了，够了。你再去装点水吧！"平平再次拿起容器去装水，这下倒进盆子里的水没过了沙，他们赶紧把多余的水倒掉，直到水和沙正好齐平，轩轩满意地对平平说："现在，我可以做坦克了。"

轩轩从盆中取一把沙，两手将沙捏成一个大圆放在干沙上。随后他再抓起一把沙，捏成小圆状，放在大圆左边，又将手中剩下的沙再捏紧，放在另一边，并不断重复以上动作。平平似乎看明白了什么，他也不断地从盆中抓起沙，捏紧一团交给轩轩。几分钟后，轩轩起身满意地看看自己做的"坦克"，自顾自地洗手去了，平平紧跟其后。

等他们再次回到"坦克"旁边时，发现"坦克"坏了，轩轩开始修补，他用双手隆起塌瘫的坦克，将其拍紧，并用同样的方法做了好几辆"坦克"。

　　玩沙是幼儿非常喜欢的结构游戏之一。什么叫结构游戏？结构游戏有什么特点？结构游戏对于促进幼儿的全面发展有什么重要意义？怎样才能有效指导和评价幼儿的结构游戏？这一系列的问题都是本章学习的重点。

第一节　结构游戏概述

　　结构游戏，也称建构游戏，是幼儿利用各种建筑、结构材料如积木、积塑、沙、土、金属部件等，进行建筑与构造物体形象，反映现实活动的一种游戏。常常被人们称为培养建筑师、工程师的游戏。

　　最早的结构游戏是用小木棍、小木块、小木片、石子、泥、沙等常见材料进行拼搭的建筑游戏。随着社会经济文化的飞速发展，结构游戏得到了较快发展，在游戏的材料、玩法、结构物的造型等方面都发生了较大的变化。出现了塑料、金属等多种材料，产生了插接与镶嵌、黏合与螺旋等多种新的结构技能，结构物的造型也从周围生活中常见的物品扩展到动物、人物、科技新产品等。

当前，幼儿园常用的结构材料可以分成三大类：

（1）专门的结构材料：积木、积塑、胶粒、雪花片等，这些材料或者木制或者塑料，材质多样，但都是经过人工精密加工的，具有一定的结构性。

（2）沙、石、水、土、雪、树叶等自然结构材料。

（3）瓶子、挂历、纸盒等废旧物品和半成品的结构材料。

一、结构游戏的特点

（一）创造性

结构游戏的材料是由各种结构元件组成的。它与成型玩具不同，只有通过构造活动，才会产生出千变万化的形象。结构材料和结构活动方式的特点，使结构游戏具有丰富的表现力。幼儿常常边做边想，想象与操作相互促进，为幼儿提供了创造想象的广阔天地。幼儿也常常在结构游戏中遇到材料不足的情况，需要以物代物，用相近或者相似的材料组合或改造成可用的结构材料，促进幼儿思维变通性、概括性的发展，而思维的概括性、变通性正是创造性思维的重要组成部分。所以，结构游戏是一种创造性很强的游戏。

（二）动手操作性

结构游戏是幼儿动手操作的造型活动，操作造型是构造活动的基本表现形式。例如，进行拼插游戏，就要求幼儿动手把一个个积塑块、插塑块、胶粒等进行拼插、组合，建构成各种各样的物体造型以反映幼儿的生活经验。离开构造活动，也就无所谓结构游戏。结构游戏体现了幼儿利用建筑材料动手造型的兴趣和需要。所以，幼儿对材料的操作是结构游戏的支柱。

（三）造型艺术性

结构游戏的目的是通过改造活动塑造出物体的形象，以反映大自然和人类生活的美好景象，因此，结构游戏是一种造型游戏，同时也是幼儿的一种艺术创造活动。在这种活动中，幼儿必须遵循艺术造型的基本规律，如结构的比例、色彩的搭配、形状的组合等。幼儿拼搭的结构物往往比较夸张、有趣，是一种充满童趣的艺术品。

结构游戏，不是简单地堆砌拆装，而是集创造性、操作性、艺术性于一体，在幼儿的堆砌中发展他们的动手能力和建构技能，重要的是让幼儿在活动中，尝试开拓与创新，体验成功与挫折，有利于他们的全面发展。

🔗 **资料链接 4-1**

结构游戏与角色游戏的区别

	角色游戏	结构游戏
本质	扮演角色	结构的各种材料
物品缺乏时	可以以物代物、以假想来反映角色的身份	无法开展游戏
反映的主题	在现实生活的基础上想象、创造	在现实生活的基础上想象、创造
技能	模仿	要求一定的结构技能

二、结构游戏的种类

结构游戏的种类是多样的，根据其使用的材料和结构的形式，可将结构游戏分为以下几种类型。

（一）积木建筑游戏（图4-1）

用各种积木或其他代用品作为游戏材料进行的结构游戏。积木的式样很多，有大中小型的普通积木，有空心或实心的积木，有主题建筑积木，有动物拼图积木等。这种结构游戏在幼儿园开展较早，也较为普遍。

图4-1 木质积木

🔗 **资料链接 4-2**

积木的发展历史

积木是公认的传统意义上的建构游戏，它拥有悠久的历史。17世纪，英国思想家洛克制作了一套帮助儿童认识字母的积木，但其并非现在人们所认识的积木。具有现代意义的积木来源于福禄培尔的"恩物"。"恩物"中第三到第六种材料是把木质正方形按照不同的分割法分割而成。这些可以自由分割和组合的原木本色木质立方体就是现代积木的最初形式。20世纪初，美国进步主义幼儿园运动的主要领导人之一帕蒂·希尔为儿童设计了可以在地面上玩的大型空心积木——希尔地面积木。希尔地面积木在尺寸上比福禄培尔的积木足足大16倍，其基本形状是长方形。一套空心积木共有五块、一块半个方形积木，一块双倍的方形积木，两块长形平板积木和一块斜坡积木。这些积木保持原木本色，且积木的一边开放，在积木的角落上还装有槽。用这些大积木搭好的建筑物可以用钉子、铜线等加固变成房子、邮局、商店、饭店等，儿童可以进入其中游戏。在希尔的空心积木的启发下,美国教育家卡罗琳·普拉特潜心设计了单元积木。单元积木用原木制成,以一个长方形积木为基本单元,其他积木的大小都在此基础上呈倍数或分数的比例关系。单元积木还有正方形、长方形、三角形、拱形、半圆、圆柱等多种形状。普拉特还设计了各种木制人物和动物作为单元积木的辅助材料,儿童借助这些辅助材料来丰富其建构游戏。此后,人们在单元积木的基础上进一步研究和改进积木,使之更符合儿童建构游戏的需要。于是,出现了现在市面上琳琅满目的积木品种。在普拉特设计单元积木的同时,欧洲的蒙台梭利也设计出了用于训练儿童感觉的蒙台梭利教具。其中用于大小视觉辨别的粉红塔、用于宽度与高度视觉辨别的棕色梯、用于长度视觉辨别的红色木杆都是木质建构材料,这也成为积木的一种。

(二)积竹游戏(图4-2)

积竹游戏是将竹子制成各种大小、长短的竹片、竹筒等,然后用它们进行构造物体的一种游戏。积竹可构造"坦克""火车""飞机",还可以建构"桥梁""公园",构造出的物体栩栩如生、富有情趣,可以当作玩具,也可以当作装饰品。我国南方盛产竹子,积竹游戏前景广阔。

图4-2 积竹游戏

(三)积塑构造游戏(图4-3)

积塑构造游戏是用塑料制作的各种形状的片、块、粒、棒等部件,通过插接、镶嵌组成各种物体或建筑物模型的一种游戏。积塑轻便耐用,便于清洁。例如:凸点型积塑、花型片型积塑、块型积塑、齿型积塑和插图型积塑等。

图4-3 积塑构造游戏

(四)金属构造游戏(图4-4)

金属构造游戏是利用金属为主构成的部件,进行连接组合,构建成各种物体形象的一种结构游戏。金属构造玩具大都是成套的定型产品,构造时用螺丝和螺母将各部件连接在一起,构建的物体十分精致和模型化,较其他结构游戏的难度高,适合于学前晚期幼儿进行游戏。

图4-4 金属构造游戏

（五）拼图游戏（图4-5）

拼图游戏是用木板、纸板、塑料或其他材料制成不同形状的薄片并按规定方法进行拼摆的一种游戏。如可拼摆房屋、动物、故事情节等画面，传统的七巧板就属于这类游戏。

图4-5 拼图游戏

> **资料链接 4-3**
>
> ### 七巧板
>
> 七巧板又称七巧图，是拼图类的一种。源出宋代流行的"燕几"，由宋代学者黄长睿发明，曾作"燕几图"。初为"六几"，有一定尺寸，称"骰子桌"，后增加一几，合称为七，易名"七星"。纵横排列，使成各种几何图形，作为厅堂摆设。宴请客人时则可"按图设席，以娱宾客"。由于燕几图仅以大小矩形组成，所以图形变化有限。后人却受此启发，将其演化成更为复杂高级的智慧板作拼图游戏，即七巧板。据上海广文书局1919年影印的《游戏大观》记："以薄木板一片分为七块，连先天太极之意，搭成各种模型，以启发心思智识耳。板式大者两块，小者两块，其余斜一、中一、方一，大小奇耦七块。配作人物、字体等类，勿剩勿亏方为合格，惟妙惟肖、各具象形。"
>
> 七块看似简单的板块，通过游戏者巧用心智，在其手中变化无穷，可以拼排出各种各样的自然景物。据《游戏大观》上的介绍就有人事部图式：抚琴、读书、醉酒、新妆等27种；文字部图式：山、川、江、水等36种；兵器部图式：戈、剑、斧、盾等14种，此外还有动物部、植物部、亭台部、山石部、方舟部、服饰部等。

（六）拼棒游戏（图4-6、图4-7）

拼棒游戏是用火柴杆、塑料管、冰棒棍或用糖纸搓成纸棍等作为游戏材料，经过一定程度的卫生处理和色彩加工，拼接成各种美丽图案的一种游戏。

图4-6 塑料棒

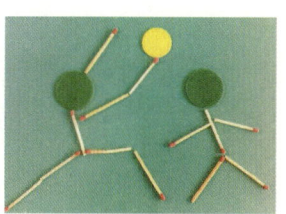
图4-7 火柴棒

（七）穿珠、穿线、编织结构游戏（图4-8、图4-9）

穿珠、穿线是指把线穿过各种小环、细管、珠子、纸板上的孔，把大小、形状、颜色不同的东西用连续穿或交替、间隔等方法组合成各种物品，如花环、门帘等。在穿线板上用线穿出各种物体的平面形象也属此类游戏。

图4-8 穿珠

图4-9 穿线

编织是把细长的材料（如纸条、绳、带子等）交叉组织起来成为某一物体或某一形象，如编花带、编花篮等。

（八）玩沙、玩水、玩雪的游戏（图4-10、图4-11）

幼儿非常喜欢用沙土、水、雪等自然物做游戏，这些都是不定型的游戏材料，是结构游戏的又一种类型。它具有简便易行、变化灵活的特点，在城市、农村都可以开展。

图4-10 玩水

图4-11 玩雪

三、结构游戏的教育作用

（一）结构游戏可以培养幼儿动作的精确性和手眼协调能力

在结构游戏中，幼儿不停地操作着（堆、放、握、挖、拼插、整理等），手和各种结构材料的反复接触以及游戏情境中不断重复的操作动作，提供了发展感知运动技能的充分机会，有利于发展手的小肌肉动作的协调性和灵活性，使感知变得敏锐、清晰，动作变得准确、协调，幼儿手和眼的协调也同时得到了发展。

（二）结构游戏对发展幼儿智力有特殊作用

从表面上看，结构游戏似乎是轻松的，实际上要求幼儿具备一定的空间知觉和形状知觉，具有一定的感知、动作和操作技能，象征性的表现能力，并要懂得一些简单的建构技巧及原理。游戏过程可以促进幼儿的观察力、形象记忆力、想象力和创造力，从而促使幼儿智力的发展。因此，人们常常把结构玩具作为开发智能的一种工具，认为它是启迪幼儿智慧的手段之一，是培养建筑师和发明家的游戏。

在幼儿亲自操作结构材料的过程中，通过手眼等感官与操作材料的反复接触，可以逐步增进幼儿对结构材料以及材料间相互关系的认识。例如，认识结构材料的性质、大小、颜色、形状，获得一些空间概念（上下、左右、前后、高低等）和数学概念（如对应、序列、整体和部分等），并逐步领会可逆性、守恒性等概念，促进幼儿智力和认知能力的发展。操纵结构材料进行构造，需要手脑配合，有利于促进左右脑的协调发展。

（三）结构游戏可以培养幼儿良好的意志品质和合作精神

结构游戏对幼儿的吸引力在于建构具体的物体和建构的过程充满快乐、成功的体验。这就要求幼儿要有一定的目的性、坚持性。同时，结构游戏又是一项细致的工作，一个物体或一座建筑物需要几十种材料元件组合起来才能构成，这就要求幼儿必须耐心、细心，有恒心。在构造过程中，幼儿往往会遇到许多困难，经历倒塌、不成形等失败，这有助于培养幼儿细致认真、勇于克服困难、失败不气馁、坚持到底等优良的个性品质。

结构游戏有独自进行的，也有合作进行的（尤其是建造内容较复杂的主题）。大型的主题结构游戏需要集体共同构成。例如，大班幼儿建构"我喜欢的幼儿园"，需要几个小朋友事先做好规划，整体布局，然后分工建构，组成不同的活动区域。这就要求幼儿共同协商，分工合作，协调彼此的关系，从而培养他们的集体观念和合作意识。

（四）结构游戏可以提高幼儿的审美能力和美的创造力

结构游戏和美工制作活动相近，是一种艺术造型活动。结构游戏的成品，在形状、颜色、各部分的比例等方面，要求对称、协调、美观，这些可以培养幼儿的艺术兴趣和审美情趣，提高他们感受美、表达美的能力。

结构游戏是充满想象的模拟建造过程，在这个过程中，既要凭想象中的形象进行结构活动，又要通过美的造型和形象来表现事物的美。例如，幼儿要用积木块搭建美丽的幼儿园，就要充分发挥他们的想象力，拼搭出他们心目中完美的符合他们心愿的幼儿园，这不仅仅是临摹，更多的是发挥他们的想象力、创造力；同时，还要注意色彩的搭配、几何图形的组合等，使幼儿的审美能力和美的创造力同时获得很好的发展。

（五）结构游戏有助于培养幼儿的生活情趣及对生活的热爱

结构游戏是幼儿反映现实生活的游戏活动。幼儿进行的改造活动，反映了他们周围生活中发生的各种变化，反映了他们生活中常见的各种典型的事物和情景，因此能培养幼儿对周围事物的兴趣和对生活的热爱。

🔗 **资料链接 4-4**

结构游戏与幼儿园各领域教育教学活动的目标相契合，对于实现全面发展的教育目的起着促进作用，具有潜在的教学功能。

结构游戏的学习和发展功能

发展领域	学习和发展功能
健康	手眼协调、手的精细动作和大肌肉活动的协调（取、拿、搬、拧、插等动作）；搬运重物时身体重心的变化，携物行走的能力
科学	物体特性（材料、质地等）、力的相互作用、引力、倾斜、斜坡、重力、尝试与探索、发现与归纳
数学	形状、空间、数概念、数量关系、分类、排序、测量（大小、长度、高度、宽度、深度、面积、体积）、模式等
语言	表征、描述、设计与计划、整理、标志
艺术	美感（形式、对称、平衡、均衡）、想象与创造
社会	社会环境与功能；合作、分享、规则、秩序；意志力、对他人劳动成果的尊重

四、结构游戏的发展阶段

幼儿的结构游戏能力是随着表征和想象能力的发展而逐渐提高的。一般来说，从最初的萌芽阶段，经历无意构造、想象构造阶段、模拟构造阶段，学龄后进入自由构造阶段。

（一）萌芽阶段（1～1.5岁）

1岁以后，婴儿的空间知觉能力得到发展，会将两个物体做空间安排，学会垒方木、套叠。在简单的空间知觉和动作技能的配合下，最初的结构活动萌芽，但此时的结构活动只能在两三个物体之间进行排列组合，仍属于摆弄，没有构造意识。

（二）无意构造阶段（1.5～3岁）

这一阶段的婴儿仅仅将建构材料进行无目的组合，而很少注意材料的大小、形状、颜色及两件材料之间的凹凸对应关系。他们只在意是否能够将材料连接、拼插在一起，并不关心拼插的结果，例如，他们会堆高或排成一条马路，却不会考虑积木之间大小的差异。

（三）想象构造阶段（3～5岁）

随着幼儿想象能力的发展，幼儿开始具备表象思维能力，可以凭借着头脑中关于该物体的表象进行构造。这个阶段，幼儿只是对熟悉的题材才会在建构之前有明确构造的意图。他们依据自己头脑中实物的表象进行操作，想象力和表现力统一于构造物。例如，幼儿用雪花片插接一个物体形象，别人看来像只小熊，而构造者本人却认为是机器人。

（四）模拟构造阶段（4岁以后）

4岁开始，幼儿会模仿建构作品范例，能根据立体结构造型的颜色、形状、大小的对应关系进行建构。5岁开始，幼儿能模拟图纸进行建构，他们学习观察平面图纸，根据记忆表象，将图纸中的结构造型想象成立体结构造型。稍后幼儿同时能模拟实物，进行构造活动，能够抓住实物的特征选择材料。还会自己预先提出主题或在教师的启发下提出主题，进入主题结构阶段，主题建构来源于幼儿对生活场景的观察和积累的丰富的社会生活经验，如搭建一座房子，一个飞机场，一个公园等。

（五）自由构造阶段（学龄以后）

自由构造是儿童自由创作，独立构思作品，而不是单纯的模仿，作品的表现力更强，需要建立在幼儿有较好的构造技能、丰富的空间想象能力和一定的作品构思创造能力的基础上。一般而言，往往到学龄期后，幼儿才会具备自由构造的能力，搭建出精巧的建构物。

> 🔗 **资料链接 4-5**
>
> 幼儿积木搭建能力的发展
>
> 幼儿用积木建构物体的能力是随着不同年龄阶段逐步发展起来的。这种发展历程可以表现为以下几个阶段。
>
> 第一阶段：搬弄。这通常是2岁以下幼儿的典型行为，他们只把积木拿来拿去，并不搭建什么东西，似乎主要是感知积木的重量和触摸积木，或试图发现哪一块积木能用一只手抓起，一只手可以抓住几块积木等。
>
> 第二阶段：重复。当幼儿刚刚开始搭积木时，通常用的是一样大小的积木或积砖。只是简单地把它们一块一块地往上叠起来，或者一块一块地平铺成一列，试图将积木堆高，然后再推倒，重复进行，他们往往并不注意重叠或排列整齐，只注意能叠多高的"宝塔"，能铺多长的"铁路"。渐渐地，幼儿开始更细心地重叠或排列，并有时将这两种形式结构结合起来玩。
>
> 第三阶段：搭建。3岁左右的幼儿开始探索如何用一块积木把其他两块积木连接起来，搭成一个可让小汽车开进开出的"门"。类似技能的逐渐发展，幼儿还可以搭桥、楼房等。
>
> 第四阶段：围封。幼儿逐渐发现，几块积木可以围起来，形成一个封闭的空间。于是，小动物的"家""动物园""汽车库""幼儿园"等，便在孩子的面前出现了。
>
> 第五阶段：模型。幼儿自己发现并利用对称和平衡的原理来建造模型。渐渐地，他们所建造出来的模型越来越复杂，并且他们也越来越有兴致地不断利用先前的经验来改

进模型，使之逐渐具有了美学上的质量意义。

第六阶段：再现。幼儿为所建造的东西命名，使它成为现实世界中某种物体的象征性代表。在建造模型前有了再现某种东西的设想或计划，如"我要来造个电影院"；然后造好的"电影院"又可能成为角色游戏的材料。复杂的再现型建造还可涉及多个幼儿共同合作，导致结构游戏中的社会性交往活动。

五、结构游戏的结构技能

结构游戏的结构技能就是使用结构材料的基本方法和技巧。幼儿掌握结构游戏的基本技能是其顺利进行结构游戏的基础，也是其完成结构作品的保障。结构游戏的基本技能因材料的不同而不同。主要的结构技能有：排列、组合、插接、镶嵌、黏合、穿孔结构、编织、旋转、敲击等。

（一）排列、组合技能

排列是指将结构材料按照一定的规则排列形成自己需要的形状，组合是指将排列好的各个部分连接在一起形成一个整体。排列、组合在积木类建构游戏中利用最多，其主要建构方法具体分为：平铺、延长、加高、对称、间隔、围合、盖顶、搭台阶、砌墙、拼图排列等。

1. 平铺、延长

这是积木之间横向连接的方式。每一块积木的左右两边都可以放置另外一块积木使其延伸，在延长排列时要求将积木平铺、对齐。这是小班幼儿积木搭建中常用到的技能。

2. 加高

加高指积木类材料之间向上堆放的连接。加高的难点是保持堆积物的平衡与稳定，掌握堆积物的重心是实现平衡与稳定的重要条件，这个技能适合于围墙、房屋等立体造型的搭建。

3. 对称

对称是一种较为复杂的建构方式，即幼儿选择某个材料组块作为"中心线（轴）"，使中心线（轴）左右两边的积木形状、大小、颜色能完全一致。对称排列能使人产生平衡、均匀的感觉，它是结构造型中重要的排列方式。对称的关键在于掌握中心线两边物体的空间方向。这种技能一般中班可以运用，大班幼儿使用更加频繁。

4. 间隔

幼儿搭建物体时，有规则的间隔进行排列，可以是大小间隔，形状间隔，色彩间隔，也可以是相同积木横竖位置的间隔排列。一般是两种积木间隔，也可以是三种或更多积木的复杂间隔。这种技能一般用于构建栅栏、道路等。"间隔"技能对幼儿的认知水平和审美水平要求较高，通常在中、大班的结构游戏中使用。

5. 围合

围合指用积木将空间进行围合，使里外不通。围合使建筑物在空间上有一定范围，构建房屋、围墙、池塘等都需要这种围合。围合时可选用相同积木，也可以使用不同积木。

6. 盖顶

盖顶是指在积木搭建的造型顶部，用积木（或板）进行遮盖。盖顶后的物体在高度上有了范围，盖顶的积木或板可超过排列的积木。小班幼儿已经能够使用这种方法，到了中班，幼儿可以利用这种方法搭建多层建筑物。

7. 搭台阶

搭台阶是指将积木进行堆砌构建，使其呈现出逐级升高的阶梯状的建构方法。这种技能要求操作的精准性较高，因此，中班、大班幼儿应用较多。

8. 砌墙

砌墙指用积木进行加高堆砌时，各层积木进行有规律的交替排列。先在最下面一排延长铺平排列；第二排加高排列时，积木要放在第一排两块积木中间，顺次交替排列；第三、第四排的结构方法分别与第一、第二排一样；以此类推。砌墙式结构能使结构物产生平衡感。

9. 拼图排列

拼图排列是指用积木自身的几何形状进行排列，形成一种平面图形的技能。即利用几何图形之间的组合关系，可拼搭成各种形状。如利用两个半圆可以围成一个圆形，利用两个三角形去拼搭正方形等。

（二）插接、镶嵌技能

利用插接、镶嵌方式进行结构活动的玩具有胶粒、积塑片、雪花片、插塑块等。这类玩具的结构元件上都有凸出的"头"和凹进的"孔"，或者开有"槽"（缺口）。"头"与"孔"和"槽"与"槽"之间的大小、深浅一致，可互相插接、镶嵌组合成一个结构物（图4-12）。这类玩具大多由塑料制成，也有木料的，深受幼儿喜爱，是锻炼幼儿手的动作和手眼协调能力的常见材料。插接包括一字插、十字插、整对插、环形插、正方形插等，主要由材料本身特点决定。连接方式包括整体连接、交叉连接、间隔连接、围合连接、端点连接等。

（1）整体连接。整体连接指各结构元件间每一个"头"与"孔"之间的对应连接。整体连接主要是形成牢固的面，建构房子、书架、桌椅等。

（2）交叉连接。交叉连接指结构元件之间进行纵横交错的连接。

（3）间隔连接。间隔连接指不同颜色、不同结构元件之间的相间排列。

（4）围合连接。围合连接指结构元件进行封闭连接，形成各种形状。

（5）端点连接。端点连接指两个结构元件端点的"头"与"孔"的连接。

图4-12 某幼儿园插接的模型

（三）黏合技能

黏合也是构造活动的一种方式。它是指使用黏合剂将结构元件进行连接，组合成用一般方法无法构建的各种结构物体。幼儿可用这种方式创造各种物体形象。黏合活动常常被列为幼儿园的美工活动中的自制玩具活动。

1. 黏合结构元件的拼搭设计

先构思结构物的造型，提出构造方案；继而选择与构思相符的结构元件，并找出黏合点；最后选择合适的黏合剂。

2. 黏合

将选择好的结构元件，按照构造方案的要求进行拼搭。对于那些无法直接拼搭，而必须用黏合方法拼搭的部分，即设计图上标明的黏合点，用事先选定的黏合剂加以固定，最后，再对结构物加以必要的装饰。

3. 黏合剂的使用

选择黏合剂时要注意黏合剂的质量。例如，橡皮泥不能遇水或粘上灰尘，使用时间过长、反复使用次数过多的橡皮泥黏性就较差。另外，要特别注意安全，黏合剂不能具有腐蚀性或刺激幼儿的眼睛、皮肤。

（四）穿孔结构技能

穿孔结构技能指用线、绳、布条等材料去串连在有孔的珠、管、环形结构元件上，使之形成某种造型。

1. 穿珠

穿珠游戏材料由线和有孔的珠组成。线应采用硬质的，如蜡线、尼龙绳、电线甚至细铅丝，过细的线不易操作，应在线头处加以处理。所用的珠必须有孔，孔径必须比线径大。穿珠的品种有木珠、塑料珠、玻璃珠、竹珠、瓷珠、纸或布制珠，其形状各异，如各种几何图形珠、动物造型珠、管状珠、环形珠等。此外，有孔的各种几何形状的纸片、布片、塑料片等均可作为"珠"进行穿编。

2. 穿珠方法

（1）单线连续穿珠法。在单线一端打一个小结，这个结叫底结。结要比珠孔大，以便用线穿入珠不会掉落。一手拿珠，一手拿线端，将线头对准珠孔穿过，并迅速将线从珠的另一端拉出。可以运用不同材料、不同色彩、不同形状、不同大小的珠、管、片等进行不同组合，穿成门帘、窗帘、项链、套圈等。穿珠作品如图4-13所示。

（2）单线交叉穿法。指将一根线的两端分别从珠孔的两端交叉传入。单线交叉穿可以将珠固定在线的某一位置上。

图4-13 穿珠作品

（3）单线循环穿法。与单线交叉穿法相仿，但线由孔穿出经过其他珠后再反方向回到原来的孔。这种方法大多用于大珠外面再围一串小珠等结构。

（4）双线（或多线）分合穿法。用双线（或多线）一起穿孔，然后再分线，分别穿入其他珠中，再合并集中穿入另一珠孔。此外还有双线交叉穿法。

（五）编织技能

编制技能即把绳、线、布条、柳藤条等细长的东西交叉组织起来，其基本方法有以下几种。

（1）辫子编织法。将三根绳头先合并再打结，然后按日常生活中编辫子的方法编织。

（2）穿插编织法。将编织条穿入编织原件中，或以编织条相互交叉穿插编织。也可在底板上刻出平行的槽，然后用编织条横向穿插，做成各种图案。

（3）圆心编织法。先用细长条若干交叉成同一中心的骨架，单双均可，然后用一细长条围绕中心上下交叉编织。

（4）打结编织法。先以一根线为基础，然后将另一根对折，围绕前一根线形成套结。此外，还有双绳套结法等。

（六）旋转技能

旋转技能是利用螺丝和螺帽将结构部件进行连接的一种造型活动，是生活中经常用到的一种技能，如拧瓶盖、拧螺丝等。

（七）敲击技能

敲击技能是将带有凸起、钉状或柱状物用小榔头或者锤子敲击进入匹配的凹槽或者孔内的技能。

📖 **拓展阅读**

乐高——创造一个连贯的玩具世界

乐高积木的创造者奥利·柯克·克里斯第森是一位来自丹麦的木匠，他于1932年创办了公司。最开始生意举步维艰，为了维持生计，克里斯第森开始生产木制玩具，在儿子的帮助下，他们制作了木制悠悠球、汽车、飞机和各种小动物。克里斯第森给自己的玩具起名叫"LEGO"，它取自意为"尽情玩乐"的丹麦语"Leg-Godt"，冥冥之中一切好像自有天意，之后克里斯第森得知这个名字在拉丁语中的意思恰巧就是"拼合"。早期乐高最受欢迎的玩具是一只木头鸭子。这只鸭子的嘴是可以开合的，并且还能发出声音，其他的一些木制玩具也都有活动部件，这在当时是一个很酷的创新。1949年，第一块乐高塑料积木问世，标志着乐高进入塑胶时代。两年后，穴柱连接原理的塑料积木投放市场。不久乐高公司又推出专门为3个月至5岁婴幼儿设计的积木产品。这种积木比普通积木大8倍，可以防止婴幼儿误食而发生危险。乐高积木最初只是启发婴幼儿智力的简单玩具，后来逐渐发展，拥有了多种系列，对不同年龄段的消费者都有所考虑，乐高积木也因此大受欢迎。此后，公司发展迎来了"黄金15年"。1962年，乐高集团甚至开设了一个机场，以满足玩具积木的运输要求，它就是如今的比隆机场。

20世纪80年代初，乐高集团开始延伸生产线至教育行业，一个独立的教育部门专门负责供应此类产品给学校、幼儿园及早教机构，并且在设计时还考虑到了伤残儿童。今天，这个部门已经改名为Dacta。除此之外，成功的乐高组还包括太空组及城堡组。直到20世纪80年代末，海盗组都是乐高生产线中热卖的积木组之一。其他构思如得宝及科技组亦开始相继投产，其中较为出名的有得宝动物园及科技汽车。1988年乐高官方举办的第一届建设世界锦标赛，更是大大提高了乐高的国际声誉，推动乐高产品成功走向世界。2014年，乐高正式成为全世界最盈利的玩具制造商。如今，乐高玩具已成为世界上最知名的玩具公司。很多人都说乐高玩具太过昂贵，但据悉，所有乐高积木均采用特定的ABS塑胶为主要原材料，这些材料不仅符合玩具级的安全标准，甚至符合食品包装级的标准。而且，乐高每一块积木都经过严格的力学测试，颗粒的咬合精密度达0.02毫米。加之其独具匠心的设计，乐高成为真正的全年龄段都适合的玩具。

"你知道6块2×4型号的乐高小方块积木有多少种拼搭方法吗？据说，竟然有超过9亿种拼法。"这句话乍一看非常夸张，其实却是乐高在积木文化里给大家带去的自由和无限可能性。正是因为乐高的这些特点，许多的成人也为之着迷。Google的两位创始人就是乐高的狂热粉丝，许多的建筑师和艺术家也用乐高来拓展和实现自己的空间感和创意。Nathan Sawaya，全世界顶级的职业乐高积木大师，他可以把所有他想得到的东西全部用乐高具象化。他本来是位律师，后来放弃7位数年薪，开设了工作室，专心"玩"起了积木，他其中最出名的作品当数第87届奥斯卡金像奖颁奖仪式上，嗨翻全场的乐高奥斯卡小金人。乐高一直在强调：哪怕已经成年，你依然可以施展自己的想象力。每块乐高积木都能与其他乐高积木相连，每个乐高套装都是乐高宇宙中一个完整的部分。乐高不跟随行业大溜去费力地制造出昙花一现的产品，而是去创造一个连贯的、可拓展的玩具世界，构建一种亲密感和社群意识。乐高让孩子们从拼砌的乐趣中得到启发，让他们创意不受约束，探索无限的可能。

―――【幼儿园教师资格证考试·考点预测】――――――――――――――――

1. 幼儿以积木、沙、雪等材料为道具来模仿周围现实生活的游戏是（　　）。
   A. 表演游戏　　　B. 结构游戏　　　C. 规则游戏　　　D. 角色游戏

答案解析：选B。结构游戏是幼儿利用各种建筑、结构材料（如积木、积塑、沙、土、金属部件等）进行建筑与构造物体形象，反映现实活动的一种游戏。

2. 下列游戏中，不属于结构游戏的是（　　）。
   A. 玩水　　　　　B. 玩沙　　　　　C. 堆雪人　　　　D. 滚铁环

答案解析：选D。选项ABC均属于结构游戏中的利用自然材料进行建构。选项D属于规则游戏。

第二节　结构游戏的组织和指导

案例4-1

> 建构活动区内，青青仔细地观察墙上的飞机图片，接着，他转身去取材料开始构建，建构好后，他高兴地拿着建好的飞机给同伴看，但同伴对他的飞机没有表现出什么兴趣，于是，青青便在原地反复摆弄自己的飞机，脸上的笑容也随之消失了。随后，他手持飞机自顾自地在活动室里飞来飞去，其他的同学仍然没有关注他，飞了三圈后，青青便无精打采地回到原位。

从以上系列可见，青青没有得到同学和老师的关注，结构游戏陷入停滞状态，可见，幼儿在结构游戏的过程中离不开教师的组织和指导。在组织和指导结构游戏的过程中，教师的角色不仅是材料的提供者、保管者，还应该是幼儿游戏环境的创造者，游戏的支持者、引导者、合作者。

下面将从结构游戏组织和指导的内容、各年龄班结构游戏的特点与指导两个方面来介绍。

一、结构游戏组织和指导的内容

（一）激发幼儿参与结构游戏的兴趣

兴趣是人们从事任何活动的强有力的动力之一，幼儿参加结构游戏，往往是从对结构游戏活动感兴趣开始的。教师应该注意利用多种方法吸引幼儿的好奇心，激发幼儿对构造活动的浓厚兴趣和创作欲望。

1. 用建构作品吸引幼儿的兴趣（图4-14）

教师事先构建出各种各样的结构造型展示给幼儿，让他们感受和欣赏这些作品，了解结构材料和结构技能的丰富多样性，体验造型的艺术美。当孩子们面对作品羡慕之情溢于言表的时候，尝试之心便会油然而生。对小班幼儿，教师可以带他们参观中、大班的结构游戏，哥哥姐姐们的建构作品往往更能有效地激发他们参与结构游戏的兴趣。

图4-14 建构作品

2. 关注与把握幼儿的兴趣点

观察是实施有效指导的前提。教师应通过一日活动中的观察，了解幼儿一定时期内的兴趣点，及时把握幼儿随机生成的兴趣需要，从幼儿的生活经验和兴趣点出发，进行有效的引导，有意识地调动全体幼儿的兴趣，让他们不断关注新鲜事物，从而拓宽知识经验，提高建构游戏的水平。

3. 帮助幼儿维持建构兴趣

幼儿对结构游戏的兴趣主要在于游戏过程。他们参加建构游戏一般没有什么既定的目标，往往是受玩具的吸引或者看到别人在玩建构游戏而开始参与建构。如果幼儿能够通过摆弄玩具构建出某种有意义的造型并得到肯定时，兴趣就会得到加强和深入；若是幼儿在建构中构建不出什么有意义的造型来，也没有得到及时的鼓励和帮助，就会对结构游戏失去兴趣。对此，教师可以采取以下几种方法给予指导。

（1）教师可根据幼儿手中半成品的形象，及时为结构物命名，同时指出结构物和实物的差距以帮助幼儿确定建构的方向，使幼儿将兴趣维持在建构活动上。

（2）当幼儿手中的结构物无法与现实物体联系时，教师可以启发幼儿多做几个同样的结构物相互连接起来组成一个连续的图案，也可以让他们另作一个结构物组合在一起，再根据新的结构造型确定建构主题，继续发展游戏。

（3）保留幼儿建构游戏的一些半成品，在下次游戏时提供给幼儿，使幼儿通过后续的建构活动完成或完善作品。

（二）引导幼儿对物体外形的观察和分析

结构游戏通过造型反映物体的外形特征，这就要求幼儿对周围生活环境中的物体和建筑物有细致的了解和深刻印象，这也是幼儿开展结构游戏的基础。

1. 多渠道、多方位、多角度的观察

教师要引导幼儿观察日常生活中各种不同的物体和建筑物的形状、颜色、结构以及空间位置关系，丰富幼儿头脑中的造型表象，为他们在结构活动中的想象和创造打下基础。可以带幼儿到大自然中去实地观察，也可以采用多方位、多角度的影像或图片资料进行观察。例如，构建火车，可以给幼儿提供火车的各种图片和录像，使孩子认识到火车是由一节一节车厢组成的，必须在轨道上运行。

2. 指导幼儿学会分析结构特征

在指导幼儿观察实物与图片中的结构物时，应教会他们掌握结构分析法，即说出物体各部分的名称、形状，比较结构物的不同部分，掌握各部分结构物的组合关系。例如，引导幼儿观察房子时，教师应引导他们有顺序地先观察房顶的样式、墙壁的颜色、门窗的位置等，然后引导幼儿观察各部分的整体结构，最后概括出房子的基本特征。

3. 引导幼儿进行对比性观察

对于同类事物，教师要引导幼儿进行对比观察，比较出事物的异同。这种对比观察法，有助于幼儿掌握同类物体的共性，并区别出他们的个性特点，从而加深幼儿对各种事物的完整印象。在构建主题时，引导幼儿运用对比观察找出众多结构物中的相同点，也有助于幼儿把已经获得的建构知识技能迁移运用到新的建构活动中去。例如，学会拼插小鸡后，继续拼做小鸭时，只要引导幼儿观察小鸭嘴部和脚部与小鸡建构时的不同，就很容易做出小鸭了。

（三）提供必要的物质条件

1. 提供时间场地

结构游戏是幼儿喜爱的游戏活动，教师必须在幼儿的一日生活中合理安排结构游戏。为此首先要在时间上给予保证，在自由游戏时间内允许鼓励幼儿开展结构游戏。其次是提供游戏场地，活动场地应宽敞，行走通畅，小型的建构活动应有桌椅和展示台，其高度应与幼儿的身高相适应。大型的综合主题结构活动需要较大的场地，更应注意场地的平坦和安全。

2. 提供结构材料（图4-15）

结构材料是结构游戏展开的物质基础。向幼儿提供的结构材料，应当种类丰富而有层次，如积木、积塑、竹制品、金属材料、木塑的结构玩具以及常见的沙、水等自然材料。同时，还应准备一些构造用的工具，如小铲、小桶、小锤、螺丝刀，以及辅助材料、胶泥、胶水、袋、线、树枝、各种盆、瓶、碗、半成品和一物多用的成品等。投放结构玩具材料时教师应注意：材料的投放既要符

图4-15 结构材料

合幼儿的年龄特点和游戏需要，又要照顾到不同幼儿的能力差异。

（四）帮助幼儿掌握建构的基本知识和技能（图4-16）

结构游戏是在掌握建构的基本知识和技能的基础上进行的。幼儿建构的知识和技能水平，往往影响着游戏内容的扩展和游戏水平的提高。当幼儿对结构游戏产生兴趣时，会同时产生学习建构技能的愿望；而建构技能发展得越好，幼儿参与结构游戏的兴趣也就越浓郁。

图4-16 老师在指导孩子的建构活动

幼儿结构游戏的基本知识和技能有以下4个方面：

（1）识别材料的能力。能认识各种结构材料，如木质的、塑料的、金属的，懂得它们的作用、性能。

（2）操作技能。会运用排列与组合、插接与镶嵌、串套与编织、黏合、旋转等构造方法构成物体；会灵活选用结构元件和辅助材料表现物体的基本特征。例如，会用两个三角积砖代替正方积砖，用小纸做成彩旗布置轮船，会根据实物和平面图进行结构游戏等。

（3）设计建构的能力。能设计结构方案，按计划有目的、有步骤地进行构造活动，并能在实践中修改、补充方案。例如，用积塑插孔雀，要用什么形状、颜色的材料，怎样组合等。

（4）分工合作的能力。能在集体建造活动中分工合作，建造较复杂的建筑物。

在帮助幼儿发展结构技能时应注意以下3个方面：

（1）遵循由浅入深、循序渐进的原则。

（2）在观察了解幼儿结构技能水平的基础上进行针对性的引导和点拨。

（3）探索和挖掘现有材料的多种玩法。教师应掌握每种玩具材料的基本玩法，并在常规玩法的基础上探索扩展玩法，做到一物多用、一物多玩。

（五）引导和鼓励幼儿创造性地建构

创造性是结构游戏水平的一个重要指标。教师应重视培养幼儿的创造意识，引导和鼓励幼儿在建构游戏中充分发挥创造性，提高游戏水平。

1. 教给幼儿创造的方法

（1）局部改变创造法。对幼儿来说，改变某一物体的局部就是创造。例如，幼儿学会搭亭子、桥、房子等最基本的式样，并在初步学会布置公园后，只要改变其中一个建筑物的造型，就会变成一个不同的公园。同样，改变某一部分的颜色、形状或布局，公园也就不相同。

（2）列项改变创造法。列出可以改变的项目，为幼儿提供创造的思路。建构活动可以改变的项目有七个方面：变换颜色、变换体积、变换形状、变换材料、增减某一属性、重新组合原有属性、重新设计。例如，建造房子时，教师启发幼儿讨论"你可以用什么方法造出与别人不同的房子?"有的幼儿想出改变颜色，使用不同形状的材料；有的幼儿在房子的大小、宽窄、高矮上做文章；有的幼儿则想出门窗、屋顶的不同造型。于是造型各异的房子就这样造出来了。

2. 引导和鼓励幼儿创新

（1）提出问题。问题往往是引发人们产生思想火花的导火索。只有提出问题，才能激发幼儿的思维和创造。例如，进行构建交通工具主题的结构游戏时，教师可提出："小明的妈妈在北京工作。现在请小朋友们想一想怎么能帮小明到北京去看妈妈呢？"当幼儿回答坐飞机、轮船、火车、汽车的时候，再请幼儿自行用玩具构造这些交通工具来帮助小明去北京。

（2）适时启发。幼儿建造的过程中会出现不少问题，教师应仔细观察，了解幼儿的游戏水平和需要，给予适时的启发和点拨。例如，一个幼儿建造好一个井架后不知该干什么。教师便走到他旁边，一边表扬一边启发道："你真能干，制造的井架像真的一样。有了井架打好井眼后，该用什么往外抽油呢？"他忽有所悟："噢！用抽油机。"幼儿沿着这条思路想下去，建造了抽油管道、储油库、工人值班楼等一系列的井场建筑物。教师有目的地引导启发，能极大地激发幼儿联想，不断创造出新的内容。

（3）正确引导。幼儿在进行想象创造时，往往会忽略想象创造的合理性。例如，搭建楼梯时，幼儿会用月牙形、三角形的材料来做阶梯，这种做法违背了"楼梯应便于上下"的合理性。对此，教师应及时给予正确引导。既要保护幼儿大胆的想象的积极性，让他们敢于异想天开，想出别出心裁的搭建方案，又要引导幼儿想得合情合理。

（4）评价激励。正确评价建造的成果，能激发幼儿的自信心和再创造的热情。教师在评价幼儿建构成果时不能只重视物体建构得是否整齐、漂亮，而忽视游戏对幼儿思维的创造性及团体协作精神的影响。正确的评价标准应是：建构物是否整齐、美观，运用的材料是否合适、多样，摆设的位置是否合理，是否创造出与别人不同的地方，全体组员是否团结合作。对于那些在结构活动中有失败经历的幼儿，教师还应给予他们激励性的评价，使每个幼儿在每次探索活动中都能有所发现，并获得成功的体验。

资料链接 4-6

介入结构游戏的时机

（1）幼儿游戏开始处于低潮时；

（2）幼儿情绪不佳时；

（3）幼儿获得成功时；

（4）幼儿遇到技能障碍时；

（5）幼儿游离游戏情景时；

（6）幼儿延伸或扩展游戏内容有困难时；

（7）幼儿出现负面行为时；

（8）环境中产生不安全因素时。

（六）培养幼儿良好的行为习惯

结构材料是结构游戏的基础，教师不仅要提供适宜充分的结构材料，同时也要教育幼儿爱护结构材料。因此，在开始进行游戏前，教师应向幼儿提出游戏常规，教育幼儿爱护结构材料，轻拿轻放，有顺序地收放结构材料，整齐地放在固定的地方，并逐步培养幼儿独立收拾材料的习惯。

建构作品是幼儿建构活动的成果，不仅反映了幼儿结构游戏的水平，同时通过建构成果的互相评价和欣赏还可以培养幼儿珍惜建构成果的情感，提高幼儿建造的能力。为此，教师要教育幼儿彼此珍惜建构成果，不随便破坏别人的成果。教师本身也要尊重和爱护幼儿的建构成果，不可因幼儿建造得不好而持否定、轻视的态度甚至轻易毁掉，这样做会挫伤孩子游戏的积极性和兴趣。一些好的、大家感兴趣的作品应保留一段时间，供大家欣赏，并鼓励幼儿围绕它开展其他游戏。对需要花费较长时间才能建构成的作品，教师要允许幼儿在几天内完成，不能随意毁掉或限制时间。

教师在完成上述各项指导任务时，还应注意以下3点：

（1）融入全面的教育。教师要明确结构游戏的过程不是单纯结构技能的训练过程，不能一味追求技能的提高，而是通过结构游戏对幼儿进行全面发展的教育。例如：认真、耐心、细致的工作态度；克服困难完成任务的良好品质；与别人合作的能力；语言表达能力和相互交流能力；大小肌肉的灵活性及手眼协调能力；爱护玩具、爱整洁、爱劳动的好习惯等。这些都应自然地融入结构活动的指导之中。

（2）把握适度的指导。在结构游戏指导中，最容易出现的误区就是教师教的比例过重。虽然教师的指导能有效地提高幼儿游戏的水平，但过多的说教会扼杀幼儿参与游戏的主动性和创造性。所以，教师应根据幼儿的实际水平，采取不同的指导方法，在幼儿原有的水平上给予适度的指导。

（3）重视差异的存在。幼儿的结构水平是参差不齐的，教师应让幼儿在原有的水平上有所提高，而不能对全班幼儿做统一的要求。要做到分层次指导，给不同发展水平的幼儿提供不同的结构材料，并根据每个幼儿不同的需要确定不同的指导重点。如有的孩子需要提高技能，有的需要培养坚持性品质，有的则需要体验成功感等。

二、各年龄班结构游戏的特点与指导

（一）小班幼儿结构游戏的特点与指导

1. 小班幼儿结构游戏的特点

小班幼儿没有一定的结构游戏的目的，不会事先构思，他们只是无计划地摆弄结构材料。他们会根据自己的想象对自己结构的物体加以命名。这一时期的幼儿还不会事先想象好所要塑造的形象，然后有目的地去做。选择活动材料时比较单一，没有目的。结构技能简单

（多以简单的平铺、延长、堆高为主），主要对结构的动作感兴趣，重复着把结构材料垒高然后推倒的动作，从中得到快乐和满足。小班幼儿的结构游戏常常以个人建构为主，合作意识差。在成人的指导和示范下，小班后期幼儿的结构活动逐渐有了主题，但很不稳定，不会利用自己的结构物展开游戏。

2. 小班幼儿结构游戏的指导要点

（1）教师首先要引导幼儿认识结构材料，有意识地搭建简单的物体给他们看；也可以带领他们参观中、大班幼儿的构造活动，引起幼儿对构造活动的兴趣。

（2）为幼儿准备足够数量的结构材料，安排结构场地并保证游戏时间。结构材料应每人一份，建立最初常规使他们能彼此不妨碍地开展游戏活动。

（3）在游戏中指导幼儿学习结构技能，并鼓励幼儿尝试独立构造简单物体。

（4）教师要经常有意识地让幼儿说出自己所构造的物体的名称，也可以根据幼儿搭出的形象给以适当的命名。引导幼儿理解和明确建构的目的，发展幼儿的想象力，使主题逐步稳定。

（5）建立结构游戏的简单规则，如爱护结构材料，游戏结束后应整理好游戏材料和场地等。教会幼儿整理和保管玩具的最简单的方法，使他们能参加部分玩具的整理工作，培养其责任感和自理能力。

（二）中班幼儿结构游戏的特点与指导

1. 中班幼儿结构游戏的特点

中班幼儿结构游戏的目的性比较明确，并且逐步有了简单的构造计划。能够根据建构物体的特性来选择材料，他们对结构游戏的操作过程仍有浓厚的兴趣，同时也关心构造成果。动作技能集中分布在"叠高和架空"这两个动作水平上。这一时期的幼儿已经能够独立地构造一些较为复杂的物体，也会按主题进行构造。他们开始能美化结构物，并能围绕结构物开展游戏，如果前期有所培养，已经能够在成人提示下较独立地整理结构玩具。

2. 中班幼儿结构游戏的指导要点

（1）教师应设法丰富幼儿的生活经验，为他们的构造活动奠定基础。幼儿的构造活动是他们对周围生活经验的反映，因此，教师应结合各领域教学和散步、参观等活动，加强幼儿对事物结构造型的了解。

（2）培养幼儿设计构造方案的能力，学习有目的地选材，学会看平面结构图等。

（3）着重指导学前幼儿掌握构造技能（架空、覆盖、桥式、塔式），并用这些技能去塑造各种物体。

（4）着重指导小组的构造活动（3~4人），教会他们如何共同讨论，制定方案，进行分工，友好地进行游戏。

（5）组织幼儿评价构造成果，鼓励他们独立、主动地发表意见，肯定他们的发明创造，促进结构游戏水平的提高。

（6）举办建构作品展览，供幼儿评价和欣赏。

（三）大班幼儿结构游戏的特点和指导

1. 大班幼儿结构游戏的特点

大班幼儿已经有了一定的独立建构能力，事先能进行一定的设想和规划，结构活动的目的性、计划性更强，他们往往能围绕一个主题进行几天甚至几周的建构活动，勇于克服困难，直到达到结构目的为止。大班幼儿已能够掌握许多复杂结构技能，如架空、围合、封顶、对称、转向、穿越等，在结构活动中，除了熟练、迅速地建构复杂物体外，还要追求结构物的逼真性、复杂性、新颖性、艺术性。幼儿的合作意识进一步加强，喜欢几个人一起友好地建构物品，并围绕结构物进行情节复杂、内容多样的创造性游戏。在正确的教育下，大班幼儿的集体观念增强，常常以几个人共同建构的某种大型物品为自豪，有了一定的荣誉感。

2. 大班幼儿结构游戏的指导方法

（1）丰富幼儿的结构造型知识和生活印象，启发大班幼儿为结构游戏活动收集素材，以保证结构主题和内容不断丰富与发展。

（2）指导幼儿进行集体建构活动，教会他们制订计划，如协商确定主题、商量结构步骤及方法、分工协作、确定建构规划，使大家创造性地共同建构一个复杂物体。

（3）重点指导幼儿掌握新技能，并帮助幼儿运用新技能去实现自己的构思。

（4）教育幼儿重视建构成果，可以通过展览会开展各种新游戏，提高幼儿对结构成果意义的认识，并提高他们的分析评价能力。

（5）以部分幼儿小型结构活动为基础，引导幼儿开展参加人数多、持续时间长的大型结构游戏。在活动中，教师应不断鼓励幼儿进行创造性思维，并为他们提供材料，帮助他们克服困难。教师也可以参加与幼儿的构造活动，以共同完成建构任务。

——【幼儿园教师资格证考试·考点预测】——

1. 选择活动材料时比较单一，没有目的。结构技能简单，主要对结构的动作感兴趣，重复着把结构材料垒高然后推倒的动作，从中得到快乐和满足。这是（　　）幼儿结构游戏的建构特点。

A. 小班　　　　B. 中班　　　　C. 大班　　　　D. 中、大班

各年龄班结构游戏指导详解

答案解析：选A。因为这些结构游戏特点不符合中、大班幼儿的特点，只有小班幼儿还处在对动作的乐趣里。

2. 对于以下游戏的指导方式，不正确的是（ ）。

A. 对结构游戏进行指导时，教师要手把手地教
B. 结构游戏前，教师要注意激发幼儿结构游戏的兴趣
C. 教师指导结构游戏可以采用平行游戏的方法
D. 结束结构游戏时，教师要审慎地对待儿童的作品

答案解析：选A。选项BCD均属于结构游戏指导时的正确做法。选项A手把手地教，不是正确的指导方法，而要根据孩子的情况灵活采用启发引导等方法。

三、结构游戏的评价

结构游戏与角色游戏相比，技巧性和知识性更强，所以教师对结构游戏的指导关系到结构游戏的发展速度和完善程度。而对结构游戏进行观察并做出评价，可以为教师指导结构游戏提供依据，来增强教师指导的针对性和科学性。

（一）结构游戏评价的内容

（1）从幼儿对建构材料的识别、选择和运用方面进行评价。幼儿建构过程中运用的材料是否合适，是否多样，摆设的位置是否合理，搭配是否恰当，是否创造性地运用了材料。

（2）从建构操作技能方面评价。考察幼儿是否掌握了排列组合、拼插镶嵌、架空围合等结构技能，造型是否整齐美观，是否运用了对称和装饰等。

（3）从建构过程来看，是否学会看平面图纸，是否能分析结构范例，掌握了相关结构分析技能。

（4）从建构习惯来看，是否能坚持集中注意力，持续搭建，是否做到爱护玩具材料，遵守搭建规则。

（5）从建构过程中的合作性上评价。幼儿能否和他人合作，配合使用玩具材料，共同搭建主题。

🔗 **资料链接 4-7**

幼儿结构游戏（积木）水平评价表

项目	评价标准	评分
材料运用	・只拿着玩，不会搭 ・对积木形、色有选择，意识不强 ・有意识地选用材料，反复尝试 ・迅速选定材料，并能综合运用材料，运用有特色	
建构形式	・简单排列、堆高、铺平 ・能架空搭门 ・能围合建构 ・造型比较复杂，能命名但形象不逼真 ・按特定形象逼真建构，运用对称并装饰	
主题目的性	・无目的，无主题 ・目的不明确，易附和他人 ・能确定建构主题，但会出现变化 ・主题明确，能坚持并深化开掘	
情绪专注力	・注意力集中水平低，情绪呆滞 ・一般情绪状态，注意力易分散 ・情绪良好，注意力集中 ・情绪积极、专注、持续时间长	
社会性水平	・独自搭建 ・平行搭建 ・联合搭建 ・合作搭建	
常规	・遵守玩积木规则 ・爱护玩具 ・能收放整齐，动作迅速	
创造表现力	・建构主题与造型方式富有创造性	

（二）结构游戏评价的一般模式

（1）幼儿感知介绍结构作品。幼儿命名并介绍自己的作品，说明作品的材料、造型、意图及特色，并介绍自己作品中最令自己满意的部分。

（2）教师提问。针对幼儿个体或集体的作品，教师可提出相关造型和建构材料、主题方面的问题，引起幼儿的思考。

（3）幼儿评价讨论。幼儿相互之间可对作品进行评价讨论，开阔眼界，拓展幼儿的思路。

（4）解决相关问题。经过讨论，寻求问题的答案。

（5）教师综合评价。教师可从结构游戏相关评价内容入手，对游戏活动的整体情况进行评价，并对本次结构活动的重点目标进行着重强调。

本章要点

1. 结构游戏，也称建构游戏，是幼儿利用各种建筑、结构材料如积木、积塑、沙、土、金属部件等，进行建筑与构造物体形象，反映现实活动的一种游戏。
2. 结构游戏的特点：创造性、动手操作性、造型艺术性。
3. 结构游戏的种类：积木建筑游戏；积竹游戏；积塑构造游戏；金属构造游戏；拼图游戏；拼棒游戏；穿珠、穿线、编织结构游戏；玩沙、玩水、玩雪的游戏。
4. 结构游戏的发展阶段：萌芽阶段、无意构造阶段、想象构造阶段、模拟构造阶段、自由构造阶段等。
5. 结构游戏的结构技能：排列与组合、插接与镶嵌、穿孔、编织、黏合、旋转、敲击等。
6. 结构游戏指导的内容：激发幼儿参与结构游戏的兴趣、引导幼儿对物体外形的观察和分析提供必要的物质条件、帮助幼儿掌握建构的基本知识和技能、引导和鼓励幼儿创造性地建构、培养幼儿良好的行为习惯。
7. 各年龄班结构游戏指导：小班、中班、大班的特点和指导要点。
8. 结构游戏的评价：内容、模式。

关键术语

结构游戏　悬空搭建　围合　架空　模拟构造　命题构造　自由构造　排列　组合　插接

思考题

1. 什么是结构游戏？其特点是什么？
2. 试分析结构游戏指导的内容。
3. 如何针对各年龄班幼儿结构游戏的特点进行指导？
4. 按照范例，为各年龄班幼儿制订结构游戏活动计划。

案例讨论

在一次结构游戏中，很多幼儿在一起打算建构开元寺，他们除了建构已学过的东西塔、大雄宝殿外，还联想到在开元寺里看过的古船，于是幼儿们都兴致勃勃地参与到古船建构中，小鑫与丁丁都选择了小星星积塑，共同拼起了船底，而较晚入区的小方看到小星星玩具已经有很多小朋友在玩，就和小鑫商量："我能不能和你们一起玩？"丁丁忙说："我们人数已经够了，玩具已经没有了，你到其他地方去吧！""但我已经在最后一格的入区表填上号数了。"小方不愿意去其他区。江海在一旁拿出雪花片约小方："那我们拼一些小船好了。"

但小方还是不愿意,站在原地一动也不动。过了很久,小方转身一个人拿起雪花片插了起来,过了好一会儿,却什么也没搭成,只见小鑫与丁丁还在搭古船,小方也学着搭起了古船,但是船底没有造好,于是他就看着丁丁他们搭。没过多久,小鑫与丁丁的船造好了,丁丁兴高采烈地对小方说:"小方,你看我们的古船好漂亮呀!"小方一句话也没有说,飞快地跑过去将古船摧毁了,小鑫与丁丁很生气,一下子就将小方推倒在地上,小方大声地哭了。

请根据本节学习的结构游戏理论,说一说在上述案例中,教师是否需要介入,如果介入,在哪个地方介入,为什么?

☆ 建议的活动

活动一:积木建构活动

【目标】
1. 掌握积木构造的基本技能。
2. 发展设计分析图纸、按图进行构造的技能。
3. 发展搭积木以及用积木与其他物体组合构造的能力。

【内容与要求】
1. 能选择各种积木进行建构活动,掌握积木建构的基本技能。
2. 学会看平面和立体的建造图纸,注意物体的细微部分和装饰物。
3. 按照图纸自由构建各种建筑物。
4. 根据想象,自己用积木和其他物体组合构造出各种不同的物品造型。

活动二:凸点型积塑建构活动

【目标】
1. 掌握凸点型积塑构造的基本技能。
2. 发展用积塑建构各种结构物的能力。
3. 发展想象力、创造力和动手操作能力。

【内容与要求】
1. 学习凸点型积塑构造的基本技能。
2. 能围绕命题内容进行结构拼插,表现出拼插物体的细节和内部结构。
3. 根据想象用积塑自由构建各种物体,作品对称、有立体感、镶嵌到位、构思巧妙,体现新颖性和创造性。

活动三：各种拼板的制作和指导技能

【目标】

1. 掌握各种拼板的分法，能自制拼图、拼板玩具。
2. 根据各年龄班的幼儿特点，利用废旧物品制作拼板玩具。
3. 具备指导幼儿开展拼图游戏的能力。

【内容与要求】

1. 按照规范制作七巧板、十五块拼板、弧形板、蛋形拼板。
2. 了解各种拼板的玩法和规则。
3. 掌握指导幼儿游戏的方法。

【范例】

七巧板造型　　　　　　蛋形板造型

弧形板造型　　　　　　十五块拼板造型

活动四：穿、编游戏

【目标】

1. 掌握穿、编的技能。
2. 学习用各种绳、线、布条或管、珠等材料制作小物品的能力。
3. 发展想象力、创造力和动手操作的能力。

【内容和要求】
1. 学习穿、编的基本技能。
2. 根据样品和图样能自编或穿出小物件。

【范例】

纸艺小手链

材料准备：废旧的杂志或包装纸、松紧绳、塑料小珠。

工具：胶水、剪刀、美工刀。

制作过程：

1. 将准备好的纸剪裁成宽约0.5cm和1cm不等的长条若干。
2. 找一根牙签，从纸条的一端卷起，绕成环状，末端用胶水固定。将牙签抽掉，露出中心的圆心。形成单个的小串珠。
3. 适当地在小串珠上做一些纹理，用手指压出自然的折痕。
4. 依次将长条按上述的方法做成大小不等的串珠。在做的过程中，可以卷出松紧不同的随意感。
5. 最后用松紧绳将串珠穿到一起，围成尺寸合适的手链，使其固定。末尾用塑料小珠作为点缀。

纸艺手链

活动五：分析评价结构游戏

【目标】
1. 根据各年龄段幼儿的特点，学会分析结构游戏活动案例。
2. 应用所学的知识，分析评价结构游戏活动。

【内容与要求】
1. 结合见习活动，学习观察记录幼儿结构游戏情况。
2. 分析评价幼儿园结构游戏的组织指导过程，应用评价方法评价结构游戏的活动。

第五章 表演游戏

知识目标

① 了解表演游戏的概念、特点和分类，理解表演游戏对儿童发展的重要作用。

② 认知幼儿园各年龄班表演游戏发展的特点，熟悉表演游戏的指导要点。

能力目标

① 掌握表演游戏组织与指导的技巧和方法，能够根据幼儿的身心特点创设适宜的表演游戏环境，支持幼儿的游戏。

② 能够根据幼儿的年龄特点，组织不同年龄班的表演游戏，能够记录、观察和分析幼儿在表演游戏中的表现，并给予恰当的支持和分析。

情感目标

① 认同表演游戏对幼儿身心发展的重要价值，乐意深入探究表演游戏，组织和支持幼儿进行表演游戏。

② 体验表演游戏的魅力，愿意借助艺术表演的形式，感知和倾听幼儿的需求，带领幼儿体验角色、学会合作，凝练童心和爱心，养成"慈幼爱教""甘为人梯"的教育品质。

导入案例

一次表演游戏中，孙宇轩和吴佳是一对搭档，他们分别扮演老虎和狐狸。作为老虎的孙宇轩扑过去逮住吴佳扮演的狐狸的时候，两个人发生了争吵，原来是孙宇轩下手有点重，把吴佳弄疼了，吴佳嚷嚷着："你为什么这么用力啊，这又不是真的抓。"孙宇轩说："我是老虎啊，老虎抓人都是这样的。"两人这么一吵，其他小朋友也跟着起哄了。孙宇轩继续说："老师说了，表演的时候要投入。"吴佳有些生气："你弄疼我了，我不当狐狸，我也当老虎去咬你。"这个时候其他的小朋友都围了过来。老师也走了过去，说："孩子们，我们能不能一起帮孙宇轩和吴佳想想办法，看看怎么样表演能投入但不把对方弄疼呢？"小朋友们都围在一起商量着，最后他们想出了办法，让孙宇轩和吴佳的表演游戏可以继续进行下去。

　　表演游戏作为创造性游戏的一种，也是幼儿自主的游戏活动，他们通过扮演文学作品中的角色，去体验和感受作品，创造性地塑造文艺形象，表达对文艺作品的理解。那么，表演游戏对幼儿的发展有什么作用呢？教师在游戏中应扮演什么角色呢？老师应该怎样提高幼儿的表演水平而又不破坏游戏的"游戏性"呢？案例中的老师这样的处理是否合适？相信本章的学习将为你拨开迷雾，找到这些问题的答案。

第一节　表演游戏概述

　　表演游戏是指幼儿根据故事或童话等文学作品的内容和情节，通过扮演角色，运用语言、动作和表情进行创造性表演的一种游戏形式。如幼儿演出的童话剧、木偶剧、歌舞剧和皮影戏等都是表演游戏。

　　表演游戏是一种创造性游戏，是幼儿自己玩的游戏，能充分发挥幼儿的主动性和创造性。例如，故事或童话对幼儿有很大的吸引力，当他们听过故事或童话后，会愿意模仿故事中角色的活动，不仅一些活跃的幼儿是如此，一些性格安静的幼儿也愿意这样做。这种自主的模仿活动，就是表演游戏。幼儿喜爱表演游戏，通过表演可以表达他们对故事或童话的感受。

一、表演游戏的特点

表演游戏具有自娱自乐性、表演性、戏剧性、创造性的特点。

（一）自娱自乐性

在表演游戏中，儿童最大的动机是为了追求表演的满足和快乐，因此不管什么场合，有无观众，也不管演出效果如何，都不会影响幼儿的表演，所以说，表演游戏是幼儿自娱自乐的活动，幼儿是因为"有意思、好玩"而表演，他们心中并没有观众，也并不在乎观众是否在观看他们。例如，动画片《喜羊羊与灰太狼》中的那些富有趣味性的情节往往让幼儿津津乐道，在与同伴一起讨论动画片中精彩的情节与人物时，幼儿常常会自言自语、手舞足蹈地表演起来。需要同伴配合表演时，幼儿会邀请同伴一起投入表演，仿佛自己变成了动画片中的人物，在表演中体验到游戏的愉悦和满足。

> **案例 5-1**
>
> 中班的乐乐最近最开心的事就是晚饭后表演《小红帽》，她戴上妈妈给她买的红帽子，这样就可以演小红帽了，然后让爸爸演大灰狼、妈妈演奶奶，用易拉罐当葡萄酒，把她吃的蛋糕都放在篮子里，提着去给生病的奶奶吃。有时爸爸妈妈忙，没人和她一起表演，乐乐照样戴上小红帽，拿上装有葡萄酒和蛋糕的篮子，自己模仿故事中的角色演得津津有味，有时甚至自己演几个角色。虽然很忙碌，但是却非常开心的样子。

在这个案例中乐乐的行为就是在做表演游戏，并且自娱自乐，纯粹为了好玩儿而表演。

（二）表演性

在表演游戏中，幼儿以文艺作品为蓝本，通过模仿和想象来扮演角色，以表演角色的活动为满足。幼儿从选择和确定所要表演的文艺作品的那一刻起，表演游戏就已经有了一个规范游戏者的框架。例如，在"拔萝卜"的游戏中，幼儿依据故事内容扮演老爷爷、老奶奶、小花狗、小花猫、小老鼠等角色，并以故事的情节为线索展开游戏。幼儿在游戏过程中会自发地在头脑中将自己的言行与作品中的角色、情节联系起来，文艺作品成为幼儿行为表现的框架和评价尺度。幼儿会尝试努力靠近作品中的人物角色。正是这种源于故事再现故事的要求，构成了表演游戏的表演性基础，也是表演游戏区别于其他类游戏的根本特征。如果缺乏表演性也就没有了它作为一种游戏类型独立存在的依据。"表演性"对于表演游戏来说，是其不可或缺的特性。

（三）戏剧性

在表演游戏中，儿童以文艺作品为蓝本，按照作品中的情节、人物、语言、动作等去扮演角色，再现作品的主题和内容，加上舞台的搭建、服装道具的使用、场景的布置等，使得表演游戏呈现出类似于戏剧表演的一些特点。

表演游戏与戏剧表演的本质区别（表5-1）在于：戏剧表演是在教师的组织导演下，严格按照作品的内容、情节、语言进行表演的，即戏剧表演是以演给别人看为目的的活动。而表演游戏则是幼儿自娱自乐的创造性活动。

表5-1　表演游戏与戏剧表演的区别

	表演游戏	戏剧表演
相同点	根据作品内容，再现作品，同时运用语言、肢体动作，表演手段相似	根据作品内容，再现作品，同时运用语言、肢体动作，表演手段相似
不同点	幼儿按照自己对故事的理解展开表演	导演、演员、剧本、场剧、观众等相互作用的产物
	幼儿"自娱自乐"的活动，不传达思想观念、价值观	追求价值观的展现
	本质是游戏	本质是表演

（四）创造性

表演游戏是一种创造性的活动，幼儿的表演是对文艺作品的一种再创造。在表演游戏中，同一作品、同一角色会因不同幼儿的扮演而产生不同的效果。幼儿还喜欢根据自己的生活经验，自编自演一些新节目，这也是幼儿创造性的充分体现。

表演游戏的内容应基本依据作品原意，在此前提下，幼儿在表演时，也可以根据自己对作品的角色、情节的体验，在语言、动作表现上有所增添或改动。例如，在表演游戏"小兔乖乖"中，扮演小兔子的幼儿会想出用小棒当手枪、用泡沫砖当石头等各种对付大灰狼的方法，丰富和发展了游戏的情节。表演游戏的这种创造性引领和创造自由，让幼儿忘我地沉迷在创作的乐趣中，主动性、积极性和表现力得到充分的表现和发挥。

案例 5-2

中班幼儿有一段时间热衷于玩"三只蝴蝶"的表演游戏。开始几次，幼儿的游戏进程基本上都是按照作品进行的，三只蝴蝶相亲相爱不分手，要来一块来，要走一块走，宁愿一起淋雨也不愿各自躲在同颜色的花下面。时间一长，孩子们就开始提出问题了："三只蝴蝶也太傻了，它们为什么不去躲雨，而要一起淋雨呢？""这样一起淋雨会感冒的！要去医院打针的。""对呀，下雨的时候我们也是在自己家里躲雨的呀！"老师问："如果你们是小蝴蝶，你们会怎么做呢？""那怎么能说明好朋友相亲相爱不分手呢？"

于是，孩子们把"三只蝴蝶"改编成大雨来临的时候，小蝴蝶们各自躲在不同颜色的花下面，而当太阳出来的时候，三只蝴蝶又快乐地一起游戏了。

上面案例中，孩子们这种创造性的改编表达了孩子们对作品、对生活的理解，其思维的创造性、灵活性是非常值得肯定的。

资料链接 5-1

表演游戏与角色游戏的区别

表演游戏与角色游戏都有角色，二者通过语言、行为、表情等扮演角色，演绎故事情节的发展，但是二者在故事主题和情节的来源、表演的故事结构性与规则要求等方面存在差异。表演游戏与角色游戏的区别如下表所示。

（一）主题和内容来源不同

表演游戏的主题和内容来源于故事、童话、儿歌、动漫等文艺作品，而角色游戏的主题和内容来源于学前儿童的现实生活，反映学前儿童在现实生活中的所见所想。

（二）对角色的塑造不同

表演游戏的情节、内容以及游戏中幼儿使用的语言、动作、表情都受作品的影响，虽然在游戏中幼儿有改造，但是总体上还是离不开作品的。角色游戏却不受作品影响，游戏前，幼儿没有可以参照的游戏模式，根据自己的生活经历与经验自由决定游戏的内容和情节。

（三）表演成分不同

表演游戏兼有游戏性和表演性的特点，而角色游戏体现的是幼儿对生活中角色的认知，并不注重表演。

表演游戏与角色游戏中的角色的区别

	角色游戏中的角色	表演游戏中的角色
相同点	扮演角色	扮演角色
不同点	角色：来源于现实生活中的各种人物	角色：来源于文艺作品中的角色
	情节：对现实生活的印象	情节：文艺作品的情节
	内容：可由幼儿自己选择创造	内容：在文艺作品情节的基础上自己想象、创造

二、表演游戏的种类

表演游戏种类集锦

表演游戏的类型有很多，根据不同的标准划分，可以有不同的分类。

（一）根据游戏中角色扮演的形式的不同

根据游戏中角色扮演的形式不同，可以把表演游戏分为以下几种。

1. 自身表演（图5-1）

自身表演即幼儿自己作为演员表演的歌舞剧、童话剧、故事表演剧等，这是最常见的表演游戏，孩子们按照自己对作品的理解，在游戏中自编自导自演，自娱自乐。他们的表演不仅极其专注，还非常的单纯和朴素，甚至每一遍演出都可能不一样。

图 5-1　自身表演

2. 桌面表演（图5-2）

桌面表演是指在桌面上以各种成型玩具来扮演作品中的角色，幼儿以独白、对话和操纵玩具角色的动作等形式来再现作品的内容。一般来说，桌面表演对幼儿的语言表达能力有一定的要求，要求他们在理解作品情节和体会角色情感的基础上，能用不同的音调、音色、节奏来表现角色的性格特征和情节的发展变化。此表现形式一般要到中班下学期才出现。儿童故事《三只小猪》《笨笨猪》《一只快乐的小气球》等都常被幼儿用来玩桌面表演游戏。

图 5-2　桌面表演

3. 木偶表演（图5-3至图5-7）

木偶是指用木头制成的偶人，除木制的外，还有纸制的，用瓶、盒子、蛋壳、泥等材料制成的。人们把用各种材料制成的偶人都称作木偶。木偶形象夸张、生动有趣、造型魅力，既是艺术品，又是幼儿喜爱的玩具。幼儿用木偶进行唱歌跳舞、讲故事，创造性地再现文艺作品中的内容，从而形成了各种木偶表演游戏。常用的木偶有布袋木偶、手指木偶、杖头木偶和提线木偶4种，还有一种重要的表演形式就是人偶同演。

图 5-3　木偶表演

图 5-4　手指木偶

图 5-5　布袋木偶

图 5-6 提线木偶　　图 5-7 杖头木偶

布袋木偶主要是通过幼儿的手指、手掌活动来进行操作表演,可以由一个或几个幼儿表演,故称"掌中戏"。手指木偶是在幼儿的手指上套上一个简单头饰或直接画个头饰在手指上进行表演。它们比较简单,可以由老师和幼儿自己动手制作,也有市售的布袋木偶玩具可供挑选。提线木偶是古老的传统木偶戏的一种,表演时,艺人用线牵引木偶表演动作。古称"悬丝傀儡",又名"丝戏",流行于闽南地区。有的木偶要用16条以上悬丝操作,操作比较复杂,表演有一定难度。杖头木偶,是以木杖来操纵动作完成,它内部虚空,眼嘴可以活动,颈部下面接一节木棒或竹竿,表演者一手掌握两根操纵杆进行表演,因而又称"举偶"。杖头木偶也是一种古老的传统戏剧,2007年已经入选江苏省非物质文化遗产名录。杖头木偶和提线木偶操作、制作都比较复杂,适合于成人表演,让幼儿观看。

因此,幼儿在游戏时用的木偶一般以布袋木偶和手指木偶为主,演出的舞台只要拉一块幕布挡住操纵者即可,非常简便易行,很受孩子们喜爱。童话故事《金鸡冠的公鸡》《三只小鸡》等常被用来作为木偶表演的内容。

4. 影子戏

影子戏是在灯光作用下,靠物体侧影的活动来表演文艺作品内容的一种游戏,它离奇有趣、变化多端、形象夸张,深得幼儿的喜爱。幼儿玩的影子戏有头影、手影和皮影戏,其中以手影戏居多,而皮影戏则具有鲜明的地方特色。

手影游戏是令无数孩子着迷的游戏(图5-8)。它十分简便,不要复杂设备,只要一灯或一烛,甚至一轮明月,就可以展开巧思。一双手在光线的照耀下,做出各种变化的手势,在墙上变成活灵活现的黑影,勾勒出一幅幅神奇变幻的动画。

幼儿皮影戏可以就地取材,选用硬纸片、透明胶片等代替传统的皮革,用剪纸和刻花的方法制作影人、布景和道具即

图 5-8 手影游戏

可。演出的影窗，可用一块白纱布平绷在倒置的桌腿上，再把灯光调整到适当的位置。然后一边操纵影人，一边配词拟声，就能进行简单的表演了，作品如图5-9所示。它对幼儿的语言表达能力、手眼协调能力、动手操作能力、分工合作及相互协调能力都有较高的要求，所以一般在大班才出现，而且需要教师的组织与指导才可能顺利进行。《胆小先生》《三只小猪》等故事都可作为幼儿皮影戏的题材。

图5-9　幼儿园手工制作皮影作品

资料链接 5-2

皮影戏的相关知识

皮影戏最早诞生在两千年前的西汉，又称羊皮戏，俗称人头戏、影子戏、驴皮影。发源于中国陕西，极盛于清代的河北。皮影戏是一种用灯光照射兽皮或纸板做成的人物剪影以表演故事的民间戏剧。表演时，艺人们在白色幕布后面，一边操纵戏曲人物，一边用当地流行的曲调，唱述故事，同时配以打击乐器和弦乐，有浓厚的乡土气息。

皮影不仅属于傀儡艺术，还是一种地道的工艺品。它是用驴、马、骡皮，经过选料、雕刻、上色、缝缀、涂漆等几道工序做成的。其制作过程是：首先，将皮子泡制、刮薄、磨平，然后，艺人们将各种人物的图谱描绘在上面，用各种型号的刀具刻凿后，再涂抹上颜色。雕刻时，一般都用阳刻，有时也用阴刻。绘画染色讲究女性发饰及衣饰多以花、草、云、凤等纹样为图案，男性则用龙、虎、水、云等纹样为图案。忠良人物为五分面，反面人物为七分面。人物造型与戏剧人物一样，生、旦、净、丑角色齐全。制成的皮影高的达55cm，低的有10cm左右。皮影人的四肢和头部是分别雕成的，用线连缀而成，以便表演时活动自如。

一个皮影人要用五根竹棍操纵，艺人手指灵活，常常玩得观众眼花缭乱。不仅手上功夫绝妙高超，嘴上还要说、念、打、唱，脚下还要制动锣鼓。演皮影的屏幕是用一块1m^{2}大小的白纱布做成的。白纱布经过鱼油打磨后，变得挺括透亮。演出时，皮影紧贴屏幕活动，人影和五彩缤纷的颜色真切动人。皮影道具小，演出方便，且不受场地限制，演员也不需正规训练，所以深受人民的喜爱。在皮影戏盛行的地区，人们会亲切地称它为"一担挑"艺术。

皮影人

（二）根据游戏的内容的不同

根据表演游戏的内容不同，可以把表演游戏分为以下几种。

1. 故事表演游戏

故事表演游戏即幼儿扮演文艺作品中的角色，用对话、动作、表情等富有创造性的表演，再现文艺作品。它又可分为3种类型。

（1）整体表演型。即要求幼儿在理解文艺作品的基础上，按照故事的情节发展连贯完整地表演，表演的成分比较多。在表演活动时，儿童一对一地扮演角色，即故事中的个体角色由一名幼儿表演，群体角色则不作严格限制，可由若干幼儿同时担任。

（2）分段表演型。即将整个故事切割成若干段落进行表演。这种类型的表演游戏降低了表演难度，适合小中班幼儿；而且，这种表演游戏可以由多人扮演同一角色，允许全班幼儿共同参加，没有台上台下的感觉，幼儿能够比较轻松地进入角色。例如，中班幼儿玩"三只蝴蝶"的游戏时，就可以让一组小朋友表演红蝴蝶，一组小朋友当黄蝴蝶，再由一组小朋友扮白蝴蝶，红花、白花、黄花、太阳公公、雨都可以根据需要，让若干幼儿扮演，这样就解决了角色少、观众多的矛盾。

（3）区域活动型。即在活动区（或者表演区，或者语言区）开展的故事表演游戏。特点是自主性强，游戏成分多。在区域活动中，幼儿自发展开的故事表演游戏存在以下几个特征：①目的性角色行为减少，嬉戏性角色行为逐步增加；②在游戏过程中，多为一般性表现，生动性表现没有显著增加；③同伴交往是表演游戏的重要组成部分。

2. 歌舞表演游戏

由于一部分儿童音乐作品富有童话色彩，具有丰富的情节，主题鲜明，可通过角色扮演来表现音乐形象。于是，儿童在理解歌曲或乐曲的基础上，根据自己的经验创造性地表演。这样，音乐游戏的规则由外显转向内隐，由于它的结构特点更接近于表演游戏，因此，有人把它归为表演游戏一类，以区别于有规则的音乐游戏。

（1）模仿性律动游戏。简单地讲，律动就是一种动作模仿，其核心是节奏。律动的内容主要取材于人的劳动生活方式、人在日常生活及运动中的动作、动物的动作、自然现象等，其中动物形态的律动倍受儿童的喜爱。动物模拟性律动，通过角色扮演，戴上头饰或面具，幼儿律动的兴趣更浓。

（2）歌唱式表演游戏。即幼儿根据自己对歌曲中词意和曲调的理解，通过身体动作或舞蹈动作，塑造人物形象。其教育功能主要在于运用唱歌和舞蹈来培养幼儿的创造性，使幼儿在歌舞活动中获得乐趣的同时陶冶情操。

3. 童话剧

童话剧是以童话故事改编成的剧本为原型，幼儿进行表演的一种游戏形式。幼儿扮演童话中的角色，通过舞台加工和歌舞设计等一系列的演艺方式的配合，将故事情节形象、生动、艺术化地呈现在观众面前。

三、表演游戏对幼儿发展的重要作用

表演游戏对幼儿发展的重要性主要体现在以下几个方面。

（一）帮助幼儿加深对文艺作品的理解

当幼儿表现文艺作品的内容时，他们会极力模仿作品中角色的语言、动作，表达角色的个性特征，反映角色与角色之间的关系。所以幼儿自然对文艺作品的主题、角色、情节有进一步的理解和记忆。同时，幼儿通过游戏，不仅了解了文艺作品的内容，还体验了作品中人物的思想感情，从而提高对事物的认识，并受到一定教育。

（二）锻炼幼儿的交往能力，增强他们的集体观念、自信心和独立性

文艺作品的表演是一种集体活动，在表演中，不仅每个人都扮演一定的角色，而且各个角色之间又形成各种各样的关系。要求表演者既要有独立性，又必须互相合作。所以，表演游戏使幼儿体会到集体的存在，懂得要演好戏必须努力使自己的行为符合集体的各种要求。同时，幼儿的表现又使他们体验到集体活动成功的喜悦与欢乐。因此，表演游戏是培养幼儿交往能力以及纪律性、集体性等良好个性品德的一种有效手段。

幼儿参加表演是有勇气和有信心的表现，他们通过扮演角色，有利于学会约束自己以及形成有组织的行为。

（三）促进幼儿想象力和创造力的发展

想象力是表演游戏的基础。幼儿表演时所扮演的角色、使用的道具以及演出场景都是假的（角色是假的，但他们的感情是真的，道具是假的，却当作真物对待）。当他们把自己想象成作品中某一特定的角色，以角色的身份、语言、思想来说话、行动时，不仅需要再造想象，也需要创造想象。幼儿在想象情境中进行表演，使他们想象的内容更丰富，想象能力也相应得到发展。幼儿表演每种角色时都带有自己对人物的再创造，因此，幼儿的自编、自演，对于他们创造性思维的发展具有较大作用。

（四）发展幼儿的语言和表演才能

文艺作品的语言丰富优美，表演中幼儿按作品中角色语言进行对白，使他们有机会接触大量艺术语言，从而丰富幼儿的词汇，发展其口头表达能力。教师应有意识地吸引语言发展较差的幼儿参与表演游戏，以促进他们的语言发展。

表演游戏也能使幼儿学习各种表演技能技巧，如运用语词、表情、动作去表现人物形象和情绪。用道具、布景表达作品情景。这些技巧对幼儿以后的学习生活有很大的帮助。

——【幼儿园教师资格证考试·考点预测】——

1. 下列选项中不属于表演游戏的种类是（　　）。
   A. 娃娃家　　　B. 影子戏　　　C. 木偶戏　　　D. 桌面表演

答案解析：选A。根据游戏中角色扮演的形式不同，可以把表演游戏分为自身表演、影子戏、木偶戏、桌面游戏。所以除A外，均是表演游戏。A是角色游戏。

2. 下列哪一项不属于表演游戏的特点？（　　）
   A. 表演性　　　B. 创造性　　　C. 生活性　　　D. 戏剧性

答案解析：选C。表演游戏的特点包括表演性、创造性、戏剧性、自娱自乐性。题干要求不属于表演游戏的特点的，因此答案选C。

第二节　表演游戏的组织与指导

表演游戏的组织与指导包括指导的原则、要点，以及各年龄班的指导等方面的内容。

一、表演游戏组织与指导的原则

在组织和指导幼儿开展表演游戏的过程中，教师应遵循以下原则。

（一）"游戏性"先于"表演性"

长期以来，在我国幼儿园表演游戏中存在着"重表演、轻游戏"的倾向。为了让幼儿的表演迅速达到生动性表现的水平，有些教师往往把自己对于文艺作品的理解强加到幼儿身上，采取立即示范或手把手地教等高控制的指导策略。这种指导策略是在片面追求表演游戏的"表演性"，忽略了表演游戏的"游戏性"，忽略了幼儿游戏的过程，表演游戏因失去了其"游戏性"而成了单纯的"表演"。要知道，游戏性是表演游戏的类属性。表演游戏如果缺乏"游戏性"就不称其为游戏。因此组织和指导幼儿开展表演游戏的过程中，教师要允许幼儿拥有自己对作品或故事的理解和表现的自由，给幼儿充分空间和实践去探索和交往，保持表演游戏的"游戏性"而不是让它成为单纯的表演。

（二）"游戏性"与"表演性"的统一

表演游戏的"表演性"和"游戏性"并不是互不相容的，它们可以很好地融合交织在一起。"游戏性"应当是基本的，它体现在整个活动过程中；"表演性"则是逐渐提高完善的，由一般性表现向生动性表现发展，作为活动的结果显现出来。所以表演游戏的"表演性"并不一定要以牺牲表演游戏的"游戏性"为代价。

要做到这一点，教师一定要学会等待，不要催促幼儿，不要对幼儿抱不切实际的期望，指望他们在听完故事以后能够立即生动表演。幼儿的表演游戏从一般性表现向生动性表现水平的提升是一个发展的过程，它需要时间，需要重复和练习。

二、表演游戏组织和指导的要点

一般来说，表演游戏组织和指导的内容要点包括协助幼儿选择表演游戏的主题、为表演游戏提供物质条件、指导幼儿分配角色、指导幼儿表演的技能、促进表演游戏水平的提高和做好表演游戏的评价六个方面。

（一）协助幼儿选择表演游戏的主题

孩子们玩的表演游戏，题材主要来自教师所讲的童话、故事、寓言等文学作品和所教的儿歌、歌曲等，另外还有的来自图书、电影和电视，少量的来自孩子的生活经验。并非一切幼儿文学作品都适合表演，适合进行表演游戏的作品，应具有以下特征。

1. **健康活泼的思想内容**

作品首先要具有健康活泼的思想内容，情节曲折、紧凑，角色的性格鲜明并为幼儿所喜爱。作品内容符合幼儿的生活经验，幼儿才能在表演中发挥创造性。教师要与幼儿一起仔细理解作品的内容，准确把握角色。

2. **具有表演性**

提供表演的作品要有一定的情境，有一定的戏剧成分，即有一定的场面和适当的表演动作。适合小班表演的作品最好只有一个场面，如"拔萝卜"的场面只是菜地。中、大班表演的作品场面也不宜过多。有集中的场景，还要易于布置，道具要简单，可以利用现成的桌椅、大型积木、胶粒拼图及实物等。

作品还应具有明显的动作性。在小、中班宜选择简单的、有重复动作的作品。例如，"拔萝卜"的故事，角色出场时的动作虽然各异，但拔萝卜的动作是相似重复的，便于小、中班的幼儿掌握。为大班幼儿选择的作品也要注意其可表演性。

3. **起伏的情节**

表演游戏的作品，情节主线要简单明确，不要过于复杂，以便于幼儿的理解和记忆。但故事情节要有起伏，情节发展的节奏要快，变化要明显，重点突出，脉络清晰，这样才能吸引幼儿，并易于表演。例如，在"小兔乖乖"中，兔妈妈去拔萝卜，大灰狼来骗小兔子，兔妈妈回来了，把大灰狼打跑了。这个作品有起伏的情节，变化明显，对幼儿具有很大的吸引力。那些情节发展缓慢，语言陈述过多的作品则不适于幼儿。

4. 较多的对话

作品中要有较多的对话，对话要简明并能与动作相配合，以便于幼儿在表演中边说边做动作，增加表演的情趣。例如，在"小兔乖乖"中，兔妈妈对小兔的交代，大灰狼和小兔的对话，都生动有趣，容易用动作表演出来。

教师对那些可以进行表演的文艺作品，应重点介绍主题、情节发展、角色语言和动作等。注意不要专门让幼儿背诵童话或故事，因为美的语言，吸引人的情节，起伏的故事发展，这一切都有助于幼儿迅速领会童话或故事。只要教师用富有表现力的生动语言，带着表情和动作反复地向幼儿讲述童话、故事，他们就能很好地记住，并产生表演的欲望。

（二）为表演游戏提供物质条件

教师可根据幼儿平日所喜爱的故事角色，吸引幼儿一起来准备玩具、服装、道具以及布景等，并把它们摆放出来，为幼儿创设游戏环境，以激发和调动幼儿做表演游戏的愿望和积极性。表演游戏一般需要以下一些材料。

1. 简易的舞台和布景（图5-10）

日常进行的表演游戏，可以在平地上或活动室中，或用小椅子、小桌子或大的积木围起来设置小舞台，或用标记分出"台上"和"台下"，或有一个较固定的表演区如活动室的一角。木偶台可以用一块幕布将操纵者遮住即可，如果有条件，可以给孩子们做个木偶、皮影的小舞台，则更能增加游戏表演的情趣。

表演用的布景应简单方便，避免过大过重过繁，更不能妨碍表演，只要能起到烘托情境、渲染气氛的作用就可以了。

图5-10　表演游戏用到的皮影幕布

制作布景造型宜夸张，色彩要鲜明，可以结合美工活动，让孩子们一起来设计和制造。例如，布景中金色的小房子，可用大型积木搭建，在积木上挂上或粘上金色的纸屋顶和门窗。又如，木偶戏布景较小，孩子们平时的绘画、纸工和泥工作品都可使用。

2. 服装与道具（图5-11）

服装与道具是表演游戏中不可缺少的物质材料。它不仅能激起幼儿进行表演游戏的愿望，而且还直接影响到游戏的趣味性、戏剧性和象征性。幼儿表演游戏用的服装与道具，可以象征性地表现角色所具有的显著特征，如各种动物、人物角色，只需要一个头饰即可。

教师应为幼儿提供各种人物（如爷爷、奶奶、爸爸、妈妈、小孩、工人等）的服装和道具；还要准备各种动物（如兔、羊、猫、狼、狗、老虎、狐狸等）的头饰和道具；童话故事中的人物（如白雪公主、七个小矮人、孙悟空、猪八戒、机器人等）的服装和道具也经常需要。这些服装、道具可以成套配制，也可以是各种素材，如胡子、眼镜、各种帽子、围裙、腰带、头饰、玩具刀枪、碗筷等。孩子们可根据角色的需要去选配。

图5-11 儿童扮演用的道具服装

为了更好地表现角色的外形特征和个性特点，教师还要引导幼儿能根据作品的角色要求进行适当的角色造型和化妆。例如，幼儿在进行"小兔乖乖"的表演游戏前，商议怎么化妆，就是在给角色造型和服饰做准备。幼儿会按照角色特点各自挑选头饰，教师要想办法支持游戏的开展，可帮他们在服饰上做简要的点缀性装饰，为兔妈妈腰上扎一条围裙，给大灰狼的臀部按上一条毛茸茸的大尾巴。在道具上给兔妈妈准备一只小篮子和一根棍子，两张小椅子并排在一起就算是兔子家的大门。这样简单的造型与服饰，对幼儿参加表演游戏的激励作用很大，能使游戏顺利开展下去，同时也能激励孩子的创造性想象。

虽然道具和服装是表演游戏十分必要的物质条件，但幼儿的表演游戏要体现自由性和灵活性，可随时随地进行表演，不受道具的限制。要求过多的或过于真实的道具，不但幼儿的能力和体力达不到，反而会限制幼儿表演的积极性和创造性。当道具不足时，还可以引导幼儿以象征性的动作去表现，如"过河""爬山"均可用动作加上语言表示。这样幼儿会感到十分满足，因为他们更关心的是自己能以角色的身份说话和动作。

总之，服装、道具应当力求简便，可以用幼儿平日玩的各种主题玩具代替，或者和平时的美工活动相结合自己制作。设计与制作应当是幼儿表演游戏的组成部分。教师不要完全包办，要组织幼儿在戏剧游戏中去设计环境，制作布景、道具和选配服装。对孩子们来说，这些工作也是一种愉快的游戏，孩子在活动中更能表现出主动性、积极性、创造性。

（三）指导幼儿分配角色

幼儿都喜爱故事中的主人翁，往往愿意扮演主角。这时教师要引导幼儿认识到表演每一个故事都需要各个角色的协调配合，无论主角、配角，正面角色、反面角色都是表演中不可缺少的，使幼儿能满腔热情地对待自己所担当的角色。分配角色时，要尊重幼儿的意愿，基本上由他们自己选择，但应使幼儿理解轮换担当角色的必要。能力强的幼儿担任主角是可以的，特别是那些新的游戏，先让能力强的幼儿担当主角能使游戏顺利进行。但也应鼓励和帮助能力弱一点的幼儿勇于去扮演主角，特别是这些幼儿表达愿望时，应给予支持。

在小班可由教师指定角色，也可由幼儿自报。在中、大班则应逐渐由幼儿自己协商分配角色，因为他们已能够照顾到同伴的兴趣和愿望，能够用猜拳、轮流等方式解决问题，但各班都不应该强迫幼儿去充当他所不愿意扮演的角色，否则，既伤害他们的积极性，又不能使他们在游戏中尽兴表演。对个别只想当主角的幼儿，需说服教育，使他们愿意担任配角。

> **案例 5-3**
>
> 大树妈妈和树叶宝宝
>
> "叶老师，今天我想做大树妈妈！""叶老师，我也要！"
>
> "你们都要做大树妈妈，没有树叶宝宝怎么表演呢？"老师把问题交给孩子。
>
> 孩子们一下子都沉默了。
>
> "那——要不我们轮流！"终于有孩子先开口了。
>
> "那谁先来呢？"老师继续提问。
>
> "我！""我先！"孩子们又争吵起来。
>
> "到底谁先来？赶紧想个好办法吧！"老师引导孩子们自己解决问题。
>
> "宣宣一次都没有做过大树妈妈，还是让她先来吧！"丹丹向来大胆。
>
> "她又不会做的！她胆子很小……"有人不同意了。
>
> "宣宣，你想试试吗？"老师征求孩子自己的意见。
>
> "嗯！"宣宣点头，用很轻的声音回答。
>
> "那就让宣宣做大树妈妈好了！"丹丹再一次表现出她的正义感。
>
> 这个提议孩子们算是同意了。老师点头默许。
>
> 表演终于开始了，可因为宣宣的声音实在太小，"树叶宝宝"都没有听到"大树妈妈"的呼唤，错过了音乐，表演以失败告终。
>
> "我还是喜欢做小树叶……"宣宣一脸的尴尬。
>
> "那我来做大树妈妈，我会让所有的树叶宝宝回到我身边的！"丹丹诚恳提议。
>
> "可是我也想做！""我也想！""让我先来……"争吵声再一次响起。
>
> "丹丹说话很好听，让她试试吧！"关键时刻，老师终于开口了。
>
> "那我排在她后面！"佳佳心有不甘。
>
> 在"大树妈妈"声情并茂的呼唤下，表演精彩结束。

在这个案例中，幼儿在选择角色时，经过了争执—提议—否定—尝试—调整—再尝试的过程，教师以问题引领幼儿自主协商，始终以尊重的眼光看待幼儿对角色的选择。

> 拓展阅读

扮演狐狸，我会变成坏人吗

在一次区域活动中，孩子们准备表演"狐狸和乌鸦"的故事。活动开始了，大家推选赫赫和千凝做演员，他俩商量先让千凝演狐狸，赫赫演乌鸦。两位小演员演得很好，表情和语调非常逼真，吸引了许多小朋友前来观赏。该交换角色了，可是赫赫迟迟不动，千凝急了："不是说好了要交换角色吗？"赫赫也很矛盾地说："可是我不想演坏狐狸，它真的太坏了！我不想成为坏狐狸！"宜珂和馨怡说："不想演也要演，你答应过的。"

赫赫还是执意不肯演狐狸，小观众们也都没了兴致，陆陆续续又有孩子说自己也不愿意扮演狡猾的狐狸。这时老师走过去询问孩子们："狐狸的角色该不该演？"大家展开了激烈的讨论。"狐狸看上去很坏，但还是非常可爱的。""狐狸虽然很坏，但是也很聪明。"大家七嘴八舌地说。

经过大家的劝说，赫赫终于同意互换角色。在后来的表演中，又有小朋友主动演了狐狸的角色。"谁来演狐狸"已经不再成为孩子们表演的障碍。但事情似乎又走向了相反方向。

孩子们不但接受了狐狸的可爱、聪明，而且孩子们已经从被动表演发展到自发性地角色互换，通过自由思考和自我创造式的"取肉"情境进行表演。比如，赫赫扮演的狐狸给乌鸦讲了一个笑话，乌鸦终于忍不住哈哈大笑起来，于是肉被狐狸取走了。涵涵扮演的狐狸对乌鸦说："您的羽毛太漂亮了，如果再用舌头舔几下，就比得上孔雀了。"乌鸦信以为真，可是肉被叼走了……

老师被孩子们的转变惊呆了。不久前，他们还讨厌狐狸的"狡猾"，可是，没过多久，他们就又陶醉在狐狸的"狡猾"中，老师有些担忧。

区域活动结束后，老师开始反思：赫赫是善良的，他知道狐狸很狡猾，是"坏"的。因为厌恶狐狸的特质，以及受表演情境的熏陶与情节感染，赫赫将现实与表演混淆了起来，认为狐狸的"坏"如果与自身的表演相贴合，自己也会被贴上"坏"的标签。尤其是在乌鸦的肉被叼走的情节中，赫赫对乌鸦的遭遇非常伤感，对狐狸花言巧语谋取利益的做法感到愤恨。被这种情绪主导的赫赫在交换角色时，产生了强烈的内心矛盾，于是才出现了表演中断。后来，在大家的讨论下，赫赫终于同意扮演狐狸。后来的游戏中孩子们都不排斥扮演狐狸甚至开始陶醉于狐狸的"狡猾"，孩子们心中的问题解决了吗？

老师意识到，在这个话题中孩子们至少有两个疑惑没有解开：我扮演了坏人，我也会变成坏人吗？在生活中，狐狸的那些"花言巧语"可以被采用吗？

带着这两个问题，老师组织了一次"狐狸形象"大讨论。小朋友们争先恐后地发表意见："老师，我只是在表演区表演，不会变成坏狐狸的。""那些话都是欺骗其他人的，我们不能学。""狐狸的话是夸奖的话，别人听了会开心，我也要学这些话对我的好朋友说……"

老师发现，对于第一个问题，大多数孩子都能认清角色的负面与个人品质并无关系，但个别孩子还是将对角色的憎恶引申到了自己身上。"我讨厌狐狸，如果我扮演狐狸，大家也会讨厌我的。"针对这种错误认识，老师告诉他们："表演区里每天都发生着许多故事，除了'狐狸与乌鸦'的故事，还有'小红帽''狼和七只小羊'等故事，每个故事都需要一位小朋友扮演坏人——狐狸或狼。老师也扮演过坏人，那你能说老师就是坏人吗？"孩子们脱口而出："老师不是坏人。""对啊，老师不是坏人，你们与老师一样，扮演了坏人，但你们还是好孩子。"听了老师的解释，那些心存疑惑的孩子很快就释怀了。

但对于如何看待"花言巧语"，老师发现孩子们褒贬不一。于是老师引导他们："孩子们，如果这些话出自善意，别人不因为这些好听的话而受到伤害，我们是可以说的，比如夸奖琪琪漂亮、萱萱聪明，你赞赏别人的同时，别人也会因此喜悦。但如果你说好听的话是为了得到自己想要的东西，而别人却受了损失，那这些话我们是绝对不能说的。"

听了老师的话，孩子们一个个若有所思，或许他们还没有彻底想清楚，但这并不重要，这次的话题对于孩子们来说已经足够重要，它已经在孩子们内心种下了一颗关于是非善恶的种子。至于孩子们消化得怎么样，可以用漫长的时间去等待，去引导。

（寿光市市直机关幼儿园建桥园叶桂香老师提供，有改动）

（四）指导幼儿表演的技能

1. 教师示范表演

教师经常把故事、童话、诗歌、歌舞等作品，以及戏剧、歌舞、木偶、皮影戏等形式向幼儿做示范性表演，不仅可以激发孩子们表演的欲望，还可以帮助他们积累丰富的表演素材，学习各种表演技巧。因此，教师的示范表演是对孩子的重要指导。

教师的示范表演可以在全园的娱乐活动、节日活动中进行，也可以在日常游戏活动中进行。这种表演有时需要几个人合作，几个班的教师可以合演。

2. 教师在幼儿表演游戏中的指导

教师应常常参加孩子们的表演游戏，在游戏中担任某一角色，和孩子们一起演出。教师和孩子一起表演，有两方面的作用。其一是带有示范性，给孩子以启示，让他们模仿；其二是便于及时用提问、建议的方法，组织孩子们讨论，以启发和帮助孩子们理解作品内容，激发他们用自己创造出来的、生动形象的语言和动作来表现作品内容，并肯定孩子们的创造，使孩子们创造的各个角色能组成一个完整的作品整体。

在小班最初进行表演游戏时，教师要做具体的示范表演，可以请大班幼儿进行示范表演，然后让小班幼儿跟着学习。也可以在教师一边提示内容、一边指导帮助下，由幼儿试着表演逐步过渡到自己进行表演，教师只给予适当的指点和帮助。对中、大班幼儿的指导应以充分发挥幼儿的主动性为主，鼓励幼儿按照自己的意愿进行表演。表演时，当幼儿出现遗忘某些情节和对话，以及动作表情与内容或角色特征不符等情况时，教师可悄悄地用语言或模仿动作给予提示帮助，切忌在表演过程中对幼儿的表演横加干涉，随意打断或在旁边不停地喊叫指挥，使幼儿的表演完全处于被动的状态，以致失去游戏本来的意义。

3. 对幼儿进行表演技能训练

表演技能，指表演中必须运用的语言表达、歌唱表达、形体与表情动作及木偶和皮影的操作技能等。幼儿在表演中虽然从全身心地投入中感到满足，不在乎有无观众来欣赏，但不意味着表演技能不重要。因为文艺作品中的内容和情节需要借助一定的表现技能才能得以再现和展示。培养和提高幼儿的表演技能是完成表演游戏的一个重要保障。幼儿在表演游戏中最基本的表演技能有以下几种。

（1）口头语言的表达技能。幼儿表演游戏中大部分角色的形象主要是通过对话与独白等口头语言的形式来表现的。例如，说同一句话："出太阳了！"用较高的音高、较快的语速及向上的语调说出来，能表达一种快乐、欣喜的情绪；用较低的音高、较慢的语速及向下的语调说出来，表达的是一种沮丧、失望的情绪。即语言表演技巧通过声音的轻重、快慢、高低和停顿等变化去表现人物的思想感情。例如，狐狸的声音又尖又细带着狡猾的色彩，小熊的声音笨重而缓慢透着老实憨厚的特点等。教师要分步骤要求与指导幼儿：①让幼儿能大胆地把角色的语言表达出来；②让幼儿能较清晰流畅地用普通话表演；③让幼儿知道运用自己的语调来表达思想感情。最终使幼儿在理解领会作品的前提下，通过具体的练习和实际操作，逐步提高口头语言的表达技能。

（2）歌唱表演技能。歌唱表演技能包括用自然好听的声音歌唱，不大声喊叫，音调准确，吐字清晰，能根据乐曲的快慢、强弱等变化有表情地演唱。在表演游戏中，教师应指导幼儿唱歌吐字清楚，旋律曲调要准确，快慢音量要适度，表情要符合角色的要求。例如，"小兔乖乖"中的兔妈妈唱歌和大灰狼唱的歌虽然内容一样，但它们的语气、声调、表演是绝对不同的。只有具备较好的歌唱表演技能，才能将文艺作品的内容生动形象地展现出来。唱歌是幼儿喜爱的表演活动，也是在各类型表演游戏中运用较多的基本技能之一。

（3）形体表演技能。形体与表情动作除了人们的日常生活动作外，还包括一些小动物的典型动作。在表演时，需要幼儿的步态、守势、动作比日常生活中夸张一些，使表演有一定的舞台效果。各个角色因其角色特点不同，还要求幼儿在表演游戏中能恰当而准确地把握。例如，"下雨的时候"中有三个角色，小白兔上场用"兔跳"，小鸡上场用"点头踏点步"，小猫上场用"交替步"和双手"捋胡子"的动作。直到幼儿表演时，可以要求他们把动作幅度做得稍大些，并带点夸张，以充分地表现出各自的角色特点。

以上这些表演技能应该让孩子们在日积月累的活动中逐步学习掌握。同时，可通过一些针对性的游戏训练让孩子来习得。例如，用"小猫和小老鼠"的游戏，对幼儿进行形体表情动作训练；让玩具猫坐在小椅子上，小老鼠出来玩，发现了玩具猫。刚开始它们怕极了，急忙逃走了，后来发现是假猫，便玩得无法无天了。教师让幼儿练习轻轻地跑和害怕的表情，以及无法无天的自由动作。这样，幼儿的表演技能就得到了训练。又如，教小班幼儿做木偶操，用儿歌或音乐伴奏，让他们练习立正、侧转身、弯腰、拍手、点头、思考等木偶动作。

（五）促进表演游戏水平的提高

1. 引导幼儿观察、表现和交流

幼儿由于缺乏丰富的感性经验，在表演中常常不能很好地表现人物的主要特征。对此教师要积极引导幼儿进行观察、表现和交流。例如，在表演"三只蝴蝶"的过程中，表演蝴蝶的孩子落在花儿上就放下翅膀不动了。老师发现后没有简单地说明正确的动作，而是带着幼儿来到花园观察蝴蝶落下时翅膀的姿态。孩子们发现原来蝴蝶落下时翅膀是合拢的，在后来的扮演中孩子们扮演的蝴蝶都很出色。

2. 启发并尊重幼儿创造性地表演

幼儿表演创造性地发挥往往建立在对作品理解的基础上。幼儿只有充分理解作品才有可能真正去表现去创造。教师不要让幼儿有一种完成游戏任务的心理，按部就班地为游戏而游戏，在表演游戏中应发挥幼儿的主体性，鼓励孩子的创新。

在表演中，孩子会创造性地运用动作、表情、增减情节角色、删改对话、替换词语等，而教师要善于发现并保护这种萌芽，鼓励和指导幼儿在不违背原作品的基础上进行合理的创新。例如，在表演"小羊过桥"时，教师发现一组幼儿并没有像原作品结尾那样表演，两只羊打架，最后掉到河里去，而是两只羊经过商量，决定"石头、剪子、布"来决定谁退回去。对此教师给予了肯定和鼓励。

有时，教师也可以专门组织创作活动，例如，给全班孩子2~3个动物，让他们编一个故事，并将故事表演出来。也可以让他们分组设计、表演，然后互相观摩，最后教师将各组孩子编的作品综合在一起，加工成一个完整的作品。这种创作游戏活动可以以平时的看图说话、看图编故事为基础，一般在大班进行。

3. 多种形式拓展游戏，提高游戏水平

表演游戏和角色游戏一样具有扮演角色的共同特点，利用这一特点，可以采用表演游戏与角色游戏相结合的办法来拓展游戏。通过和角色游戏的有机结合，表演游戏的剧情可以得到发展和延伸，孩子们的想象力和创造力也可以得到充分的发挥。既丰富了游戏的内容，挖掘了游戏的深度和广度，又进一步培养了幼儿的创造性。

利用表演形式多样化的特点，还可以采用操纵形象玩具来扮演角色的表演形式，如桌面

表演、木偶剧等，这些表演形式不仅占地面积小，深受幼儿欢迎，而且不需要幼儿过多的体态语，可以使幼儿将精力集中在语言表现力上，对幼儿语言能力发展大有益处。

此外，在大班可以进行双簧表演。双簧表演即每个角色都由两个人共同扮演，其中一个人只管在台前表演，嘴不出声，而另一个人则只需在后台为角色配音。在各司其职的基础上，两名演员必须步调一致，配合默契，共同完成对角色的创造。双簧表演可以培养幼儿的集体观念，发展幼儿间的相互协作能力。双簧表演适合于角色少、动作少而对话较多的文艺作品，如语言故事《乌鸦与狐狸》等。

4. 引导幼儿自主管理表演过程

教师常常发现：幼儿在进行表演游戏时，教师在场，则游戏活动秩序较好；教师离场，则游戏活动气氛较好。造成这一现象的主要原因在于：教师的参与，使幼儿依赖"权威"制定并执行活动规则，活动纪律虽好，但由于教师角色潜意识产生的心理压力使幼儿未能"尽情尽兴"地表现自我；教师的回避，使幼儿从潜意识的压力中解脱出来，幼儿更易于"酣畅淋漓"地表现自我。若能引导幼儿自主地管理表演游戏，则既能保证表演游戏的有序开展又能为幼儿提供"率性表演"的自我空间。

（六）做好表演游戏的评价

教师在表演游戏评价过程中，需要把握以下问题。

1. 评价的目的是指导幼儿体验表演，而不是批评和指责

在评价过程中，可以通过肯定某个孩子的语言、动作、表情等给其他幼儿提供模仿的榜样。例如，在表演小动物过冬的时候，教师可以引幼儿讲一讲哪个角色表演得最棒及其原因；让幼儿关注游戏中角色的语言、表情、动作等表演技巧，促进幼儿在游戏中更好地塑造角色。

2. 根据幼儿特点进行具体评价

不同年龄段的幼儿，表演技巧和对文艺作品的理解存在差异，因此，教师的指导要具有年龄的针对性，不同个性的幼儿评价的语言也应该有所区别。对于内向的幼儿，教师要多鼓励、多支持，建议语言不要讲得太直接，而是应该启发他们自己讲出如何表演会更好，表演得更开心；对于外向的幼儿，教师可以激励他们发挥创造性，建议语言可以讲得直接，并且要有适当的重复。

3. 在评价中帮助幼儿学会评价

到了中班、大班，教师可以适当发挥幼儿的自主性，以讨论等形式对儿童的表演游戏进行总结和评价。教师可以参与到小组中，鼓励儿童把游戏中自己的感受分享给大家，开展幼儿互评，这样可以提高幼儿的角色表现意识和能力。

4. 灵活运用多种评价方式，促进幼儿提高表演水平

教师的评价语言如果常常运用"谁表演得好""谁扮演得更像"，幼儿就容易产生枯燥感，也会使儿童只关注表演性而忽视游戏性，教师应该根据游戏的目的，采用多种评价方

法，充分调动幼儿的积极性，提高他们表演游戏的能力。教师可以凭自身的角色身份参与评价，评价方式还有幼儿自我评价、讨论式评价、再现式评价、现场式评价等。

> **案例 5-4**
>
> "小动物过冬"游戏的评价
>
> 在"小动过冬"的表演游戏中，教师可以对幼儿以下几个方面进行评价：幼儿是否能用语言、表情、动作、体态等创造性地表演燕子、青蛙、蜜蜂的角色；是否能够表现作品的内容和思想感情；是否能够与同伴协商、分工、合作；在游戏中是否能够专注表演……
>
> 在表演游戏结束后，教师要组织幼儿对游戏活动进行评价，评价的目的不是区分好坏，评出优劣，而是在肯定幼儿的表演行为的同时，给幼儿提出下一步表演游戏的目标和方向，教师应该进行恰当的评价，以表扬、挖掘幼儿的闪光点，共同商量解决问题，增强幼儿表演游戏的乐趣，帮助他们培养参与活动的信心。

三、各年龄班表演游戏的指导

（一）小班表演游戏的特点和指导

小班幼儿表演游戏的特点是：角色意识不强，交往欲望较低，表演能力弱，动作简单，没有复杂的动作。幼儿主要的游戏兴趣集中于玩各种材料（如甩动丝带、拿着话筒）和用材料装扮自己（如扎上丝巾、戴上头饰，反复照镜子）。因此，小班幼儿只会表演自己感兴趣的某个动作或重复某句有趣的语句。在没有教师的指导下，小班幼儿在表演游戏中基本上是各自演各自的动作。

对小班幼儿表演游戏的指导，应注意从以下几个方面入手。

（1）尊重幼儿意愿，帮助幼儿选择主题明确、内容简单、活泼有趣的作品。在选取作品时，老师要选择内容健康、符合幼儿的生活经验、情节生动有趣、富有形象语言和动作的文学作品。小班儿童则适合情节简单、角色单一、对话重复、动作性强、易于表演的作品。例如，"三只蝴蝶"中，有幼儿日常熟悉的蝴蝶、花朵等事物，蝴蝶飞舞的动作又易于幼儿学习模仿。通过游戏，还能让幼儿懂得同伴间相互关心、爱护的体验。又如，小班幼儿在开展"白雪公主"的表演游戏时，"小矮人"们特别喜欢不断重复里面的语言："谁坐过我的小椅子？""谁吃过我盘子里的东西？""谁动过我的面包？""谁睡过我的小床？"

（2）应帮助或带领幼儿准备道具材料，但不要包办代替。

（3）指定或参与角色分配。可以由教师指定幼儿担任表演游戏中的角色，逐渐过渡到选定主要角色，再开放至幼儿自选角色。教师要密切关注幼儿的游戏情况，随时介入引导。同时，教师也可以常常参加小班幼儿的表演游戏，在游戏中担任某一角色，开始可以担任主要角色，以后慢慢担任一般角色，甚至不担任角色。

（4）游戏前教师应做示范。因为小班幼儿处于独自游戏和平行游戏阶段，还不会玩表演游戏，但他们对模仿成人动作感兴趣，所以教师生动热情的示范会引发幼儿对表演游戏的喜爱。

（二）中班表演游戏的特点与指导

中班幼儿表演游戏的特点是：可以自行分配角色但角色更换意识不强，游戏的嬉戏性强、目的性差，需要老师提示才能坚持游戏主题。对材料和装扮很重视，常会因材料忘了游戏的最终目的，游戏计划性差，展开游戏需要较长时间。游戏动作比小班丰富。

中班幼儿表演游戏的指导应注意以下几个方面。

（1）教师应为中班幼儿提供适宜的游戏时间和空间，并注意材料的结构化程度。幼儿的表演游戏需要一个安全、有趣的环境，因此要为幼儿准备封闭或半封闭的空间，这个空间最好在一定时间内是固定的，给幼儿认同感和安全感。保证幼儿有不少于30分钟的游戏时间。为中班幼儿提供的材料要简单易搭，不能是那种需要幼儿花很长时间与很大精力才能够准备好的材料。当给中班幼儿的材料种类过多时会对活动造成干扰，所以，材料以2~4种为宜。

（2）在游戏最初开展阶段，教师要帮助幼儿做好配组工作，讲解角色更换原则。

（3）游戏开始最初阶段，教师不要过多干预幼儿的游戏，不要急于示范，要耐心等待幼儿协商、讨论，提醒幼儿坚持游戏主题。

（4）在游戏展开阶段，教师应提高幼儿的角色表现意识，可以参与幼儿的游戏，为幼儿提供适当的示范。

（三）大班表演游戏的特点和指导

大班幼儿表演游戏的特点是：大班幼儿能独立完成角色分配任务，并有很强的角色更换意识，游戏的目的性、计划性较强，能自觉表现故事内容；具有一定的表演意识，具备一定的表演技巧，能灵活运用多种表现手段。

大班表演游戏的指导应注意以下几个方面。

（1）在游戏最初阶段，教师应尽可能少干预。大班幼儿已经具备独立开展表演游戏的能力，如果教师过多干预往往会限制幼儿主体性的发挥，因此教师除了提供时间、空间、基本材料外，在游戏的最初开展阶段，应该尽量让幼儿自己做主，独立开展表演游戏。

（2）随着游戏的展开，教师应及时给幼儿提供反馈，提高幼儿表现故事、塑造角色的能力。对大班幼儿来说，反馈的重点是如何塑造角色，帮助幼儿运用语气、语调、夸张的动作、生动的表情塑造角色。教师最好用讨论的方式或群策群力的方式帮助幼儿，教师也可扮演角色参与幼儿的游戏。

（3）丰富游戏情节与提高幼儿表现能力同步进行。教师要帮助幼儿充实游戏内容，鼓励幼儿根据自己的想象和理解进行对话，切忌对幼儿表演横加干涉。

教师要帮助幼儿充实游戏的内容，鼓励幼儿根据自己的想象和理解进行对话和动作。游戏的趣味性始终应该放在第一位。教师切忌在表演过程中对幼儿的表演横加干涉，随意打断或在旁不停地喊叫指挥，会使幼儿的表演完全处于被动的状态，以致失去游戏本来的意义。实践表明，幼儿只有在自己做主的游戏里，在没有来自成人压力的时候，才能真正体现出他们的独立性、主动性和创造性。

🔗 资料链接 5-3

各年龄班表演游戏指导详解

表演游戏评价表

幼儿园：_____   年龄班：_____   时间：_____

一级评价指标	二级评价指标		标准分	得分
区域环境的创设（30分）	空间布局（10分）	区域空间的大小满足幼儿进行表演的需要	3	
		整体布局有艺术气息，能激发幼儿的表演欲望	3	
		画面、色彩具有艺术感染力，能够启发幼儿的表演想象	4	
	道具和材料的投放（15分）	道具和材料形象、生动，能够引发幼儿的表演欲望	3	
		道具和材料的数量、种类充足，能够满足幼儿不同角色的表演需要	3	
		有满足幼儿自制或者创意需求的半成品材料和替代材料	6	
		道具和材料的取放、使用有规则引导	3	
	区域墙饰（5分）	墙饰、背景与近期的表演内容相匹配，并随着内容的变化及时更换	3	
		有当前或以往表演的记录或展示，满足幼儿自我观赏的需要	2	
区域中的幼儿（40分）	表演兴趣（5分）	主动、积极地参与表演	2	
		专注、持续地进行表演	3	
	理解和把握作品（6分）	理解作品的情节、结构和发展脉络	3	
		理解和把握角色的形象和特征	3	

续表

一级评价指标	二级评价指标		标准分	得分
区域中的幼儿（40分）	表演与表达能力（16分）	选择自己喜欢的角色大胆地进行表演	2	
		运用替代材料充当道具或自制道具	2	
		进行角色的自我装扮并努力体现角色的形象特点	3	
		表演使用的语言、动作符合角色特点	3	
		操作、使用道具材料的技能水平有利于角色形象的塑造	3	
		对角色或者形象进行创意表演或表现	3	
	表演中的合作与交往（8分）	使用交换轮流等方法与同伴协商分配角色	2	
		与同伴及时协商，合作表演并坚持到底	2	
		与同伴协商并有效解决表演中的矛盾和争执	2	
		遵守表演规则	2	
	表演体验（5分）	积极参与游戏评价，乐意向同伴介绍自己的游戏体验	3	
		关注并理解同伴的游戏体验	2	
区域中的教师（30分）	对幼儿表演的观察（8分）	有明确的观察目的和观察计划	3	
		有具体的观察方法及观察记录	2	
		能够敏锐地发现幼儿表演中的问题	3	
	对幼儿表演的指导（10分）	对表演题材和内容的选择切合幼儿的年龄特点	1	
		向幼儿提示和建议，拓展幼儿的表演思路，促进游戏的发展	2	
		注重幼儿表演技能的培养，提高幼儿的表演水平	1	
		适时提问和组织讨论，促进幼儿语言能力的发展	2	
		引导幼儿协商解决表演中出现的矛盾与争执	1	
		及时捕捉幼儿表演中的创造火花，充分鼓励和肯定幼儿的创造性行为	2	
		提升幼儿的审美体验和情趣发展	1	

续表

一级评价指标	二级评价指标		标准分	得分
区域中的教师（30分）	对表演活动的评价（4分）	评价能提升幼儿的表演经验，并对其后续表演具有激励作用	2	
		鼓励幼儿通过分享、讨论进行自评和互评	1	
		注重幼儿的审美体验的分享，提高幼儿的审美情趣	1	
	对表演游戏的反思和调整（8分）	调整区域的空间布置和教具材料	2	
		延续或者拓展幼儿表演的内容，保持并提高幼儿的表演兴趣	3	
		调整和改进幼儿表演的方法步骤，增进表演经验	3	
总分				

---【幼儿园教师资格证考试·考点预测】---

1. 适合用来进行表演游戏的文学作品的特点不包括以下哪一项？（　　）
A. 情节起伏　　　B. 对话少　　　C. 具有表演性　　　D. 健康活泼的思想性

答案解析：选B。适合用来进行表演游戏的文学作品需要有较多的对话，对话要简明并能与动作相配合，以便于幼儿在表演中边说边做动作，增加表演的情趣。

2. 下列属于大班表演游戏的特点的是（　　）。
A. 能自觉进行角色更换　　　　　　B. 需要老师协助完成角色分配
C. 对材料装扮很重视　　　　　　　D. 游戏的嬉戏性强

答案解析：选A。大班幼儿表演游戏的特点是：大班幼儿能独立完成角色分配任务，并有很强的角色更换意识，游戏的目的性、计划性较强，能自觉表现故事内容；具有一定的表演意识，具备一定的表演技巧，能灵活运用多种表现手段。选项中只有A符合要求，其余选项分别是中班的表演游戏的特点。

本章要点

1. 表演游戏是指幼儿根据故事或童话等文学作品的内容和情节，通过扮演角色，运用语言、动作和表情进行创造性表演的一种游戏形式。

2. 表演游戏的特点是表演性、自娱自乐性、戏剧性和创造性。
3. 表演游戏的种类根据不同的标准有不同的分类，根据游戏中角色扮演的形式不同，可以把表演游戏分为自身表演、桌面表演、木偶表演、影子戏等，根据表演游戏的内容不同，可以把表演游戏分为故事表演、歌舞表演、童话剧等。
4. 表演游戏对幼儿发展的作用表现在：帮助幼儿加深对文艺作品的理解；锻炼幼儿的交往能力，增强他们的集体观念、自信心和独立性；促进幼儿想象力和创造力的发展；发展幼儿的语言和表演才能。
5. 表演游戏组织与指导的原则："游戏性"先于"表演性"、"游戏性"与"表演性"的统一。
6. 表演游戏的指导内容：协助幼儿选择表演游戏的主题；为游戏表演提供物质条件；指导幼儿分配角色；指导幼儿表演的技能；促进表演游戏水平的提高；做好表演游戏的评价等。
7. 各年龄班表演游戏的指导要根据幼儿年龄特点来进行。

关键术语

表演游戏　自身表演　桌面表演　影子戏　木偶戏　表演游戏区　故事表演　歌舞表演　童话剧

思考题

1. 什么是表演游戏？其特点是什么？
2. 表演游戏与角色游戏、戏剧表演的区别是什么？
3. 表演游戏的分类有哪些？
4. 试分析表演游戏指导的内容。
5. 如何针对各年龄班幼儿表演游戏的特点进行指导？

案例讨论

中班幼儿表演游戏"小狐狸送被子"，由于幼儿记不住狐狸和动物们的对话，老师用图片给幼儿讲解了青蛙、鲤鱼、麦苗过冬的办法，并允许幼儿表演中用自己的语言对白，如原文中青蛙说："谢谢你，小狐狸，我们住在地下室，冬天暖，夏天凉，我们一点也不冷。"幼儿改为："谢谢你，小狐狸，我们住在地下室，冬天很暖和，夏天很凉快，我们一点也不冷，我们不需要被子。"幼儿改了对话，游戏很快得到顺利进行，幼儿在游戏过程中玩得很快乐。

请问，案例中教师的指导成功吗？为什么？

⭐ 建议的活动

活动一：歌唱表演技能实训

【目标】

1. 学习准确视唱幼儿歌曲的能力。
2. 学会有表情地演唱幼儿歌曲的能力。

【内容和要求】

1. 视唱学习并掌握儿童歌曲《谁饿了》。
2. 能准确把握歌曲的旋律和节奏，处理好歌曲所表达的情感。

【范例】

谁饿了

1=A 2/4

3 3 3 1 | 5 5 5 | 3 3 3 3 | 1 3 | 2 — | 6 4 2 | 5 5 3 | 2 4 7 2 |
一只 大狗 出来 了，肚子饿得 咕咕 叫。 看见 了 肉骨 头，咔吧，咔吧，
一只 老狼 出来 了，肚子饿得 咕咕 叫。 这边 找 那边 找，啊呜，啊呜，

1 1 1 | 2 4 7 2 | 1 1 1 ‖
吃掉 了，咔吧，咔吧，吃饱 了
找 不 着，啊呜，啊呜，找 不 着

活动二：形体表演技能实训

【目标】

1. 发展用肢体造型和表演动作的能力。
2. 学会用肢体表现音乐内容、节奏和旋律的能力。

【内容与要求】

1. 练习并掌握各种动物的典型动作。
2. 练习手指的基本操作。
3. 尝试根据音乐或儿歌现场进行肢体表演。

【范例】

小老鼠上灯台

1=C

5 5 3 | 5 6 5 | 5 5 3 | 5 6 5 | 1̇ 1̇ 1̇ | 1̇ 6 1 5 | 5 6 5 3
小老 鼠，上灯 台，偷油 吃，下不 来，喵喵 喵，猫来了，　叭里咕噜

1̇ 5 | 1̇ 0
滚下　来

活动三：木偶表演技能实训

【目标】

1. 学习用生动的语言和表情动作讲故事的能力。
2. 学会操纵布袋或手指木偶进行故事表演的能力。

【内容与要求】

1. 操纵布袋或手指木偶进行故事表演。
2. 准确把握人物的性格特点，处理好各角色的语气、声调和情感。

【范例】

小羊过桥

有一只小羊，身上长着白毛，头上有两只小角，叫起来"咩咩咩"的，大家叫他小白羊。还有一只小羊，身上长着黑毛，头上有两只小角，叫起来"咩咩咩"的，大家叫他小黑羊。小白羊和小黑羊都住在河边，小白羊住在小河东边，小黑羊住在小河西边，他们隔着一条河。

这条河不宽，可是很深，哗啦啦，哗啦啦，河水一天到晚流着，这可怎么过河呀？还好，河上架着一根木头，这就叫作独木桥。独木桥很窄很窄，只能走一个人。

小白羊住小河东边，可是他的姥姥家住小河西边。小白羊常常走过独木桥去看姥姥，姥姥总是找很多鲜嫩鲜嫩的青草，给小白羊吃个饱，才让他回家去。

小黑羊住在小河西边，可是他的爷爷家住在小河东边。小黑羊常常走过独木桥去看爷爷，爷爷也找了很多鲜嫩鲜嫩的青草，给小黑羊吃个饱，才让他回家去。

有一天，天气很好，小白羊心里想：这样好的天气，我到姥姥家去一趟吧。

小白羊就一边"咩咩"地唱着歌，一边"的笃的笃"地走上独木桥，向小河西边走去。这时候，小黑羊也一边"咩咩"地唱着歌，一边"的笃的笃"地走上了独木桥。原来小黑羊要到小河东边去看爷爷。

小白羊朝西走，小黑羊朝东走，走着走着，走到桥中间，他们俩就碰头了。小白羊走不过去，小黑羊也走不过来。小白羊把头一抬，对小黑羊说："退回去，退回去，快给我退回

去!你知道吗,我要过桥看我姥姥呢!"小黑羊一听,也把头一抬说:"你退回去,你退回去!你看姥姥有什么要紧,我要过桥看我爷爷呢!"小白羊生气了,瞪着眼说:"你为什么要我退回去?是我先上桥的!你应该退回去,退回去!"小黑羊也生气了,把小蹄子蹬得咯咯地响,大声说:"什么?你让我退回去!哼,是我先上桥的!你应该赶快退回去,赶快退回去!"说着说着,小白羊和小黑羊就吵起来了。他们越吵越凶,谁都不肯让谁。小白羊发脾气了,它低下头,把两只角对着小黑羊冲过去。小黑羊见小白羊冲过来,也低下头,把两只角对着小白羊冲过去。只听见"咚"的一声,小白羊的头和小黑羊的头撞在一起了,又听见扑通、扑通两声,两只小羊都掉到河里去了。

活动四:综合表演实训

【目标】
1. 学习运用语言、表情、动作、歌曲、舞蹈、琴法等多种技能合作进行表演的能力。
2. 学习综合运用绘画和手工的技法设计制作表演服装、道具的能力。

【内容与要求】
1. 自选主题,排练儿童歌舞剧,每5~7人一组,各组自行确定各人扮演的角色,其中一人为钢琴伴奏。
2. 各组自行确定表演的形式,自行设计制作全部场景道具。
3. 可以在原剧本的基础上发挥自己的想象力进行适当的创作,但表演必须刻画出每个角色鲜明的性格特征。

【活动考核】
1. 抽签分组汇报。
2. 成立评估小组,给每位幼儿的表演打分。

【范例】

小兔乖乖

角色:兔妈妈、三只小兔(长耳朵、红眼睛、短尾巴)、大灰狼
背景:森林兔子家
道具:一片草地、篮子、萝卜、头巾、大树、兔子家、木棍、各角色服装。
旁白:大森林里,住着快乐的兔子一家,兔妈妈和她的三个孩子——长耳朵、红眼睛还有短尾巴。
兔妈妈与三只小兔:(欢快的音乐声中,兔妈妈牵着三只小兔鱼贯而出,围成圈齐念)小白兔,白又白,两只耳朵竖起来,爱吃萝卜爱吃菜,蹦蹦跳跳真可爱。(四处游玩吃草,蹦蹦

跳跳回家）

兔妈妈：（呼唤）长耳朵。

长耳朵： 哎！妈妈！

兔妈妈：（呼唤）红眼睛。

红眼睛： 妈妈，我来了！

兔妈妈：（呼唤）短尾巴。

短尾巴： 我在这儿呢！

兔妈妈：（一边扎头巾一边说）孩子们，一会儿妈妈要去很远的地方拔萝卜，你们千万记得要把门关紧了，除了妈妈，谁来都不要开。

三只小兔：（使劲点头）嗯！

兔妈妈：（提起篮子，临出门再次嘱咐）记住，妈妈没回来，谁来也不开！

三只小兔： 知——道——了！

（兔妈妈出门，三只小兔一起来关门）

旁白： 不远处，一只大灰狼到处找点心，饿得直流口水。

大灰狼： 我是一只聪明狼，抓兔子嘛，我最在行！哎！前面不是兔子的家吗？让我去碰碰运气！（咚咚咚砸门）快开门，快开门，让我进去！

长耳朵：（趴在门缝里瞧：发现了大灰狼，轻声告诉弟弟妹妹）是大灰狼来了！

兔子们：（齐唱）6 5 6 5 | 3 6 5 | 5 5 3 2 | 1 - | 6 1 2 3 | 1 - ‖
　　　　　　不开不开 就不开，妈妈没回 来，谁来也不 开！

大灰狼： 哼！狡猾的兔子。（大灰狼灰溜溜地嘟囔着，走下台）

兔妈妈：（拎着一篮萝卜上场，唱着歌儿来敲门）3 5 1 6 | 5 - | 5 - | 3 5 6 1 | 5 - | 5 - |
　　　　　　　　　　　　　　　　小兔子乖　乖，把门儿开　开，

6 5 3 | 2 - | 2 - | 3 5 3 | 2 3 1 - ‖
快点儿开　开，妈妈要 进　来。

三只小兔：（欢呼着把门打开）妈妈，是妈妈回来了！

兔妈妈： 我的宝宝们，你们一定饿坏了吧？来，妈妈给你们带回来萝卜了。快吃吧！（兔妈妈给三只小兔分萝卜吃）

兔妈妈： 我的乖宝宝们，你们乖乖地在家吃东西，妈妈去给你们的姥姥送点吃的去。

三只小兔： 好的！（准备去关门）

兔妈妈：（临走前叮嘱）记住了，除了妈妈，谁来也不要开门！

三只小兔：（把手放在嘴边作喇叭状）知——道——了！

旁白（配表现紧张的音乐）**：** 可这时，大灰狼并没有走远，它躲在大树后面，偷偷学会了刚才兔妈妈唱的歌。

大灰狼：（大摇大摆走到舞台中间）原来要开门，还得先唱歌。嗨！这还不简单，让我打扮打扮清清嗓子来唱歌！（跑到大树下拿条围巾围在头上）

大灰狼：（鬼鬼祟祟走出来）小朋友们，你们说我像不像？嘻嘻！
（围着围巾，边唱歌边敲门，声音要沙哑些）3 5 1 6|5 - |5 -|3 5 6 1|5 - |5 -|
　　　　　　　　　　　　　　　　　小兔子乖　乖，把门儿开　开，
6 5 3|2 - |2 -|3 5 3|2 3|1 - ‖
快点儿开　开，妈妈要　进　来。

红眼睛和短尾巴：哦！（欢呼）妈妈，是妈妈回来了！

长耳朵：不对，不对，让我仔细听一听。怎么像是大灰狼！

大灰狼：3 5 1 6|5 - |5 -|3 5 6 1|5 - |5 -|6 5 3|2 - |2 -|3 5 3|2 3|1 - ‖
　　　　　小兔子乖　乖，把门儿开　开，快点儿开　开，妈妈要　进　来。

红眼睛和短尾巴：只有妈妈才会唱歌，肯定是妈妈回来了！

长耳朵：妈妈的声音没有这么粗！肯定是大灰狼！

大灰狼：（侧耳倾听门内的动静，眼珠一转）哎呀，乖宝宝，外面凉，妈妈的嗓子着了凉。我的乖乖别害怕，我是你们的好妈妈！

大灰狼：（不耐烦，恶狠狠地）别磨蹭了！快点开门！

三只小兔：（吓了一大跳）

红眼睛：妈妈很温柔的，她从不凶我们！肯定是大灰狼！

大灰狼：（讨好的声音）你是红眼睛宝宝吧，妈妈有些着急，嗓门大了点。（用嗲嗲的、沙哑的声音）兔宝宝，开门吧。

三只小兔：（趴在门缝上向外瞧，悄悄地说）哎呀！真的是大灰狼，这可怎么办呀？

三只小兔：（三只小兔围成圈，抱着头商量一下，互相点点头）嗯！

短尾巴：（对着门）你把尾巴给我们看看，我们就开门。

大灰狼：（急得团团转）啊？看尾巴，兔子的尾巴是白的，这可怎么办？（把手背在身后，来回走动，忽然一拍脑袋）对了，我用面粉把尾巴染染白。嘿嘿！这下你们可要上当了！

大灰狼：（扭着屁股把尾巴塞进门缝）看吧，看吧，我的尾巴白又白。

短尾巴：（吃惊地说）这么长的尾巴，就是大灰狼！

三只小兔：一——二——三，嘿！（三只小兔一起用力关紧门，夹住了大灰狼的尾巴）

大灰狼：（抱住屁股）哎哟，哎哟，痛死我了！痛死我了！

旁白：正在这时，兔妈妈回来了。

兔妈妈：（拿起一根大木棍，用力打，边打边说）你这个大坏蛋，看我怎么收拾你！看你下次还敢不敢来！

大灰狼：哎哟，哎哟，不敢了！我下次再也不敢了！（大灰狼一使劲儿，尾巴扯断了，它捂着屁股逃跑了）

红眼睛：呀！大灰狼的尾巴给夹断了！（拍腿大笑）哈哈哈！

三只小兔：噢！我们胜利啦！

兔妈妈：（兔妈妈放好木棍，拍拍身上的土，走到家门前，边唱歌边敲门）

3 5 1 6 | 5 - | 5 - | 3 5 6 1 | 5 - | 5 - | 6 5 3 | 2 - | 2 - | 3 5 3 | 2 3 | 1 - ‖

小兔子乖　乖，把门儿开　开，快点儿开　开，妈妈要进　来。

红眼睛：（侧耳仔细倾听）哎！这次好像是妈妈的声音！

兔妈妈： 宝贝们，妈妈回来了，快开门吧！

兔子们： 对，真的是妈妈回来了！（打开门，小兔们亲热地抱住妈妈）妈妈回来了！妈妈回来了！

兔妈妈： 我的宝贝们，你们可真勇敢啊！（说着搂住小兔子们）妈妈真为你们感到骄傲！

合：（音乐响）大灰狼，真正坏，装成妈妈骗乖乖。小兔乖乖不上当，打跑大狼本领强！耶！

第六章 规则游戏

知识目标

① 了解规则游戏的概念、特点和分类，熟悉规则游戏的构成要素。

② 认知智力游戏、体育游戏、音乐游戏的概念和特点，掌握不同游戏的分类和构成。

③ 了解规则游戏组织与指导的要点，掌握不同年龄段规则游戏发展的特点。

能力目标

① 掌握智力游戏、体育游戏、音乐游戏的创编技巧，能够根据幼儿的需要，创编和设计相应类型的规则游戏。

② 能够根据幼儿不同年龄班的特点，选择恰当的规则游戏，组织和指导幼儿进行游戏，记录、观察和分析幼儿在规则游戏中的表现，并给予恰当的支持和反馈。

情感目标

① 认同规则游戏对幼儿发展的重要价值，乐意深入探究和挖掘各类规则游戏，愿意尝试创编和改编规则游戏。

② 愿意观察、记录和分析幼儿在规则游戏中的表现，喜欢借助规则游戏寓教于乐，引导和支持儿童的成长，树立"幼儿为本""德育为先"的教育理念。

导入案例

体育游戏：帮蚂蚁运粮食

小班体育游戏——帮蚂蚁运粮食正在进行中，老师将游戏场地布置得富有童话色彩。孩子们都跃跃欲试。老师说："蚂蚁王国十分漂亮，但是要到达蚂蚁王国却很难，必须经过金色的沙滩，窄窄的小河，高高的山坡，低矮的山洞还有茂密的树林，需要你们克服困难，完成这项艰巨的挑战，你们愿意吗？"孩子们都大声说："愿意"。接着就是一系列的动作练习：走、跑、跳、钻、爬，孩子们都兴冲冲地一一闯过老师设置的关卡，经过种种考验，到达目的地。老师在游戏中扮演了蚂蚁国王的角色，和小朋友们打成一片，大家一起相互扶持，相互帮助，全部完成了任务，老师毫不吝啬地肯定了孩子们的表现。孩子们都对老师说："老师，下次我们还玩这个游戏好吗？"

这个游戏情境的设计符合幼儿的年龄特征，幼儿在游戏中进行了大量基本动作练习，一点也不觉得枯燥。更重要的是孩子们在游戏中感受到帮助与被帮助的快乐，对于老师的信赖感也进一步增强，是一个成功的规则游戏的组织。那么规则游戏有什么特点和类型，有哪些构成要素，又有哪些组织和指导的要点，这一章将重点解答这些问题。

第一节　规则游戏概述

规则游戏是指至少由两人参与的，按照一定的规则进行的，多半是由成人编制的一种游戏活动。

规则游戏一般被认为是儿童游戏发展的高级形式，晚于角色游戏而出现，尼克泊罗认为随着儿童年龄的增长，儿童的假想游戏逐渐让位于规则游戏。现实生活经验的积累和隐蔽于角色游戏中角色的行为规则的掌握，有益于幼儿对规则游戏中规则的理解与掌握。儿童在游戏中的言语表述也由"我们假装怎样"转变为"规则规定怎样"。所以规则游戏慢慢取代了角色游戏。

> 🔗 **资料链接 6-1**
>
> 艾里康宁曾经做过一个实验,分别跟3岁和6岁不同年龄的儿童玩捉迷藏游戏。跟3岁儿童玩捉迷藏,在孩子藏起来之后,主试没有立刻去"找"他,而是故意在他旁边等了两三分钟,装作找不到他。这时候孩子控制不住自己,会跳出来,或者大声地喊道:"叔叔,我在这儿呢!"
>
> 6岁儿童则完全不同于3岁儿童,规则和结果对于孩子开始有了特殊的意义。主试发现,当一个6岁儿童跟一个3岁儿童一起躲藏起来,他又装作不能马上找到他们时,很快就会听到孩子的兴奋和压低的语声。小的孩子要暴露自己,而大的孩子不许:"安静,别出声!"最后,大孩子捂住小孩子的嘴,用强制的手段不让他发出声音,强迫他遵守规则。
>
> 这个实验显示:对于规则和结果的认识是随着儿童年龄增长而不断深入的。
>
> 因此,规则游戏在幼儿游戏发展中出现较晚,一般被认为是幼儿游戏发展的高级形式。

一、规则游戏的特点

1. 规则性

规则游戏,顾名思义,一定有某种规则。规则是规则游戏的主要手段。心理学家维果斯基认为规则游戏是由"明显的规则和隐蔽的想象情景"所组成的。规则游戏中的规则往往是外显的、具体的、明确的,具有"约定"的性质,游戏者接纳同一规则,游戏才得以进行。规则一般是由成人事先制定的,也可以是由儿童自己约定的。

2. 竞争性

规则游戏具有竞争性,当游戏双方按照一定的规则一起游戏时,游戏双方会有输赢、先后,关系往往具有竞争性。正如美国幼儿教育家凯米和狄佛瑞斯指出:"规则游戏是根据一定规则进行的身体或智力上的竞赛性活动,游戏者双方的关系是对立的,每一方都试图让自己在游戏上获胜,而让对方输掉游戏。"一般来说,竞争性是规则游戏的重要特征。但是竞争性的强弱与主题和内容有关,也与不同的游戏者有关。比如,母子之间和年幼的伙伴之间发生的规则游戏往往不具有竞争性。

3. 文化传承性

规则游戏往往以代代相传的方式流传于民间,并以"身教言传"的方式获得传播。在传播过程中,人们往往发生自觉或不自觉的改造,因此造成规则游戏的文化变异;同一种规则游戏在甲地与乙地的名称和玩法可能不同,这种变异往往带有文化的边缘特点。例如,南方的"木头人不许动"的游戏到了天寒地冻的北方,变成了"冰——棍",玩法也发生了改变。由于规则游戏中凝聚着社会文化的传统和特色,因此规则游戏可以被看作文化的组成部分。

总之,规则游戏仍然具有游戏的基本特点,其中最突出的特点是规则性和竞争性。

资料链接 6-2

规则游戏的发展阶段

皮亚杰认为，规则游戏包含着对规则的认识、接受和遵守，是以一定认知水平为基础的复杂行为。

皮亚杰根据自己对儿童玩弹珠游戏的研究发现，儿童要到5~8岁才能真正玩这类规则游戏，他从实践规则的行为和对规则的意识方面描述了儿童规则游戏的发展。

儿童规则行为与规则意识的发展

发展阶段	规则实践行为	规则意识
第一阶段（3岁左右）	运动/个人性质	"动即快乐"
第二阶段（3~5）	自我中心性	规则"神圣不可侵犯"
第三阶段（5~8）	协作	"可变的"规则
第四阶段（11~12）	规则的汇集与系统化	

（一）规则实践行为的发展

皮亚杰发现，儿童的规则实践行为的发展需要经历以下4个发展阶段。

1. 以动作为中心的玩物阶段（3岁左右）

在这一阶段，幼儿只是按照自己的兴趣用各种方式和方法来玩，如移动弹球、把弹球假装当作什么东西来玩。比如，把弹球当成鸟蛋或烧熟的食物来玩，或者让弹球从高处掉下来，让它们跳起来。

弹球对于幼儿来说只是一种玩具。幼儿的动作毫无规则，不会按照规则来弹掷弹珠。游戏的方式主要是独自游戏。

2. 以自我为中心的游戏规则（3~5岁）

在这一阶段，幼儿虽然已经能够在形式上模仿年长儿童的游戏动作，但是他们在一起各玩各的，规则还不是交互的、可以交流的。他们不在乎输赢，游戏中没有竞争，没有互相控制。每个人都可以是赢家。

例如，幼儿仿效年长儿童玩弹珠游戏的游戏方式，把弹子堆放在一起，并画上一个方框，找来玩伴，然后各自一次又一次地弹掷弹珠，却并不在意对方的表现。表面上看起来幼儿是在一起玩，但实际上他们是各玩各的。

"自我中心"和"自私"不同。自私是指为了自己的利益而做某事，而且知道这种行为可能引起他人的不便甚至会造成对他人的伤害。3~4岁的幼儿通常只对自己所做的事感兴趣。

3. 初步的合作阶段（5~8岁）

从5~6岁开始，儿童开始能顾及他人，并注意与他人的关系。他们开始会与他人比较，并协调自己和玩伴的不同意见。他们开始比较彼此的表现并考虑对手的意图。这标志着"去自我中心"能力的发展。这一阶段发展的特点是幼儿出现了想赢的愿望，开始理解规则的意义，要想获胜就必须制定规则来比较大家的表现。幼儿开始能够把遵守共同规则理解为赢或互惠的条件，游戏者之间开始出现真正的协作。

这一阶段儿童虽然努力制定规则，并力求遵守达成一致的游戏规则，但他们依然具有自我中心的特点，仍无法避免坚持自己对规则的主张，每个儿童往往坚持依照自己所知道的规则来玩。因此，经常在一起玩的游戏者对于同一游戏可能有不同的规则。

4. 规则协调阶段（11~12岁）

在这一阶段是规则的汇集和系统化阶段。儿童对规则本身发生兴趣，同一群体中的儿童对于某一游戏的规则及其各种不同的变种以及规则的细节都非常清楚，而且能够达成一致的认识。表明儿童能根据游戏中可能出现的情况，通过协商制定或修改规则，以适用于不同的情况。

（二）规则意识的发展

儿童规则意识的发展也存在着3个阶段。

1. "动即快乐"阶段

在这一阶段儿童只是因为对仪式化的动作感兴趣而不断重复和模仿游戏的动作。"机能快乐"成为驱动儿童游戏的动机。游戏的规则对于儿童来说实际上没有构成任何"意义"，不具有来自外部的"强制性的约束"作用。这种无规则意识的表现与规则实践行为的第一阶段的表现是相应的。

2. 规则"神圣不可侵犯"的阶段

在这一阶段儿童开始注意到游戏的规则并模仿别人的规则行动。虽然在规则的实践中，认为这些规则是"神圣不可侵犯"的。儿童一般不肯对这些规则做任何修改，而且认为对于规则的任何修改都是错误的。因为规则来自长者，来自"权威"，表现出这一时期儿童道德的"法律"特征。这一阶段包括规则实践行为发展的第二阶段与第三阶段的前半部分。

3. "可变的"规则阶段

在这一阶段儿童已不把规则看作是神圣不可改变的东西，他们已经能够认识到规则来源于"讨论和协商"，是"社会同意"的结果。由于规则是"社会同意"的产物，因此参与决定、同意规则的人应当尊重并遵守规则。这时，规则由"外在的"规则变为自主的规则。这一阶段对应规则实践行为发展的第三阶段后半部分与整个第四阶段。

二、规则游戏的分类

（一）国外学者对规则游戏的分类

国外学者凯米和狄佛瑞斯以发生在规则游戏中的动作进行归类，并以此为根据把规则游戏分为以下几种。

（1）瞄准游戏：指游戏者拿东西瞄准目标后击打或投掷，如"保龄球""套环"。

（2）赛跑游戏：以奔跑为主的游戏，如"两人三足跑""端球跑"。

（3）追逐游戏：是角色互补的游戏，游戏中有追者和跑者，如"丢手帕""猫捉老鼠"。

（4）躲藏游戏：包括藏人的游戏和藏东西的游戏，如"捉迷藏""东西藏在哪里"。

（5）猜测游戏：以触觉、听觉、视觉、言语为线索去猜测是"什么东西"或"谁"的游戏，如"请你猜猜我是谁""谁不见了"。

（6）口令游戏：是指跟着口令做适当的动作。一种是要求游戏者跟着口令做正确的动作，另一种是要求游戏者做出与口令相反的动作，如"大皮球小皮球"。

此外，还有纸牌游戏、盘面游戏等。

（二）我国对规则游戏的分类

在我国，规则游戏和幼儿园各领域教育联系密切，在分类上为了便于教师的选择和运用，以规则游戏达到的教育、教学目的为依据，把规则游戏分为：智力游戏、体育游戏、音乐游戏等。

（1）智力游戏：即根据一定的智育任务而设计，以生动有趣的游戏形式，使幼儿在自愿、愉快的活动中增进知识、发展智力的一种有规则的游戏，也称"益智游戏"。这些游戏需要游戏者开动脑筋，认真思考，是人们开发儿童智力、锻炼儿童思维的重要手段。

（2）体育游戏：即根据一定的体育任务而设计，以身体基本动作、情节、角色和规则组成的一种活动性游戏，也称"运动性游戏""体能游戏"。它增加了体育活动的趣味性和娱乐性，对培养儿童对体育活动的兴趣，提高儿童体质具有重要作用，如"木头人""老狼，老狼几点了"等。其中许多体育游戏是民间代代相传的，如"捉迷藏""丢手绢""老鹰捉小鸡"等。

（3）音乐游戏：即根据一定的音乐教育任务而设计，以唱歌、舞蹈、律动、音乐欣赏等音乐活动为基础的规则游戏。主要目的是发展幼儿音乐感受能力和音乐表现能力。这种游戏生动有趣、表现力强、易于幼儿掌握，可以活跃和丰富幼儿的生活，是儿童喜欢的游戏形式，如"抢椅子""小鱼游""老猫睡觉醒不了"等。

三、规则游戏的结构

规则游戏一般是由四个部分构成：游戏的目的、玩法、规则和结果。他们四个部分相互联系，相互作用，缺少任何一个部分都不能形成完整的规则游戏。

（一）游戏目的

游戏的目的是游戏时对幼儿所提出的要求，便于幼儿理解，直接指向游戏的过程。一般游戏的名称很明确地体现游戏的任务。例如，"老鹰捉小鸡""蚂蚁搬豆"等，捉住小鸡、搬运豆子就是游戏的目的，往往是成人通过游戏想要达到某些教育方面的要求，比如，增加知识、培养技能、发展动作和智力的具体任务等而确定的。

（二）游戏玩法

游戏的玩法就是对游戏的计划和构思，包括游戏的全过程。游戏的玩法要很容易引起幼儿的兴趣和积极性，愿意主动去完成游戏中提出的任务，否则游戏无法进行下去。游戏的玩法也包括了游戏中利用什么材料，做什么动作等，充分体现游戏性的特征。例如，"老鹰捉小鸡"的游戏，就是要求小鸡们都前后排成一排，手拉着前面小朋友的衣襟跟在母鸡的后面奔跑，别让老鹰捉住。老鹰要冲破母鸡的阻拦去捉到母鸡身后的"小鸡"。

（三）游戏规则

规则游戏的规则是活动中必须遵守的规定，以确保游戏的顺利进行。规则规定了游戏动作的顺序和方式，在游戏中起着组织游戏者参加活动和充当评价游戏行为标准的作用，约束与规范幼儿游戏行为，以确保游戏任务的完成。规则游戏的规则包括：角色行为规则、内容与玩法规则、竞赛性规则等。

（四）游戏结果

游戏结果是指参加游戏的幼儿经过努力，最后所达到的目标。规则游戏都有一定的结果。良好的结果给孩子以成功感和满足感，并能激发幼儿继续游戏的积极性。游戏的结果是教师事先能预料的，可以帮助教师了解幼儿掌握知识和能力的发展情况。

范例 6-1

词语接龙

游戏目的： 词语接龙，丰富词汇。

游戏玩法： 2~5人玩为宜，第一个幼儿说出任意一个词语，第二名幼儿用这个词语的最后一个字作为开头另说一个词语，第三个幼儿用这个词语的最后一个字再说一个词语，以此类推，直到最后一个小朋友。

游戏规则：

（1）不能说重叠词，如娃娃、天天。

（2）不能重复已经接过的词语。

（3）接不上来的幼儿要表演节目，然后由他起头，继续往下说。

游戏结果：接龙无错误者为胜。

这个规则游戏包含了完整的四个部分，只要玩的人依照游戏玩法，按照游戏规则行事，就可以分出输赢，同时丰富了孩子的词汇。

四、规则游戏的教育作用

（一）规则游戏促进幼儿智能的发展

规则游戏需要幼儿积极地进行智力活动，因为规则游戏向幼儿提出了需要解决的问题，如比较或区别事物的相同和不同点、记住事物的特征等，这促使幼儿对各种事物进行观察、记忆、分析、比较、想象和推理，有效发展幼儿的感知能力、思维能力、语言表达能力。在运动性规则游戏和音乐游戏中，为了取胜，幼儿同样需要积极思考，因为规则游戏的胜利不仅需要体力的竞争，也需要智力的竞争。大部分运动性规则游戏和音乐游戏都要求以一定的智能为基础进行设计。

（二）规则游戏促进幼儿身体动作的发展

规则游戏中有各种动作，如看、听、摸、躲、跑、藏等，有的游戏促进幼儿手部动作的灵活性，有的游戏训练幼儿动作的反应速度和准确性。在运动性游戏中，发展幼儿走、跑、跳、攀爬、平衡等基本动作。

（三）规则游戏促进幼儿社会性的发展

规则游戏有外显的行为规则，幼儿要学会控制自己，克制自己的愿望来遵守共同的规则，这不仅能发展幼儿的规则意识，也有助于幼儿理解真实世界的规则，培养幼儿的责任感。在规则游戏中，规则的制定、执行都使幼儿有机会了解同伴的观点，把自己的观点和同伴的观点进行对照，使自己的观点与他人观点协调，最终认同一种规则，有助于儿童摆脱自我中心。

（四）规则游戏有助于培养幼儿的学习兴趣和求知欲

兴趣是幼儿学习的内在驱动力，一些心理学实验说明：通过规则游戏，幼儿学得快，效果好。因为规则游戏有材料、有情景、有动作，幼儿的身体、智力能积极活动起来，从而在生动有趣的游玩中获得知识、技能。调动幼儿学习的积极性和主动性，培养幼儿学习的兴趣。

——【幼儿园教师资格证考试·考点预测】——

1. 智力游戏、体育游戏都属于（　　）。
   A. 创造性游戏　　　B. 规则游戏　　　C. 表演游戏　　　D. 个人游戏

   答案解析：选B。因为智力游戏、体育游戏、音乐游戏都属于规则游戏。其他均是错误项。

2. 大班儿童玩"老鹰捉小鸡"的游戏，请老师当老鹰，小朋友们当小鸡，这种游戏属于（　　）。
   A. 规则游戏　　　B. 创造性游戏　　　C. 象征性游戏　　　D. 角色游戏

   答案解析：选A。游戏"老鹰捉小鸡"虽然有角色，但是属于体育游戏的范畴，有明确的规则，属于规则游戏。

第二节　规则游戏的组织与指导

一、规则游戏的组织与指导内容

规则游戏开始是由成人发起的，学前儿童能够独立自主地开展这类游戏，需要先学会游戏的玩法。因此，规则游戏有一个教与学的过程，教师的正确指导能更好地发挥规则游戏的价值。

（一）做好游戏的准备工作

1. 选编适合学前儿童的规则游戏

好的规则游戏应是游戏任务明确，玩法有趣，规则简单易行，游戏内容多变并能逐渐复杂化。教师要选编适合学前发展水平的规则游戏，游戏的内容、规则应为该年龄儿童所能接受。教师还要注意选择大多数儿童都能参加进去的规则游戏，避免选择那种只有个别儿童玩而大部分儿童在等待的游戏。

2. 熟悉游戏的玩法及规则

教师应反复研究游戏，熟悉游戏的任务、玩法和规则，考虑游戏的玩法和规则是否合理，明确游戏的每一步骤是什么，预测儿童在游戏中可能出现的问题及解决办法，并思考组织儿童游戏的可行性方式，教师相互之间可以多交流探讨，也可以模仿儿童试做一下，在实践中发现问题、解决问题，为指导儿童做好充分准备。

3. 确定游戏实践、准备游戏场地和所需的材料

教师要为儿童提供游戏时间，游戏时间长短视具体游戏而定。教师还要根据游戏的性质和内容，确定合适的游戏场地，体育游戏和音乐游戏一般需要相对宽敞的场地，以保证儿童获得足够的活动空间，保证游戏取得预期的效果。儿童思维具有具体形象性，教师应根据儿童的特点尽可能选取丰富、合适的游戏材料，激发儿童的游戏兴趣，减少儿童消极等待的时间。

（二）规则游戏过程中的指导

规则游戏的组织和指导，实际上是教师带领儿童游戏，可按下面的步骤组织。

1. 集中儿童的注意力，引发儿童的游戏兴趣

教师可以通过设置情境，用生动的语言、夸张的动作营造游戏氛围，激发儿童游戏的欲望。例如，"摸箱"游戏开始，教师一边把手伸进箱子里，一边故作神秘地说："这个箱子里装着什么好东西，谁想摸一摸？"这样一下就引起了儿童的好奇心。再如，玩音乐游戏"小花猫和小老鼠"时，教师从环境设置入手，布置了一个夸张的老鼠洞和藏身的物件，如蘑菇、草丛、小树还有形象滑稽可笑的头饰，儿童立刻被这童话般的场景吸引住了，想马上开始游戏。

2. 帮助儿童了解游戏的玩法、规则

每个游戏都有一定的任务、玩法和规则，儿童需要理解并掌握游戏的玩法和规则之后才能玩。这就需要教师注意"教"的方法和策略。教师讲解时，要尽可能运用形象生动的语言和必要的示范，让儿童明确游戏的名称、玩法和规则。教师讲解的方法有很多种，可以借助多媒体课件展示，也可以老师示范展示，还可以在和儿童玩游戏的实际过程中边玩边教。教师在儿童游戏过程中应着重强调游戏的玩法和规则。

3. 组织儿童进行游戏活动

当儿童明确游戏的玩法和规则后，就可以自己游戏了。此外，教师应观察儿童的游戏情况并适当地指导，如指导游戏动作、教育其遵守规则、处理游戏中的意外事件及对游戏结果进行适当的评价，有时教师也可以参加到游戏中去，以自己的动作、行为、良好的情绪影响儿童，推动游戏发展。

遵守、执行规则是规则游戏最突出的特点，在规则游戏进行的过程中，教师要关注儿童执行规则的情况。例如，发现儿童不遵守规则时，要分析原因但是不要打断儿童的游戏，可在下一次游戏前提醒儿童或把问题提出来让儿童集体讨论。使儿童明确规则的内容，了解具体的行为要求，明白为什么要遵守规则，从而使规则的遵守成为儿童的内在需要。

规则游戏的结果是儿童完成游戏任务的标志。每一遍游戏结束后，教师应和儿童共享游戏的快乐。竞赛性游戏需要判定胜负，可以由儿童集体讨论，做出公正的评价。

（三）做好游戏结束工作

规则游戏可以重复进行多次，教师要注意让儿童在愉快的情绪下结束游戏。教师总结评价时要侧重评论儿童获得的游戏技能和得到的快乐，评论儿童在游戏中的表现。如引导儿童

思考赢者为什么获胜，使儿童意识到别人的想法和观点。避免一味地用语言和物质刺激强化竞争结果。

以上谈的是教师组织儿童集体玩新的规则游戏的组织与指导策略。需要明确的是，除了教师组织集体玩规则游戏外，儿童在户外活动、区域活动时也喜欢以小组、结对的形式玩已掌握的规则游戏。例如：户外活动时，几个儿童自发玩起了"老鹰捉小鸡"的体育游戏；区域活动时，两个儿童玩起了"打牌"的智力游戏，这时教师的任务是观察儿童玩的情况，进行个别性指导。

二、各年龄班规则游戏的组织与指导

（一）小班规则游戏的特点及指导

1. 小班规则游戏的特点

小班幼儿的规则意识处在"动即快乐"的阶段，儿童对游戏中角色的动作、材料感兴趣，而且表现出"自我中心"，只对自己做的事感兴趣，不会把自己的想法和做法与别人做比较。因此，该年龄的儿童不在乎游戏结果，也发现不了别人的违规，而且自己会破坏规则。例如，在"捉迷藏"游戏中，如果假装没有看到他，儿童自己会说："我在这儿呢。"儿童不理解游戏规则的意义，只对躲藏这一动作感兴趣，至于结果无所谓。

2. 小班规则游戏的指导要点

教师要为小班儿童选择规则简单，通过使用实物、玩具和简单的动作来完成的游戏。小班的规则游戏，有时游戏的情节本身就是规则，而且只有一种角色，大家有共同的游戏任务，如有主要角色，往往是教师扮演。教师在组织小班的规则游戏时注意多让儿童体验游戏动作的快乐，满足儿童对游戏过程的兴趣，还要在游戏过程中提出规则并提醒儿童遵守。

（二）中班规则游戏的特点及指导

1. 中班规则游戏的特点

中班儿童已具有规则意识，能够遵守规则并开始关注游戏的结果，这一阶段的儿童比较喜欢角色鲜明的互补性规则游戏。

2. 中班规则游戏的指导要点

对于中班儿童，教师需要示范、讲解游戏的玩法和规则，并在游戏中着重检查游戏玩法的掌握情况，要鼓励儿童关心并努力争取好的游戏结果，可开展规则简单的竞赛游戏。

（三）大班规则游戏的特点及指导

1. 大班规则游戏的特点

大班儿童能理解规则对于比赛结果的重要性，规则意识强且特别重视游戏结果，喜欢竞赛性的游戏。大班儿童能很好地遵守游戏规则，并会关注其他儿童遵守规则的情况，发现违规者就会提出抗议，要求对违规者加以惩罚。因此游戏过程中的纠纷较多。大班儿童还喜欢改变游戏情节、游戏规则以增加游戏的新颖性。

2. 大班规则游戏的指导要点

教师要为大班儿童选择需要运用一定策略、在认知上有一定难度的游戏。指导大班游戏时，可以用语言讲解游戏，要求儿童独立地玩游戏，严格遵守游戏规则，争取最好的游戏结果，能对游戏的结果进行评价，并可开展较为复杂的竞赛游戏。

——【幼儿园教师资格证考试·考点预测】——

1. 教师根据教育教学目的，按照一定的目标设计的游戏称为（ ）。
A. 结构游戏　　　　B. 角色游戏　　　　C. 表演游戏　　　　D. 规则游戏

答案解析：选D。因为结构游戏、表演游戏、角色游戏均属于创造性游戏。只有规则游戏是由成人编制的，为了达成一定教学目的而设计的游戏。

2. 能很好地遵守游戏规则，并会关注其他儿童遵守规则的情况，发现违规者就会提出抗议，要求对违规者加以惩罚。这是（ ）幼儿规则游戏的特点。
A. 大班　　　　B. 中班　　　　C. 小班　　　　D. 托班

答案解析：选A。根据能"遵守规则""重视结果""喜欢竞赛性游戏"等细节，可以看出符合大班幼儿规则游戏的特点。

第三节　规则游戏的创编

一、智力游戏的创编

智力游戏就是一种以生动有趣的方式，让幼儿在积极愉快的情绪中进行的游戏。能够让幼儿在不知不觉中增长知识、锻炼能力、发展智力。

（一）智力游戏的特点

1. 趣味性

幼儿年龄小，注意力时间短且容易转移，因而智力游戏要生动活泼、有趣新颖，才能吸引幼儿的注意力，调动他们的积极性和坚持性。如果趣味性不强的话，很容易使幼儿觉得疲劳，难以保证长时间玩游戏。

2. 益智性

智力游戏的目的就是促进幼儿智力的发展，所以，益智性是智力游戏的主要特点。开发幼儿智力，挖掘幼儿潜力，使每个幼儿的智力都能得到发展，是智力游戏的终极目的。这也是智力游戏设计时主要的参考因素，这在一定程度上决定了游戏的类型，如发展观察力、想象力、思维力的游戏等。

3. 挑战性

挑战性能激发孩子在完成任务后继续游戏的愿望和兴趣。智力游戏是有适宜对象的，年龄、性别不同，游戏设计就会不同。有时候，同一个游戏会根据游戏对象的不同，设计出不同的游戏要求和任务。因此，那些智力水平高、能力强于同龄人的幼儿，可以玩要求较高的游戏，也就是挑战性较大的。挑战性迎合了孩子不断追求成功、挑战自己、要求进步的心理，也为教师和家长了解幼儿提供了一个侧面的依据。

了解了智力游戏的特点后，要进行智力游戏设计，还要了解智力游戏的类型。

（二）智力游戏的类型

根据智力游戏的任务，可以把智力游戏分为发展感知觉的智力游戏，发展注意力和记忆力的智力游戏，发展想象力和创造力的智力游戏，发展思维能力的智力游戏。

1. 发展感知觉的智力游戏

发展感知觉的智力游戏包括了发展听觉、视觉、嗅觉、味觉和触觉等多种感觉器官的游戏。感觉器官越灵敏，获得的信息就越多，感觉经验越丰富，观察也就越敏锐越精细。

听觉游戏的设计可以从两个方面进行：一是分辨声音特征，二是判断声源定向。例如："猜猜我是谁？"就是要求幼儿通过听其他幼儿伪装的声音来判断对方的真实身份；而"蒙眼捉人"就是根据声音来判断方位，从而找到声音发出者的位置。

视觉游戏则可以从分辨颜色、图形、空间关系、大小、远近等方面来设计游戏，发展幼儿的视觉辨别力和观察力等，如图6-1至图6-4所示。

图6-1　分辨图形

图 6-3　找不同

图 6-2　找找谁不在　　图 6-4　寻找与指定的图例相同的图形（小白兔的影子）

触觉游戏则是对物体软硬、冷热、光滑及粗糙等质地的感知游戏，包括触摸辨物、触摸分类、触摸造型等，如百宝箱、神秘袋、嵌板等大都属于此类（图6-5、图6-6）。

图 6-5　神秘袋　　　　　　　　　　　　　　　　　　　　图 6-6　嵌板

嗅味觉游戏则以"尝一尝""闻一闻"进行构思，分辨食物、味道、气味等固态或液态物质，以达到发展幼儿感官灵敏度的目的，如嗅觉筒、嗅觉瓶等（图6-7、图6-8）。

2. 发展注意力和记忆力的智力游戏

注意力游戏主要训练幼儿注意的稳定性、注意的范围，促进无意注意向有意注意的发展，提高注意的分配和转移能力。记忆力游戏主要包括对实物、图片、数字、词汇等内容识记后进行再认和再现的过程。"熊大做客"游戏（图6-9）就是一个训练注意力稳定性的游戏。

图6-7 嗅觉筒

图6-8 儿童感知嗅觉瓶

图6-9 注意力游戏（熊大做客）

3. 发展想象力和创造力的智力游戏

根据想象活动的类型，可以把发展想象力和创造力的智力游戏分成想象再造游戏和想象创造游戏两大类。想象再造游戏是根据言语的描述或图样的示意，在人脑中形成相应的新形象的过程，主要包括：猜谜游戏、补缺游戏（图6-10）、拼图游戏、听描述做动作游戏、空间想象游戏（图6-11、图6-12）、关联游戏（图6-13）等。

图 6-10 补缺游戏（每幅图都有一个重要部分漏画了，需要补充完整）

图 6-11 空间想象游戏（数积木）

图 6-12 空间想象游戏（想一想，每幅图的形状都像什么）

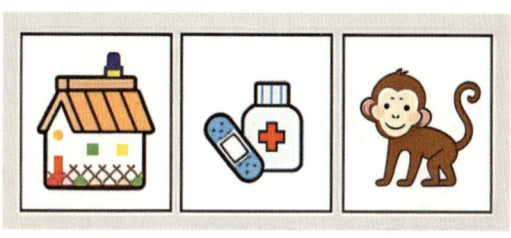

图 6-13 关联游戏（把毫无关联的事物通过想象联系起来）

4. 发展思维能力的智力游戏

发展思维能力的智力游戏，主要是培养幼儿的概念理解能力，发展幼儿分类、比较及序列化能力和一定的逻辑判断和推理能力，如分类游戏、比较游戏、排列游戏、推理游戏（图6-14、图6-15）、归类游戏和一些发展综合思维能力的牌类游戏、棋类游戏等。

这些游戏可以提高幼儿思维的独立性、灵敏性和逻辑性，促进幼儿思维的发展。只有掌握了智力游戏的类型，才能明确智力游戏创编的内容和方向。

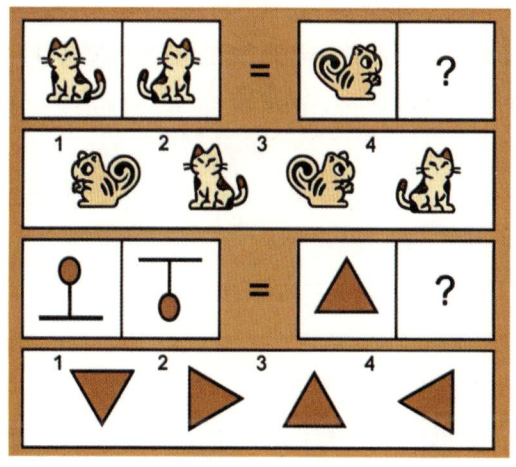

图 6-14 类比推理游戏

图6-15 推理游戏

（三）智力游戏的创编原则

1. 教育性和趣味性相统一的原则

游戏创编要目的明确，突出教育性，游戏内容、玩法、规则的制定要符合幼儿智力发展水平，要照顾到儿童的个别差异。同时要突出新颖性和趣味性，只有玩法和规则新奇多变，才能让儿童跃跃欲试，乐此不疲。

2. 难度适宜，简明易行的原则

创编出难度适宜的游戏内容是最具有挑战性的。难度太小，激发不起幼儿的兴趣，难度太大，又会给幼儿造成挫败感，让幼儿望而却步。因此，把握难易度，最主要的是应当了解和考虑幼儿的年龄特点和身心发展水平，选择合适的游戏内容，要引起幼儿足够的兴趣和参与的积极性，必须将游戏的难度控制在幼儿经过一定努力能达到的程度。

游戏任务明确，规则易行，玩法新颖，使幼儿能够在游戏中产生愉悦情绪，激发积极的心理活动，激发幼儿努力完成任务的坚持性以及思维的敏捷性和灵活性。

（四）智力游戏的创编要点

智力游戏的创编包括4个方面：明确游戏目标、确定游戏适合的年龄班、设计游戏玩法和规则、预料游戏结果。

1. 明确游戏目标

智力游戏的针对性很强，游戏设计前要确定主题，明确任务，即要明确游戏是为了发展幼儿哪些方面的智力因素，为了培养幼儿哪些方面的能力。因为智力游戏的类型很多，教师要选择好一个目标再进行游戏的设计，才能使智力游戏更有方向性。

2. 确定游戏适合的年龄班

游戏主题和任务明确后，接下来要明确游戏的适宜对象，即为哪个年龄班的幼儿设计，不同年龄班的儿童会有不同的难度要求。有时候同样的游戏内容，因为年龄班不同，游戏的

方法和要求就不同。这是游戏设计中一个很重要的问题。

3. 设计游戏玩法和规则

游戏的玩法是根据游戏目标设计的，是对幼儿在游戏中动作和活动的要求。玩法是多种多样的，可以看看、听听、摸摸、找找、猜猜、拼拼等，规则是对玩法的规定，起着组织、引导、调整的作用。智力游戏中的规则不是一成不变的，可以由孩子和老师协商调整，提高或降低游戏的难度。但是在设计规则和玩法时，教师要注意加入一些趣味性要素，如角色扮演、竞赛、幽默、新异动作等。另一方面教师要积累一定的同类游戏，了解大量同类游戏的现状，总结出他们的相同点和不同点，归纳出游戏的关键内容。

4. 预料游戏结果

在智力游戏中要考虑游戏是否能达到教学目标，是否让幼儿有了快乐的体验，良好的游戏结果才能激发幼儿继续游戏的愿望。

智力游戏设计详解

范例6-2

一、训练感官的智力游戏

游戏名称：发音的盒子（适用年龄：4~6岁）

游戏目的：提高儿童的听力和分辨力。

游戏准备：火柴盒或药瓶子、易拉罐4~8个，米、豆子、石子、火柴、沙子等细碎物品若干（提示：教师应注意游戏过程中防止孩子吞咽）。

游戏玩法：

（1）在相同的盒子里，装上一些不同的东西，使其两两成对。请幼儿摇动盒子，根据发出声音的不同与相同找出成对的盒子。

（2）在相同的盒子里装相同的物品，但数量多少不同。请幼儿根据声音排出所装物品多少的顺序。

（3）在相同的盒子里装相同的物品，数量不同且两两成对。请幼儿根据声音找出成对的盒子。

游戏名称：听音辨音（小班）

游戏目的：能听准几种动物的叫声，并能辨别几种小动物的叫声。

游戏准备：小动物的胸饰或头饰。

游戏过程：

教师出示小动物头饰或胸饰来引起幼儿的兴趣。例如，请幼儿辨认一下是什么小动物。它怎么走？怎么叫？

讲解游戏玩法：请3~5名儿童蒙起眼睛，然后教师举起一种头饰，其他幼儿学着这种动物的叫声，并连叫三声左右，再请蒙眼睛的幼儿根据声音猜一猜是什么动物的叫声。如果猜对了,再模仿这种小动物的叫声,反复进行两至三遍。

游戏延伸:

请幼儿分别扮作几种动物,如小猫、小狗、小鸡、小鸭等,教师以游戏的口吻将动物的标志举起,扮作小动物的幼儿观察到或听到指示后,立即模仿这种小动物的叫声,到教师跟前或走进圈子之中。游戏反复进行两至三遍。

二、发展注意力和记忆力的游戏

游戏名称:小动物吃食物(适龄儿童:4~5岁)

游戏目的:发展幼儿的记忆力。

游戏准备:熊猫、小羊、小兔、小猫头饰各1个。分别画有竹笋、小鱼、青草、胡萝卜的图片各4张。

游戏玩法:

请4名小朋友扮演小动物,戴上头饰。教师把16张图片随意放在黑板上(用磁铁固定),幼儿观察20秒后,记住自己爱吃的食物放在什么位置上,然后把图片全部翻过去(位置不变),让4只小动物去找食吃,看谁找得快、找得准。在找的过程中如果找错了就放回原位,图片上画的什么,不要让其他3位小朋友看见。全找对者为胜。

游戏名称:找牌

游戏目的:

(1)培养儿童的观察力和记忆力。

(2)发展儿童的空间知识,培养分析、比较的能力。

游戏准备:扑克牌一副。

游戏玩法:

所有幼儿平均分成两组围坐在桌子旁边,教师把从1到10的扑克牌拿出来,打乱顺序排列在桌子上,请小朋友观察一会儿后闭上眼睛(大约10秒)。一共进行三局比赛。

第一局:教师任意取出一张,请大家睁开眼,看看桌子上什么颜色的牌不见了,并举手回答。如:"黑色1不见了",答对的小组加1分。

第二局:教师任意取出一张牌,请大家睁开眼,看看桌子上什么颜色、什么形状、几号牌不见了,并举手回答。如:"黑色梅花5不见了",答对的小组加1分。

第三局:教师任意交换两张牌,请大家睁开眼,看看桌子上什么牌互换了,并举手回答。如:"3和9互换了位置",答对的小组加1分。

赢了的小组受到奖励,输了的小组一起背首诗。

游戏规则:

(1)闭眼的时候不能偷看,否则将扣一分。

(2)在回答之前要先举手,否则不给加分。

三、发展想象力和创造力的智力游戏

拼图游戏（4~6岁）

看图讲故事（4~6岁）

四、发展思维力的智力游戏

看图排序

二、体育游戏的创编

体育游戏，也叫运动游戏，是以发展幼儿动作、锻炼幼儿身体为主要目的的游戏。体育游戏不仅能促进幼儿身体发展，还能培养幼儿勇敢、坚强、遵守规则、与人合作等优良品质，是孩子们很喜欢的游戏。

（一）体育游戏的特点

1. 锻炼性

体育游戏不同于一般游戏，它有着增强体质的明确目的。幼儿在体育游戏中要通过走、跑、跳、投掷、攀登、平衡等基本动作来达到锻炼身体的目的。体育游戏可以加快幼儿的新陈代谢，调整大脑神经系统，提高运动器官及内脏器官的功能，增强幼儿体质。

2. 趣味性

趣味性是体育游戏深受幼儿喜欢的原因。体育游戏的趣味性主要体现在情节性和竞赛性两个方面。大多体育游戏都带有一定的情节和各种不同的角色，如小蚂蚁搬家、小刺猬摘果子等，符合幼儿爱模仿、好扮演的特点。竞赛性的特点对于活泼好动、争强好胜的幼儿有很大的吸引力，游戏中的竞赛没有过度紧张，完全是在娱乐中的点缀，使游戏倍添乐趣。

（二）体育游戏的主要内容

（1）与基本动作有关的游戏内容，如走、跑、跳、投掷、平衡、钻爬、攀登等基本动作练习。

（2）与器械的使用有关的游戏内容。利用大中型固定器械的游戏，如秋千、滑梯、攀登架、蹦蹦床、充气床垫等。中小型器械的游戏，如平衡木、投掷架、小三轮车、脚踏车、滑板车等。手持小型器械的游戏，如各种球类、橡皮筋、跳绳、小沙包、毽子、铁环等。

（三）体育游戏的创编原则

1. 发展性原则

幼儿正处在身心迅速生长发育的阶段，全面地进行锻炼，能使幼儿身体各个器官和系统的技能及活动能力得到均衡发展。有机体是一个统一的整体，任何部位的落后都会影响其他部位的发展，影响人体机能水平的提高。而任何局部器官功能的改善和提高，又必然促进其他器官功能的发展。因此，选择、设计体育游戏应重视幼儿身体的全面发展。因为体育游戏的内容不同、动作不同，每个游戏所起的作用也不一样，创编时要注意安排不同效果的游戏，使幼儿的身体得到全面的发展。

2. 循序渐进性原则

幼儿年龄越小，选择设计的体育游戏的内容、动作、规则应越简单，游戏时间和运动量也应越小。随着幼儿年龄的增长，选择的内容、动作、规则应逐渐复杂，游戏时间和运动量也应随之增加。因此，体育游戏的创编应坚持由浅入深、由易到难、由简到繁的原则。

（四）体育游戏的创编要点

体育游戏的创编要点包括：设定目标、选择游戏动作、构思游戏结构、设计游戏细节、制定游戏规则、确定游戏名称6个方面。

1. 设定目标

体育游戏的目标以发展幼儿身体基本动作和身体素质为主，兼顾幼儿的全面发展。同时，游戏目标的设计还要根据幼儿的年龄特点、运动能力发展水平和体育教学任务，使每个游戏都有锻炼的侧重点，并力求切实、具体。

2. 选择游戏动作

游戏动作是体育游戏的主体结构，要根据锻炼的目的和幼儿的生理、心理特点选择合适的动作。一般采用的动作应体现体力活动的特征，如身体基本活动的动作、队列动作、模仿性动作、日常劳动中的某些动作，一些有趣的、夸张的动物动作的模仿等。还可以利用幼儿对器械和玩具的好奇心理，选择合适有效的器械来配合游戏动作，如追球跑、扔沙包、跳圈、滚轮胎等。

3. 构思游戏结构

这是创编体育游戏的主要环节，包括构思游戏情节和设计游戏活动方式。

（1）构思游戏情节。构思游戏情节时，应结合现实生活中幼儿感兴趣的事件和元素，围绕一个切入点展开设计，常用的构思方法有以下6种。

事件提炼法：从现实生活事件中提炼游戏主题素材，构思游戏情节，如"司机开汽车""警察抓小偷"等。

故事借鉴法：根据故事内容构思游戏情节，以故事表演为游戏表现方法，如"黑猫警长""猫和老鼠"等素材的追、捉游戏。

角色衍生法：根据游戏动作和活动方式特点，选择相关或相似的事物作为游戏角色，衍生出某种游戏情节的方法，如"小刺猬摘果子""青蛙捉害虫"等游戏。

器械相关法：根据游戏使用的器械特点来构思游戏情节，如"过小桥""钻山洞"等。

知识模拟法：模拟社会和自然常识而展开的游戏情节，如"红绿灯""过电网"等。

主题串联法：围绕某个既定主题构思游戏情节，把与主题相关的多种游戏动作整合到一起，达到让幼儿全面发展的目的。例如，游戏"小小消防员"，围绕消防工作主题展开游戏情节，把跑、钻、攀登、爬等动作都整合到一起。

（2）设计游戏活动方式。设计游戏活动方式时既要考虑游戏的趣味性，又要满足一定的教育要求。同一内容采用不同的组织方式可以达到不同的效果。例如，各种跑跳动作为基本内容的游戏，既可以采取个人完成所有任务，比比谁的速度快，也可以采用小组接力完成任务的方式，运用集体的力量去取得胜利。可以是两个人或两组之间的你追我躲式的捕捉，也可以是两个人或两组之间的争夺。总之，要根据幼儿的年龄特点确定合理的活动方式和运动量，以达到最佳效果。

4. 设计游戏细节

进行游戏细节设计，要有全局观念，不能破坏游戏的主题结构，即游戏中采用什么方法分组和分配角色，采用何种启动信号，需要编配什么儿歌等，这些小细节能够使游戏充满乐趣和可操作性。

5. 制定游戏规则

游戏规则的制定要从幼儿的年龄特点出发，结合幼儿身体的运动负荷等因素综合考虑。制定时要注意：规则要明确合理，确认犯规和成功的界限。明确对犯规者如何处理，规则要有利于维护游戏安全，力求简单、明确、具体。

6. 确定游戏名称

游戏名称要反映游戏的具体内容，又要有吸引力，便于幼儿理解记忆。命名方法有两种：一种是根据游戏动作和活动方式的特点定名，如"听鼓声变速走""滚轮胎"等；另一种是以游戏情节或主题特点定名，如"蚂蚁运粮""切西瓜"等。

范例 6-3

一、以钻爬动作为主的体育游戏（适合中班儿童）

游戏名称：老鼠笼

游戏目的：练习钻的动作。

游戏准备：足够长的松紧带。

游戏玩法：

三分之一的儿童用松紧带拉成一个大圆圈扮作老鼠笼，其余儿童站在大圆圈外扮演老鼠。游戏开始，扮作老鼠笼的儿童齐念儿歌："老鼠老鼠坏东西，偷吃粮食偷吃米，我们搭个老鼠笼，咔嚓一声捉住你。"念儿歌的同时，扮作老鼠的儿童在鼠笼四周钻进钻出。当念到"咔嚓一声"时，扮作老鼠笼的儿童立即蹲下。在大圆圈内的"老鼠"被捉住。被捉住的儿童站在大圆圈上扮作老鼠笼。游戏继续进行，直至老鼠全部捉住，再调换角色，游戏重新开始。

游戏规则：老鼠要不停地在鼠笼四周钻进钻出，不得总是站在大圆圈外面。

游戏建议：初学游戏时，扮演老鼠的儿童可以少些，熟悉玩法后，可以增加扮演老鼠的儿童，尽量让儿童练习更多的钻的动作。

二、以走跑为主的游戏（适合中、大班儿童）

游戏名称：老狼老狼几点了

游戏目的：练习跑和反应的能力。

形式和人数：集体游戏，10~25人。

游戏准备：在场地一端画一条横线。

游戏玩法：

参加游戏的小朋友在横线后面站成一横排，请一个小朋友当老狼站在横线前边。游戏开始时，小朋友与扮演老狼的人一同往前走，并齐声问："老狼老狼几点了？"老狼回答："一点了。"然后又问："老狼老狼几点了？"老狼回答："两点了。"就这样继续下去，直到老狼答："天黑了"或"12点了"时，小朋友就转身向横线跑，老狼转身就追，但是不能超过横线，在横线前被拍到的为失败者。经过几次后，可另选一人当老狼，游戏重新开始。

游戏规则：

（1）老狼回答几点钟时，不准回头看。

（2）小朋友与老狼问答时，必须往前走，不能停留。

（3）老狼只有说"天黑了"或"12点"时，小朋友才能转身往回跑，老狼才可以转身来追。

（4）老狼不能追捕已经过横线的小朋友。

三、以跳为主的游戏（适合大班儿童）

游戏名称：数字格子跳跳跳

游戏目的：

（1）对数字感兴趣，并通过游戏练习单脚跳、双脚跳、跨跳、分并跳等多种跳的动作，提高身体的协调能力。

（2）主动探索板块的多种摆放方法，并友好地进行合作游戏。

游戏准备：

板块（贴好1~10数字），数字图纸。幼儿事先熟悉单双数。

游戏玩法：

幼儿练习多种跳，如单脚跳、双脚跳、分并跳等。

幼儿自愿分组，根据图纸数字大小摆放数字格子，并根据单双数的规律选择多种跳法进行游戏。

教师可事先摆放好数字的格子，运用单脚跳或者双脚跳等方式来示范。

游戏提示：

教师可根据数字摆放的难易程度进行不同的跳法。

四、以接传球为主的游戏（适合中班儿童）

游戏名称： 肘传球

游戏目的： 练习用肘部传球，提高身体的灵活性，培养合作精神。

游戏准备： 椅子，纸球。

游戏玩法：

将8个幼儿自由分成两组。听到信号后，每组从排头的幼儿开始用双臂的肘部将桌子上的纸球夹起，向下一名幼儿传，下一名幼儿同样用双臂的肘部接球，最后一名幼儿将纸球放在桌面上。比一比哪组传得快，先传到队尾的一组获胜。

三、音乐游戏创编

音乐游戏是指幼儿在音乐伴奏或歌曲伴唱下进行的游戏，主要作用是发展幼儿对音乐的感知能力和表现能力。这是一种很容易让孩子们喜欢、接受和理解的一种综合性艺术形式，是培养幼儿音乐感和美感的一条有效途径，因为它将音乐和游戏融为一体，集合了两者的优势。

（一）音乐游戏的特点

1. 音乐性

音乐是幼儿音乐游戏的灵魂，音乐游戏不能离开音乐，所以音乐游戏最大的特点是音乐性。音乐的旋律和节奏制约着游戏活动，游戏的情节和动作以及组织形式往往都要受到所选的音乐的影响。幼儿在游戏中感受音乐的流动、旋律的起伏、节奏的跳跃、音色的变化，从而达到感受音乐、体验音乐、了解音乐的目的。

2. 综合性

音乐游戏的综合性体现在游戏的内容、过程中，音乐游戏往往把歌曲、舞蹈、节奏等多方面内容综合在一起，这种又唱又跳、载歌载舞的游戏形式，更容易引发孩子的游戏热情。在游戏中孩子往往倾向于自导自演，沉浸于音乐和自己的动作中，达到娱人娱己的快乐体验。

3. 情感性

音乐对儿童情绪影响很大，它能激发起幼儿与歌曲或乐曲中的艺术形象相一致的情感。例如，大灰狼的音乐响起，小朋友会很紧张；快乐的音乐响起，小朋友会很放松。

（二）音乐游戏的类型

根据音乐游戏的内容的不同，可将音乐游戏分为：音乐听觉游戏、节奏游戏、歌唱游戏、韵律游戏。

1. 音乐听觉游戏

音乐是听觉的艺术，各种音乐活动都离不开听觉，因此音乐听觉能力是形成各种音乐能力的前提条件和基础。音乐听觉能力指通过辨别、感知、领会、想象、思考音乐艺术形象及其内涵的能力，它包括听辨音乐的长、短、强、弱等。发展音乐听觉的游戏，就是让幼儿用耳朵充分欣赏自然产生的和人造的各种音响效果，从音响的旋律、音色、节奏等方面"触摸"音乐语言，感受音乐之美。

应根据不同年龄幼儿的特点开展音乐听觉游戏，对于小班幼儿可以采用一些直观的教具，通过游戏让幼儿辨别各种人、物体以及简单的打击乐器发出的声音，培养他们听辨声音的能力。对于中、大班幼儿，则可以采用各种生动活泼的游戏形式，进一步培养幼儿辨别音量的大小、音乐的强弱、乐音的高低等音乐听觉听力，以及建立在音乐听觉基础上的感受音乐情绪、理解音乐的能力。

2. 节奏游戏

节奏是构成音乐的第一要素。节奏可以脱离旋律而存在，而旋律则必须依赖节奏生存。幼儿节奏能力的培养应该遵循节奏自身发展的阶段特点：体验稳定律动—发现、感知节奏—多声部节奏活动。安排幼儿的节奏游戏要注意把握好内容渐进的层次。稳定的节拍感是构成节奏的基础。幼儿的节奏能力要从体验稳定律动、感受节拍开始，可以让幼儿边朗读儿歌，边伴随拍手、拍腿、踏脚等动作，或者用打击乐器作伴奏。在充分体验、感知节奏的基础上，多声部的节奏活动可以使幼儿在比较中感受节奏，发展多层次、精细的听觉能力，体会节奏活动形式，丰富体验节奏间的合作和配合。

总之，可以通过游戏来锻炼儿童的节奏感。可以把身体动作、节奏图卡、音乐结合起来，节奏必须通过肌肉反应来感知，依靠身体高度协调的动作来感觉。因此，节奏游戏更强调身体动作的节奏体验。

3. 歌唱游戏

以唱歌的形式开展游戏，让幼儿在游戏中享受歌唱的乐趣，培养音乐感受力，发展运用嗓音进行艺术表现的能力。边唱边玩是幼儿最喜爱的一种游戏形式。教师要为幼儿选择符合幼儿演唱音域要求的歌曲，同时注意掌握幼儿连续唱歌的时间。一般情况下，小班幼儿连续唱歌时间不要超过6~7分钟，中、大班幼儿连续唱歌时间不要超过10~15分钟。

4. 韵律游戏

在音乐或歌曲伴奏下，随着节奏做出相应的动作或表演舞蹈。韵律游戏中的动作分为基本动作、模仿动作和舞蹈动作。基本动作即走、跑、点头、摇头、弯腰等。模仿动作即表现一些固定事物或动物的运动动作，如鸟飞、乌龟爬、刮风、下雨等。舞蹈动作是指一些基本舞步、基本手臂动作，如各种走步、碎步、踮步、跑跳步、交替步等。

（三）音乐游戏的创编原则

1. 音乐性与游戏性的统一

音乐游戏的内容应该夸张富有童趣、音乐材料应附有节奏、旋律优美、音乐形象鲜明，让幼儿能随着音乐的变化表现游戏情节。例如，"熊和小孩"游戏中，当熊来的时候的动作表情和刚开始时期的音乐和动作表情要有非常明显的差异。

2. 注重幼儿的参与和创造

音乐游戏重在参与和创造，让每个幼儿加入音乐的行列中，尊重每个幼儿对音乐的感受和表达，不要对孩子的动作指手画脚，而要多多理解和尊重。

3. 动静交替原则

幼儿年龄特征决定了幼儿注意时间不长，兴趣容易转移，因此，音乐游戏的设计必须遵循游戏材料多变化和活动动静交替的原则。

4. 重复、变化原则

同一个音乐游戏，可以有一定的重复，同时又要通过增加新鲜感的变化来不断吸引幼儿的投入。这样的重复和变化能够让幼儿对游戏既熟悉又新鲜。

（四）音乐游戏的创编要点

1. 挑选合适的音乐，创设音乐情境

教师根据幼儿的兴趣，选择儿童熟悉或喜爱的音乐素材，营造音乐的意境，同时可以配置与音乐形象、情节相关的道具和背景。

2. 启发幼儿感受音乐旋律及音乐形象的特点，设计游戏动作和角色

音乐的内容和旋律只有通过体验和感受，才能更准确地去表达自己对音乐的理解。所以教师要启发幼儿用动作或角色扮演来内化音乐的情感。例如：《熊和小孩》的音乐，听过前一部分之后，老师可以设置问题，"这段音乐让你想到什么""你的感受是什么""如果可以用动作来展示的话，你打算怎么做？""如果让你扮演一个小动物的话，这个音乐让你想到了哪个动物？"以此鼓励孩子勇敢地去表现自己对音乐的理解，设计游戏动作和角色。

3. 根据音乐大胆想象，加入游戏情节和竞赛性因素

鼓励幼儿大胆想象，选取一些动物角色和趣味性动作，与音乐的节奏和旋律进行搭配，尝试大胆表现。例如，在《七步进阶》音乐中，有的老师设计了小鱼游、渔夫捕鱼的场景和角色，随着音乐的旋律和节奏的变化，加入小鱼游走、渔夫抓、小鱼躲闪等环节，让游戏情节和音乐的节奏和旋律融为一体。

4. 根据音乐要素，制定游戏规则

音乐游戏必须以音乐为蓝本，不能脱离音乐自身的旋律和情感元素。教师可以综合音乐的特点与要求，以某些音符和节奏作为动作信号，对游戏角色的行为动作做出规定，形成游戏方案。例如，在《七步进阶》音乐中，只有在听到最后一声"叮"的时候才可以做出抓或捕捉的动作，否则就算犯规。

范例 6-4

一、律动游戏

游戏目的：

1. 培养儿童律动的能力。
2. 提高儿童听觉和动作的协调性。
3. 发展儿童的反应和表达能力。

游戏准备：《清洁歌》的歌词。

游戏玩法：

1. 教师请儿童散开，做有秩序的排列状（形状不拘，自由站好，彼此间保持适中的距离即可）。教师说明活动进行的方式：老师要教各位同学唱一首《清洁歌》，一边唱，一边引导儿童用手打拍子。歌词如下（曲子可配合儿童熟悉、易学的曲调）：

这是一个美好的早晨，

我要刷刷我的牙齿，刷刷我的牙齿。

这是一个美好的早晨，

我要擦擦我的地板，擦擦我的地板。

这是一个美好的早晨，

我要抹抹我的桌子，抹抹我的桌子。

2. 教师要儿童配合歌词做动作。如上面的歌词所示，当唱到"刷刷我的牙齿，擦擦我的地板，抹抹我的桌子"时，即请儿童配合做类似或较夸张的动作和表情，让儿童舞动出来。

注意：（1）歌词可做适当的修改。

（2）本活动可在室内或室外的活动场所进行。

二、听力游戏

游戏名称： 钢琴宝宝

游戏准备： 儿歌《小星星》的简谱；123456六个音符的头饰。

游戏规则： 幼儿在听到相应音符时，在唱音符的同时必须边拍掌边蹲起。

游戏玩法：

由6个小朋友演123456各个音符；教师演钢琴家，并弹奏《小星星》乐谱；当教师弹到1时，演1的小朋友就唱1，同时拍手并蹲起一次；弹到23456时，也进行以上动作；开始演奏小星星，演奏结束，换另一组幼儿参与游戏。

小星星

1 1 5 5 |6 6 5 - |4 4 3 3 |
2 2 1 - |5 5 4 4 |3 3 2 - |
5 5 4 4 |3 3 2 - |1 3 5 - |
6 1̇ 5 - |4 4 3 3 |2 2 1 - ||

游戏名称：洒水车

游戏准备：《洒水车》音乐。

游戏目的：

1. 锻炼幼儿的反应速度。
2. 锻炼幼儿的听力。

游戏玩法：

幼儿扮演路人，教师扮演洒水车，路人要穿过有洒水车的马路，到公园去玩耍，音乐前半部分两者做一样的动作，当音乐到洒水车洒水时，洒水车洒水，路人躲避洒水车穿过马路（当洒水车向高高的远处洒水时，路人要蹲下来变成小矮人通过；向低处洒水时，路人要跳起来通过；当洒水车向四周洒水时，路人要立马摆一个造型定住）。

游戏结果：

没有反应过来的小朋友被淘汰，坚持到最后的小朋友大家一起给他鼓励："×××，你真棒！"

【幼儿园教师资格证考试·考点预测】

1. 下列属于体育游戏的是（ ）。
   A. 抢椅子　　　　B. 下棋　　　　C. 猜谜语　　　　D. 切西瓜

答案解析：选D。A属于音乐游戏，BC属于智力游戏，D是一个经典的体育游戏，锻炼儿童追、跑的躲闪能力和反应能力等。

2. 下列属于音乐游戏的是（ ）。
   A. 抢椅子　　　　B. 老鹰捉小鸡　　　　C. 猜谜语　　　　D. 切西瓜

答案解析：选A。音乐游戏是指幼儿在音乐伴奏或歌曲伴唱下进行的游戏，这四个游戏中只有A用到了音乐。

本章要点

1. 规则游戏指至少由两个人参与的，按照一定的规则进行的，多半是由成人编制的一种游戏活动，是儿童游戏发展的高级形式。
2. 规则游戏的特点：规则性、竞争性、文化传承性。
3. 规则游戏的分类：智力游戏、体育游戏、音乐游戏等。
4. 规则游戏一般是由四个部分构成：游戏的目的、玩法、规则和结果。四个部分相互联系，相互作用，缺少任何一个部分都不能形成完整的规则游戏。
5. 规则游戏的教育作用：智能、身体动作的发展，社会性的发展，幼儿的学习兴趣和求知欲的发展。
6. 规则游戏的组织与指导内容：做好游戏的准备工作、规则游戏过程中的指导、做好游戏结束工作。
7. 各年龄班规则游戏的组织与指导。
8. 智力游戏的特点、类型、创编的原则和要点。
9. 体育游戏的特点、创编的主要内容、原则和要点。
10. 音乐游戏的特点、类型、创编的原则和要点。

关键术语

规则游戏　文化传承性　竞争性　规则性　节奏游戏　韵律游戏

思考题

1. 结合一个游戏案例说明规则游戏的构成因素都包括什么？
2. 规则游戏的教育作用是什么？
3. 规则游戏的指导原则是什么？
4. 小、中、大班规则游戏的特点及指导要求分别是什么？
5. 根据体育游戏的编制原则，编织一个与跑有关的体育游戏。

案例讨论

大班幼儿在玩游戏"三个字的小鸡"，狐狸抓鸡，在追赶过程中，只要小鸡任意说出三个字即可站住，狐狸不能抓。游戏中，孩子们你追我赶很是兴奋，但是不能很好地说出三个字，跑得十分疲累。见此情况，老师把小朋友们集中在一起，告诉他们，只要小鸡能用三个字说出一种喜爱的食物，如"红苹果""小虫子""小虾米"等即可。游戏重新开始，孩子们不仅热烈追赶，也能在必要时准确说出三个字。请问从这个案例中你得到什么启示？

☆ 建议的活动

活动一：智力游戏方案的创编

【目标】
1. 掌握智力游戏创编的基本步骤。
2. 发展根据儿童不同需要创编不同的智力游戏方案的能力。

【内容和要求】
1. 分组实践，5~6人一组，设计一个发展儿童创造力的游戏方案。
2. 根据儿童特点，用剪贴、手绘或废旧材料制作相关教具。
3. 培养学生动手、动脑，多种形式设计游戏的能力。
4. 师生共同讲评学生作品。

活动二：体育游戏方案的创编

【目标】
1. 掌握体育游戏创编的基本方法。
2. 发展根据儿童不同特点和发展动作的要求创编体育游戏方案的能力。

【内容和要求】
1. 创编或改编一个发展跑的动作能力的体育游戏。
2. 创编一个以跳跃动作为主的带儿歌的体育游戏。

活动三：音乐游戏方案的创编

【目标】
1. 掌握音乐游戏创编的基本步骤。
2. 发展根据儿童不同需要创编不同的音乐游戏方案的能力。

【内容和要求】
以小组为单位，为大班孩子设计一个"熊和小孩"的音乐游戏。

第七章 学前儿童游戏的观察与评价

知识目标

① 了解游戏观察的意义，掌握游戏观察的分类和实施要点。

② 认知游戏评价的概念和意义，熟悉游戏评价的内容。

能力目标

① 掌握游戏计划制订的方法，能够根据需要制订相应的游戏观察计划。

② 能够根据实际需要选择和运用各类游戏观察、记录的方法，并进行有效观察和记录。

③ 能够运用游戏评价的技巧和方法，对教育实践中的各类游戏进行全面、合理的评价。

情感目标

① 认同游戏观察和评价的意义，愿意认真观察和记录幼儿的游戏，养成端正认真的专业态度和严谨的科学精神。

② 喜欢观察和记录幼儿，深入探究幼儿游戏行为背后的需求，树立正确的儿童观、发展观，能够尊重幼儿的个体差异，乐于为幼儿的成长付出耐心、细心和责任心。

导入案例

案例一：琪琪是班里新入园的孩子，妈妈很担心琪琪的交往问题，每次去幼儿园接琪琪都会询问琪琪的状况。老师决定专门针对琪琪做两周的游戏追踪观察。

案例二：班级里新开放了几个区角：理发店，冷饮店和超市。这几个区角能不能受到孩子们的欢迎呢？需不需要对材料做些调整呢？老师们很不安，决定这几天对这几个区域做个区域观察。

案例三：幼儿园中班建构区，男孩甲在用软塑料块搭"大高楼"，男孩乙在他旁边玩飞机。每当甲搭好了"大高楼"，乙的"飞机"就开过来，撞到了甲的"大高楼"。老师看到这种情况，并没有进行干预，而是继续做游戏观察，她想看一下男孩甲的反应再做决定。

实施教育，观察先行。在上述三个案例中可以发现，幼儿园的老师们在对很多现象和问题做出判断和评估之前，都要先进行游戏观察。显然，观察是进行游戏指导和评价的前提。但是如何进行观察，观察什么，这又是困惑很多幼儿园教师的问题。本章将重点介绍游戏的观察、记录、分析和评价技能，相信将有助于幼儿教师专业技能的提高。

第一节 学前儿童游戏的观察

游戏观察是教育者在自然、真实的游戏情境中对幼儿的行为表现进行感知、记录、分析的过程。游戏情境的自然性、真实性能为观察结果的客观性、科学性提供保证。游戏观察和通过观察所获得的丰富、翔实、客观的信息材料能在幼儿教育中产生多方面的教育意义，所以幼儿教师应掌握观察的方法和技巧。

一、游戏观察的意义

（一）真实地了解幼儿

游戏是幼儿的主导活动，是幼儿最喜欢的活动形式，由于成人的指导、干涉相对较少，在游戏中幼儿可以自由地活动、交往，身心处在极为自然、放松的状态，此时幼儿的外显行为是其身心状况的"真实写照"。幼儿的兴趣和需要、幼儿的认知特点和社会性水平，以及其个性和能力都在游戏中通过游戏内容、游戏材料、游戏情节、游戏中问题的解决展现出来。所以游戏就像是一面透视镜，只要教师善于观察，就能深入了解到每个幼儿的特点和状态，并以此为依据有的放矢地对幼儿进行指导，促进幼儿的发展。

（二）有效地指导游戏

幼儿是游戏的主体，一般而言，游戏的主题、玩法等应由幼儿自行商定。但由于知识、经验、规则意识、交往能力等方面发展水平的限制，幼儿的游戏又常常需要教师的指导。通常情况下，教师的指导是保证幼儿游戏正常进行的必要外部条件。在游戏的过程中，教师的指导一般表现为：创造一定的游戏条件，如时间、空间、玩具材料、生活经验的准备等；在幼儿商定游戏规则、分配角色时给予必要的建议；在幼儿出现矛盾、游戏出现暂停时给予必要的调节等。而以上所有的"指导"赖以实施并取得实效的前提是教师对幼儿游戏的认真观察，以及在此基础上对幼儿参与游戏各方面情况的全面把握。因此，观察是教师有效指导幼儿游戏的前提。

（三）及时有效地评价游戏

游戏评价的主要内容来自幼儿在游戏中的真实表现，来自幼儿游戏中发生的客观事实，而真实表现和客观事实的获得必须依靠观察。因此，通过游戏观察所获得的有关幼儿游戏的信息，便构成了评价游戏的客观依据。只有通过观察幼儿的游戏，才能准确把握游戏中存在的问题，进而找出解决问题的有效办法；同时，只有建立在游戏事实基础上的评价，才是客观的、有效的、及时的评价；也只有这样，才能避免教师凭主观意愿进行不切实际的空洞说教。

（四）更好地改进游戏活动

新颖性、童真性、趣味性是游戏的生命。追求游戏的不断改进与创新，充分发挥游戏的娱乐和教育功能是教师的职责之一。为此，幼儿教师必须全身心地参与到幼儿的游戏中去，认真地观察幼儿游戏，全面、真实地把握游戏中出现的各种问题，并在认真分析的基础上发现引发问题的原因，找到解决问题的有效策略，这样才能实现对游戏内容、规则的不断改进和完善，使游戏常玩常新。

二、游戏观察的分类

关于观察法的类型，根据不同的划分角度可以有不同的分类：根据是否借助仪器可分为直接观察与间接观察；根据观察参与方式可分为参与观察与非参与观察；根据观察内容是否有统一设计的、有一定结构的观察要求，可分为结构式观察与非结构式观察；根据对观察对象及其行为表现的取样方式，可分为时间取样观察和事件取样观察。

（一）直接观察法与间接观察法

直接观察是指直接通过感官进行观察。如研究者直接面对幼儿，有直观、生动、具体，能避免其他中介环节引起的差错等优点。但是，直接观察也有很大的局限性：①研究者的感官只能接受一定范围的信息；②研究者的感官灵敏度有限；③由于人的注意力和记忆力有限，不可能同时注意到同时发生的许多行为和事件，也难以及时地将其精确记录下来，更不可能将其全部清晰地记忆和保持在头脑中；④由于观察者在场，可能会引起观察对象的行为变化，使其行为表现有别于平常。

间接观察是指借助仪器进行观察，如通过摄影、录音等方式进行的观察。观察仪器能把人的感官难以观察的对象变为可观察的对象。但间接观察法也有其不足的一面，如需要专门的仪器，经费开支较大，仪器的使用可能影响幼儿的正常状态等。

（二）参与观察与非参与观察

参与观察是观察者置身于被观察的群体中，作为其中一员参加活动，从内部进行观察。根据参与观察的程度不同，又可将参与观察分为完全参与观察与不完全参与观察。完全参与观察指观察者完全参与到被观察的群体之中，作为其中一个成员进行活动，并在这个群体正常活动中进行观察，如教师在幼儿游戏中扮演角色。不完全参与观察指观察者部分地参与到被观察者的群体中。

非参与观察就是观察者不参加被观察者的群体，以旁观者、局外人的身份进行观察。如教师在幼儿游戏区域之外对幼儿进行观察。

（三）结构式观察与非结构式观察

结构式观察是事先设计好观察内容和项目，制定出观察表格，在实际观察中严格按照设计要求进行观察和记录。这种方法能获取大量、翔实的材料，并可对观察资料进行定量和对比分析，但缺乏灵活性，比较费时。

非结构观察是只有总的观察目的和要求，一个大致的观察内容和范围，没有翔实的观察计划和提纲，因而可以在实际的观察活动中根据当时的具体情况进行有选择性的观察。这种方法适用性强，简便易行。但是观察材料比较零散，不便进行定量分析和严格的对比研究。

（四）时间取样观察与事件取样观察

时间取样观察是在选定的时间内对观察对象的各种行为表现和现象做观察和记录。如教师对幼儿在自由游戏时间内游戏的情况进行观察。

事件取样观察是对预先确定的行为或现象进行观察和记录，包括记录其起因、结果和持续时间等。如教师对幼儿在游戏过程中出现的交往行为进行观察记录。时间取样观察的重点是在一定时间内事件的有无或多少，事件取样的重点是事件发生的过程和规律。

将上述观察类型加以组合，可以产生多种类型的观察方式，而并非各自独立的。在观察中采用何种类型的方法，要依据观察目的而定，可以交叉使用。

三、游戏观察的实施

游戏观察的实施涉及游戏观察计划的制订、游戏观察方法的选择等多方面工作，这些工作的质量既影响游戏观察过程的规范性和效率，又制约游戏观察结果的科学性和可靠性，需要引起高度重视。

（一）游戏观察计划的制订

游戏观察计划是教师根据需要对游戏观察目的、内容、过程、记录方式等做出的预先设计与安排。对于保证游戏观察的条理性、规范性，提高游戏观察的效率有非常重要的作用。游戏观察计划的制订主要包括确定游戏观察的目的、选择游戏观察对象、明确游戏观察内容、记录方式的设计与选用、确定游戏观察时间等工作。

1. 确定游戏观察的目的

游戏观察的目的可以是单一的也可以是多重的，不外乎两个目的：一是为了更好地了解幼儿的真实状态和个别情况；二是为了更好地预设、指导、改进和评价游戏。不管是出于哪个目的，都需要教师对游戏观察对象进行筛选。

2. 选择游戏观察对象

选择游戏观察对象需要根据游戏观察的目的来确定。通常情况下，由于感官范围和能力的限制，观察者难以在同一时间内把握大量的对象，而只能有选择地把其中的一部分置于感知的中心，从而获得对观察对象较为清晰、全面、深刻的印象；否则，观察对象过多，易使观察者目不暇接、手忙脚乱，造成重要信息遗漏。在游戏观察过程中，观察者可以每次选择2～3名幼儿作为观察对象。重点观察那些典型的、有代表性的、对游戏进程和效果有显著影响作用的幼儿。

3. 明确游戏观察的内容

观察内容是观察计划的重要组成部分。由于游戏的基本要素可以概括为"人"和"物"两个方面，所以游戏观察的主要内容包括游戏环境、材料、角色与游戏主题、情节之间的关系等，这些"关系"是游戏观察的重点。

（1）游戏场地和游戏的关系。游戏场地安排是否合理，有时候事先很难考虑周到，因此游戏观察时可以看一下有无浪费的地方或过于拥挤的区域；区域间的邻近安排是否合理，如互补区域间的临近、安静区和喧闹区的远离等；游戏场地间是否有通道，场地间的路线、标注、边界是否清晰合理等。

例如，几个男孩在积木搭成的高速公路上玩开车游戏。由于地方太挤，公路上的桥总是被碰倒。终于在几次碰倒一重搭的重复之后，明明说："我们不玩了，老是重搭，没意思。"……

由此可见，狭窄的空间会制约幼儿游戏的发展，教师应开辟更大的空间让幼儿游戏。

（2）材料投放和幼儿游戏的关系。游戏材料的数量是否满足幼儿的需要，有无争抢游戏材料的现象发生；游戏材料是否符合幼儿年龄层次的需要，有无过难或过易的、幼儿不问津的；游戏材料是否安全卫生；辅助性材料的运用及效果如何等。

例如，在手工坊里，教师给孩子提供了各种纸盒、固体胶、胶卷盒等废旧材料。第一次活动时有幼儿顺利地粘贴了一辆大卡车；第二次活动时，有几个幼儿创造性地粘贴了吊车，但长长的牙膏盒（当作吊车的起重臂）总是和车身粘不牢，幼儿很灰心。他们觉得很奇怪，为什么第一次活动时能粘住而第二次就不行呢？教师通过对材料的分析，发现牙膏盒作大卡车车顶时，中心点刚好是粘贴点；作起重臂时粘贴点在盒子的一头，所以固体胶的黏性就不够强了。教师给幼儿拿了双面胶，为幼儿适应游戏、掌握新的能力提供了必要的保证。

（3）游戏中的幼儿行为和游戏水平。包括幼儿对游戏的专注程度如何，是坚持一项游戏，还是不能坚持甚至变换频繁；幼儿游戏的兴趣和偏好如何；幼儿游戏的目的性、主动积极性如何，是主动积极参加游戏，并想办法出主意，还是在别人的带领下进行游戏甚至不参加游戏。幼儿游戏中的社会交往水平如何，是主动还是被动或是无交往，幼儿处于何种交往合作水平；幼儿在游戏中的组织能力如何；幼儿能否遵守游戏规则，爱护玩具，收拾并整理玩具；等等。

（4）游戏的主题。游戏中有哪些主题，这些主题的情节内容的进展情况是怎样的，是否有新主题生成，新主题是怎样产生和发展的。

4. 记录方式的设计与选用

由于感知和记忆能力的限制，观察者很难把大量转瞬即逝的有价值的信息直接储存在脑中，这就要求运用更为快捷、高效的方式记录观察过程中出现的有价值的信息。为此可以通过录音、录像，或根据观察目的、内容和项目设计一些表格，有选择地进行记录。总之，观察记录的记录方式会受到观察目的、内容、观察者自身素质和物质条件的制约，并与所选用的观察方法紧密联系。

5. 确定游戏观察时间

确定每次游戏的观察时间跨度和总观察时长。例如，某老师"观察幼儿在角色游戏中角色选择的倾向"，连续两周（周一至周五），每天观察30分钟，总观察时长就是300分钟，重复次数10次。观察时确定好每次的观察时长，可以在分析结果时作为背景信息考虑。

（二）游戏观察的方法

1. 扫描观察法

扫描观察法也称时段定人法。这是观察者对班级全体幼儿平均分配时间，在相等的时间段里对观察对象依次轮流进行观察。该方法适合用于粗线条地了解全班幼儿的游戏情况，如掌握游戏开展了哪些主题，幼儿选择了哪些主题，扮演了什么角色，使用了哪些游戏材料等一般行为特点。扫描观察法一般在游戏开始和结束的时候运用较多。

游戏观察流程:

(1)观察者应根据需要预先设计好观察表格,表格可以根据所要观察的内容而设计。

(2)确定观察对象和顺序。

(3)实施观察活动,以5分钟或10分钟为时间单位,对观察对象进行有序观察,用统一的方式进行记录。观察者可直接将观察到的内容在表格里做记号。

(4)分析观察记录。

例如,教师要了解幼儿对不同主题游戏的喜欢程度,可事先设计一个观察记录表格(表7-1),然后班级教师轮流观察各主题游戏,每次5分钟左右,对游戏过程中幼儿的参与情况加以标记(可以画"正"字),以了解幼儿在游戏中的坚持性和对游戏主题的稳定性。

表 7-1　游戏观察记录表

姓名	主题				
	娃娃家	开商店	医院	理发店	……
幼儿1					
幼儿2					
幼儿3					

2. 定点观察法

定点观察法也称定点不定人法,即观察者固定在游戏中的某一区域进行观察、记录所有进入该区域的幼儿表现的一种方法。适合用于了解某主题或区域幼儿的游戏情况,了解幼儿在游戏中的兴趣点、使用材料情况、交往情况以及游戏情节的发展等动态信息,便于教师较为系统地了解游戏过程的种种变化、某一事件的前因后果,避免指导的盲目性。定点观察法一般在游戏过程中使用。

游戏观察流程:

(1)游戏开始,观察者固定到需观察的区域,只要来此区域的幼儿都可以作为观察对象。

(2)观察幼儿的游戏行为、语言、表情,如幼儿说了什么、做了什么、有什么动作表情、对活动的兴趣怎么样、专注程度如何、如何交往等。

(3)观察者可以在游戏过程中,边指导幼儿游戏,边做现场观察。

(4)观察记录用实况描述或事件抽样的方法记录。如果当时无暇记录,或是来不及详尽描述,可以在事后凭记忆将观察到的情况追记下来,并加以整理完善。

> **案例 7-1**
>
> **定点观察：经营不善的餐厅**
>
> 　　餐厅游戏开始了，此时却只有一男一女两名幼儿，一个是老板娘，一个是厨师。餐厅的生意冷冷清清的，只有老板娘在不停地擦桌子，还时不时地朝娃娃家观望，一副无所事事的样子。教师走到餐厅，男孩对老师说："老师，我们的餐厅已经好几天没有顾客来了。"教师听完后到理发店理发，并邀请那里的顾客和她一起去吃饭，大家都很乐意前往。对老师带来的顾客，老板娘很是高兴，要厨师快做饭。见此情形教师退出了游戏，但是不久后顾客们都跑了出来，老板娘一脸无可奈何的样子。教师见状询问道："为什么他们走了？"她回答："我也不知道，好像他们都很忙，这是他们给我的理发优惠券。"厨师见状说："要不我们也搞点优惠活动吧。"于是，教师建议他们可以到外面，搞点促销活动招揽顾客。
>
> 　　教师分析：
>
> 　　（1）该游戏区域的游戏状况开展不尽如人意，生意清淡，并且这样的状况已有数日，该主题需要老师的指导和帮助。教师在此游戏中的指导是有必要的，但是方式缺乏启发性，使得该区域的幼儿被动接受帮助，而非自己想办法解决。
>
> 　　（2）该区域的游戏材料不够丰富，并且幼儿对它们已经失去了兴趣，缺乏刺激性，使幼儿游戏缺乏积极性，不知道怎样使游戏进行下去。教师可提供一些半成品或是在游戏中可用来代替的材料、道具等，放在柜子中供幼儿自由选择，同时也可启发幼儿发挥想象，使角色游戏更生动、有趣，符合幼儿的兴趣。
>
> 　　（3）该游戏主题有待教师进一步观察，找出问题所在，通过环境创设、建构讨论等方式来使该主题游戏有良好的发展。
>
> 　　（4）面对餐厅没有生意的情况，游戏中的男孩还无法独立解决问题，但他有想要解决问题的意识。通过教师适当引导与提示，他能够想出办法来解决问题，利用优惠券来促销。游戏中的女孩，游戏的投入程度不够，缺乏兴趣，处于被动状态，缺乏自己解决问题的主动性和积极性。

3. 追踪观察法

追踪观察法也称定人不定点法，指观察者根据需要事先确定1~2名幼儿作为观察对象，观察他们在游戏活动中的行为表现，固定人而不固定地点。适合用于观察者了解个别幼儿更全面、翔实的信息，从而为确定其游戏发展水平、加强个别指导提供依据。教师可以自始至终地进行观察，也可以就某一时段或某一情节进行观察。

游戏观察流程：

（1）在幼儿自由游戏情境中观察幼儿真实的全游戏状态。

（2）幼儿走到哪，教师就观察到哪。

（3）可以用图示将观察路径记录下来，然后用实况描述的方式将幼儿游戏全过程的活动情况记录下来，可以通过现场记录和事后回忆的方法进行。记录时可适当加入观察者的评述、分析和对策。

案例 7-2

定人观察

观察对象：刘明康，男，3周岁

当老师宣布小朋友可以去选择自己想玩的游戏后，他搬起小椅子加入"娃娃家"游戏中。这是刘明康上幼儿园以来第一次主动选择、参与游戏。他正投入地在"娃娃家"摆弄各种餐具，这时又来了一男一女两名幼儿，过来和他一起摆弄餐具，然后他们开始共同烧菜、做饭。饭烧好后，女孩主动给刘明康端饭。他假装吃了两口，就把餐具放在桌上，去"超市"买东西。在超市里他走来走去，不时摆弄各种商品，拿了又放下，大约停留了5分钟，结果什么也没有买，又跑到图书角，拿了一本书，一直看到游戏结束。

教师分析：

（1）该幼儿能够主动选择和参与游戏，表明其已经开始接纳幼儿园的自主活动，开始适应幼儿园的一日活动。

（2）虽然仍以独自游戏和平行游戏为主，但与其他小朋友有交集时，懂得合作和配合，符合这个年龄段幼儿的特点。

（3）角色游戏能力和角色意识还有待教师的引导。

【幼儿园教师资格证考试·考点预测】

游戏观察方法

教育者在自然、真实的游戏情境中对幼儿的行为表现进行感知、记录、分析的方法称作（　　）。

A. 测验法　　　B. 观察法　　　C. 记录法　　　D. 调查法

答案解析：选B。观察法是对幼儿在自然状态下的行为表现进行记录和分析的方法，是学前教育研究中比较常用的方法。

第二节　学前儿童游戏观察的记录与分析

进行游戏观察时，为了及时捕捉幼儿游戏时的情形，方便事后的分析和数据采集，我们需要运用一些方法进行记录，不同的观察内容和方法采用的记录方式是不同的，使用时要根据具体情况进行有效选择。

一、游戏观察的记录方法

（一）表格记录法

表格记录法就是把观察的内容分门别类地设计成表格的形式，教师一边观察幼儿的游戏行为，一边在提前准备好的相应的栏目内做出行为出现与否或水平差异的判断的一种记录方法。用扫描观察所获得的结果一般用表格形式记录。表格记录法一般有两种形式，一种是行为核对表，另一种是等级量表。两种表格简便易行，且可以重复使用，便于前后比较，看起来更加方便、直观。

1. 行为核对表

行为核对表（表7-2）主要用来核实幼儿在游戏中重要行为的呈现与否，观察者需预先将准备观察的项目列出，当出现该项目时，就在该项目上用符号标示。运用行为核对表进行游戏观察会比较系统，记录信息更加快捷。

表7-2　学前儿童游戏行为核对表

游戏名称				
班级		观察时间		记录者
项目	愉悦的情绪	有假想活动	自觉遵守游戏规则	乐于同伴合作	创造性地使用材料
幼儿1					
幼儿2					
幼儿3					
幼儿4					

2. 等级量表

等级量表可用于评价那些难以量化的游戏行为及其品质。豪威斯的同伴游戏观察量表（表7-3）就是典型的等级量表，把游戏分成从水平0到水平5六种水平，另外4项也对观察儿童游戏有重要帮助，综合在表格各项中的表现，了解儿童的游戏情况，有助于老师了解儿童，采取更适合儿童的指导方法。

表 7-3　豪威斯的同伴游戏观察量表

次数 种类	水平（0）	水平（1）	水平（2）	水平（3）	水平（4）	水平（5）	非游戏活动	非游戏行为	教师参与	地点或使用材料
1										
2										
……										

与行为核对表相比，等级量表的不足在于需要通过制定等级来进行评价，这会降低资料的可靠性，也易出错。观察者更容易基于最近的行为而不是那些最具代表性的行为做出判断，同时也容易受其他因素的干扰。教师在使用时可能出现对熟悉的人的评价高于他们应得的等级倾向，受已有印象的影响而有失客观。即使同一张表格，不同的使用者因评价标准不统一，其所获结果也会有明显差距。

表格记录法的使用建议：

（1）观察者应事先设计好观察表格，使用过程中出现表格未涉及的内容，及时采用文字的方式简要记录，予以补充。

（2）观察者应熟悉表格中各项操作定义、统一标准，尽量控制影响客观记录的各种因素。

（二）实况记录法

实况记录法是用语言文字真实记录幼儿游戏或游戏中发生的情况及事件。在追踪观察和定点观察中运用较多，可以在游戏进行中直接记录，也可以在游戏结束后通过回忆描述游戏过程中发生的事件。这样做的不足之处就是有可能遗漏游戏中的重要信息。

实况记录法的使用建议：

（1）记录内容应包括以下信息：幼儿的姓名、性别，记录的日期、游戏背景，以及对事件的客观描述和观察的结果等。焦点应放在对游戏中所见所闻的描述上。

（2）观察者应详尽记录幼儿所说的话，最好保留原始对话。特别要详尽记录幼儿是怎样做的，怎样操作材料，怎样与人交往，游戏意图如何等。对幼儿行为发生的场景，周围的人和事物等因素也不能忽略。例如，同是一项争执的行为，有的是由于幼儿之间为抢占玩具而发生的争执，有的则是争论游戏的情节进展。如果仅凭借简单的勾画，不能提供反映实质性内容的信息，无助于教师对幼儿行为性质特点的掌握，也无法提出有针对性的教育措施。

（3）观察者应注重按幼儿行为或生活发生的自然进程记录，保留游戏情节发展的顺序。记录应客观而准确，如实地详尽地进行表述，不能以主观的判断代替幼儿具体的行为。

（4）采用线索提示的方法，能够让观察者更有目的、更有效地进行记录。

（5）在实况详录法的实施过程中，观察者的任务就是尽可能对行为进行详细客观的描述，不做主观推断和分析。在连续记录过程中，要注意不要将描述与解释、评价混为一谈。一般来说，先尽可能客观地进行观察记录，描述事实；记录完毕，再对描述的事实进行解释和评价，两者必须严格区分。

实况详录法的优点是能提供详尽的行为事件及其发生的环境背景等资料（实录下来的资料系统、完整并可做长久保留）。不足之处在于该记录方法对记录的技术要求较高；用人工记录比较困难；记录和整理资料费时较多。

案例 7-3

学前儿童游戏活动记录

观察内容线索提示	观察记录
例： 1. 幼儿在游戏中对什么主题比较感兴趣？ 2. 激发幼儿兴趣的因素是什么？ 3. 幼儿在游戏中如何使用材料？ 4. 幼儿是如何解决游戏过程中出现的问题的？ 5. 幼儿之间是如何互动的？是否有利于其经验和能力的提高？ 6. 幼儿在游戏中出现的新经验是否有再利用的价值？	今天"乐乐体检中心"中的3名医生各自坚守岗位，但许久不见有人上门来体检。这时，毛毛脱下白大褂，到银行领钱后去超市购买了许多"彩虹糖"，然后回到体检中心，穿起白大褂，并大声跟瑞瑞说："我出去上门体检了。"说着，就推着"医疗小车"出去了。 不一会儿，毛毛就来到"求知小学"，边推着小车边招呼里面的"老师"丁丁说："我给你们小朋友来验血了，验血后每人发一盒彩虹糖。"于是，丁丁马上招呼其他孩子排队"体检"。毛毛拿出验血的工具，先用棉花球为小朋友涂抹手指，再用小棒扎手指，紧接着用针管抽血，最后他大声说："棉花球放在手指上，1分钟。"就这样，他检查了两个小朋友。就在检查第三个小朋友时，另一个小医生瑞瑞跑过来，说："我们体检中心来病人了，需要验血。"没等毛毛回答，瑞瑞就不由分说地拿走了小推车上的"验血工具"。毛毛大声说："我们还要验血呢！"看见瑞瑞走了，毛毛无奈地说："那么，我们就发彩虹糖吧。"

（三）符号记录法

在观察记录中，文字记录由于记录速度慢，有时会使数据记录不全，而符号记录的主要优点在于快速、直观、系统性强，恰巧弥补了文字记录的不足。观察者可以用符号或图形方式来记录所观察的结果，且简单方便。例如，游戏场地的布局是否合理，用一个平面图或符号就可以直接把全貌描绘出来，如图7-1所示。

符号记录法的使用建议：

（1）观察者可以在游戏正式开始之前，运用此方法大致记录游戏环境，在游戏开始后再根据需要加以描绘和补充。

（2）在记录时，观察者要如实地按比例绘制平面图，真实地反映各个区域所在的方位，以及各区域在活动室中所占的空间大小。

（3）观察者可以根据需要，将活动室中的各个区域所使用的家具、分隔、边界等尽量描绘清楚，以便对游戏环境做出更客观、有效的分析评价，找出其中存在的问题，帮助教师合理地创设环境。

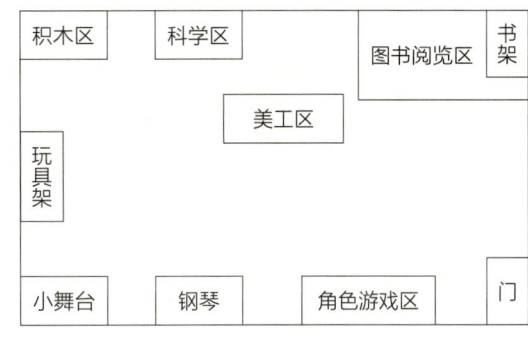

图7-1 某幼儿园游戏室平面图

（四）取样记录法

取样记录法的特点是对观察的行为或事件进行分类，把复杂的事件或行为转化为可以数量化或可限制的材料进行记录。例如，观察幼儿园角色游戏中教师的指导行为，可以把教师的指导行为分为语言指导、动作指导和表情指导等类型，这样就把笼统的指导行为转化为可限制的材料，从而能做出量化的观察记录。取样记录法又包括时间取样记录法和事件取样记录法两种。

1. 时间取样记录法

时间取样记录法是指观察者在特定的时间内观察和记录所发生的特定幼儿园的行为。这种方法把观察对象在每一时段中的行为表现或教育现象看作一个样本。它与实况记录法的不同之处在于不必详尽地记录、描述观察对象的行为表现，只需在预先确定的时间段里观察记录确定的行为发生与否、发生的次数，以及持续的时间。

时间取样记录法有两个限定条件：①所观察的行为必须是经常出现的，频率较高，每15分钟不低于1次的才适合运用该记录方法；②必须是外显的、容易被观察到的行为，并对行为进行分类，规定操作定义，在此基础上编码。操作性定义是指把需要观察或测定的行为或活动给予具体详细的说明、规定，确定一个行为或现象的测量与观察记录的客观指标，即观测指标。

时间取样法具体做法：

①确定观察的总时间。例如，持续观察2周。

②确定若干观察时段。例如，每天上午9：00—10：00，对每名幼儿观察5分钟。

③做出所要观察的行为或现象的操作性定义，制定观察编码表（表7-4），并熟记表格编码内容（表7-5）。

④实施观察，做好记录。

⑤整理观察资料，做出研究分析和结论。

表 7-4 观察编码表

时间	儿童代号	活动类型					
		无所事事	旁观行为	单独游戏	平行游戏	联合游戏	合作游戏

表 7-5 观察编码内容

码号	编码	操作定义
1	无所事事	儿童不参加游戏，而是注视着身边突然发生的使他感兴趣的事情，或摆弄自己的身体部位（如手指），或从椅子上爬上爬下，到处乱转，或是坐在一个地方东张西望，偶尔看看他人
2	旁观行为	儿童大部分时间是在看其他儿童玩，听他们谈话，或向他们提问题，但并没有表示要参加游戏。只是明确地观察、注视某几个儿童或群体的游戏，对所发生的一切都心中有数。旁观行为与无所事事不同之处在于旁观者会针对特定群体进行观察，而不是无目的地观看
3	单独游戏	儿童在游戏中自己玩自己的，单独地玩。即使有其他儿童在旁边，他们也是独自玩着自己的玩具，不理会他人
4	平行游戏	儿童坐在一起，玩着相同或相近的玩具，但是他们彼此之间没有真正意义上的互动，只是各自玩，而不是一起玩
5	联合游戏	儿童与其他孩子一起，分享玩具，相互追随，有控制别人的意图，但并不强烈，一起从事相似的活动，但无组织与分工，每个人做自己想做的事，不把兴趣放在小组活动上
6	合作游戏	儿童在为某种目的而组织起来的小组游戏，具有"我们"的概念，知道谁属于哪个组，有1~2个领头者左右着小组活动的方向，会要求角色分工，并相互帮助，支持这种分工角色执行

2. 事件取样记录法

事件取样记录法注重记录某些特定行为或事件的完整过程。观察前，应选择与规定所要观察行为或事件的类型，如游戏中的争吵、相互交往、依赖行为、攻击行为等；观察时观察者需等待所选行为、事件的出现，然后及时做记录。运用事件取样记录法，只需记录预先确定的行为表现情况或事件过程，通过样本的观察资料推断出这种行为或事件的一般情况。

达维（Helen C.Dawe）对学前儿童的200例争执事件的研究分析，是在自然情景中运用事件取样技术的早期经典研究，这项研究是在保育学校的自由游戏时间里对学前儿童自发发生的争执事件进行的观察记录（表7-6）。观察对象为40名2~5岁的幼儿，其中有19个女孩，21个男孩。

表 7-6 幼儿争执行为事件记录表

幼儿	年龄	性别	争执持续时间	发生背景	行为性质	行为细节	结果	影响

事件取样记录法的使用建议：

（1）观察前确定要研究的行为或时间，确定记录哪些事件的发生、发展过程，并确定所需记录的资料种类与记录形式，制定出相应的表格。

（2）观察时只要预定的行为或事件一出现，就要立即记录，并随着事件的发展持续记录。

（五）影像记录法

随着现代化科技手段的应用，用摄像机、数码相机等作为幼儿游戏观察记录的手段，将具有代表性、典型性的资料拍摄下来的方法越来越多地被人们应用。影像记录法的优势也很明显：①运用摄像设备比成人直接观察更能提供游戏行为的细节。例如，幼儿之间、师幼之间所发生的互动，游戏中幼儿及成人使用的体态语言等。②摄像记录可帮助教师提高观察技能。例如，利用视频的播放，教师可练习观察游戏情节并使用某一行为核对表对游戏加以编码，做实况记录或插图用以描述游戏，然后比较编码和描述之间的异同。这种方法可以极大地提高教师对于游戏观察的可信度和一致性。另外，教师也可以利用重温视频的机会，评价和改进他们参与幼儿游戏的技能。

影像记录法的使用建议：观察中可以将远距离拍摄与整体扫描配合，近距离拍摄与实况记录配合，使得观察更加客观。

二、游戏观察记录的分析

（一）从不同角度分析

关于游戏观察记录资料的分析可以从以下角度展开。

1. 从游戏活动的影响因素角度分析

（1）游戏空间安排。场地是否合理，有无空闲或拥挤。

（2）游戏时间。游戏时间是否符合儿童的身心特点，幼儿在游戏中的坚持性如何。

（3）游戏材料。游戏材料数量、种类是否符合儿童需要，有无替代物；是否有争抢玩具的现象发生；幼儿是在操作玩具材料还是在利用材料进行交往；幼儿对新材料的反应如何。

（4）游戏态度。幼儿在游戏中是否表现出娱乐体验。

（5）游戏主题。游戏主题有哪些？这些主题来自教师还是学生的创造？新主题是如何产生的？

2. 从儿童发展角度分析

（1）儿童社会交往状况：运用帕顿的游戏中儿童行为的社会性分类，判断儿童游戏行为是哪类游戏（如独自游戏、平行行为、联合游戏行为或合作行为）。如果是合作游戏，儿童在游戏中扮演的角色是什么？是小领袖还是服从者？在游戏中儿童是主动发起者还是被动加入者？在游戏中的交往技能如何？是否能积极表达自己的意愿和请求？遇到冲突会如何解决问题？

（2）儿童的语言发展状况：包括儿童在游戏中倾听、表达和语言习惯上的发展。例如，儿童是否注意倾听伙伴的语言，自我表达时是自言自语还是与更多同伴交流，语言表达是否连贯、清晰、有序、生动，说话时的眼神、动作如何等。

（3）儿童对规则的遵守情况：儿童有无规则意识？能否遵守游戏规则？

（4）儿童的学习品质：儿童表现出来的学习态度如何？他的好奇心、兴趣、想象力和创造力如何，在游戏中的坚持性、专注性如何，游戏中的计划性如何，遇到困难是否愿意尝试解决问题，解决问题的方式和方法是否有创意等。

（二）从结构性要素分析

从儿童发展角度的基础上，也可以结合幼儿不同类型的游戏特点，借助其结构性要素来分析，下面以常见的角色游戏和结构游戏为例。

1. 角色游戏分析视角

（1）游戏主题：是否有明确的主题，是否随意变换主题，幼儿是如何确定主题的，独立还是协商，幼儿能否按照自己的意愿自主地选择游戏主题，幼儿喜欢玩的主题有哪些，能否生成新的主题等。

（2）游戏角色：幼儿是否能够选择游戏角色，能否明确意识到自己的角色，能否表现角色行为，角色行为和意识的持续性如何，能否较逼真地模仿与扮演角色，能否创造性地表现角色的特征，有没有出现非角色行为等。

（3）游戏情节：幼儿所扮演的角色间的合作能否表现出游戏的主要情节，游戏情节丰富性如何，能否持续发展，游戏情节与幼儿生活经验的关系如何等。

（4）替代材料：有多少替代材料，程度如何，幼儿是如何进行材料的替代的，能否根据需要自制玩具等。

（5）角色语言：独白还是角色交际语言更多，同伴间语言交流情况等。

📖 案例 7-4

观察对象：方明，男，5周岁

当老师宣布小朋友可以去选择自己想玩的游戏后，小明跑到玩具柜那儿，伸手从台面上取下一顶帽子戴在自己的头上，并用双手握住帽檐在头上转动了几下。接着又走到放着一筐胶粒的玩具柜边，用几个胶粒拼搭成了一只手枪的形状物体，并插进了自己的裤子腰带间，用右手掌拍了拍。当他转身要离开的时候，老师问他："你今天玩的什么游戏？刚才插的那个东西是什么？"他很得意地回答老师："枪，我是警察。"回答完老师的提问，他就开始在场地上走来走去，眼睛还不停扫视着。过了一会儿，他走到了"饭店"的柜台前，没有和"服务员"说一句话，就自己动手拿起了土豆泥盒子，打开盖子，张开嘴假装吃了一口，又放了回去，接着又拿起另一盒，做了同样的动作。这样的动作他重复了5次，然后离开，随后他又开始在场地上走来走去，直至游戏结束。

教师分析：

（1）从这位幼儿的一系列游戏行为中可以看出，该幼儿能较合理地选择与自己游戏主题相关的游戏材料，并会主动找替代物代表游戏中的用品。

（2）游戏开始前该幼儿就已形成了玩某游戏的意图和动机，因此当游戏一开始，他就径直地选择了帽子、手枪等警察的标志物。

（3）游戏中该幼儿缺乏与他人合作、交往的行为，如当其到"饭店"时，那里有"服务员"站在柜台边，他却自己动手，没有与"服务员"交谈一句话，这时他的行为表现已完全不符合游戏中警察身份这一角色了。

2. 结构游戏分析视角

（1）建构主题：喜欢建构什么主题，建构的主题和幼儿已有经验的关系如何等。

（2）目的性：活动前是否有明确的目的，建构物与预先所确定的是否一致，能否根据主题有目的、有步骤地建构主题等。

（3）材料选择与运用：材料选择是随意的还是模仿他人，是否有材料的偏好，是否能够综合运用材料，对辅助材料的运用如何等。

（4）建构技能：在建构过程中使用的建构技能有哪些，是平铺、堆叠、垒高、拼插，还是延长、镶嵌、围合、加宽、加高、盖顶、对称、组合，建构技能上是否有关键性突破等。

（5）表征与想象能力：建构物的形象是否逼真，能否反映出事物的主要特征，建构物造型是否复杂，各部分对称、协调性如何，建构物的稳定性和色彩搭配情况如何等。

（6）经验获得：在游戏中是否有关于数学经验（量的比较、形体的感知、空间方位、模式等）的获得，在物理经验（不同材料的特性、重力、速度、惯性等）方面是否有新的发现等。

（7）学习品质：游戏中专注性与坚持性的体现有哪些，在游戏中能否认真且坚持，是否有创造性地表现，属于构思独特还是模仿他人等。

案例7-5

自主游戏活动时，大班建构区内的一群幼儿在自发地讨论建构的主题。爱看动画片的阳阳说："我们像奥特曼一样造一个基地怎么样？"菲菲说："我们搭机器人基地吧，把各种各样的机器人都请到我们的基地里来。""好！"这个提议得到了其他幼儿的一致认可。怎么搭"机器人基地"？孩子们又纷纷争论起来。菲菲说："机器人基地应该有发射中心。"阳阳说："机器人基地应该有控制中心。"讨论完，幼儿就迫不及待地着手构建，不一会儿，就建出了发射中心和控制中心。但是在搭建居住小区时，他们却发生了争执。阳阳坚持"机器人基地"没有居住小区，机器人都是住在控制中心里的。最后，菲菲在控制中心里又围了几个小区域，当成机器人的房间，边围边说："住在这里多方便呀！"

教师分析：

（1）游戏有明确的建构主题，主题源自孩子的日常经验。

（2）幼儿对游戏活动有兴趣，并有一定的计划性，能够积极协商，共同合作搭建。

（3）游戏中有语言交流，也有问题解决。菲菲在游戏中扮演了倡议者和决策者的角色。

（4）游戏中的问题解决并未获得大家的一致意见，还需要继续观察游戏中幼儿的合作情况。

第三节　学前儿童游戏的评价

案例7-6

幼儿园组织几个骨干老师们去参观了几所幼儿园的游戏活动，参观时，老师们兴致勃勃，又拍照，又询问，非常热情。回来之后，园长组织老师们就参观情况谈谈感受，老师们也谈得畅快，园长很高兴。最后，园长请几个老师回去将参观的内容根据儿童游戏内容、游戏环境、教师指导行为等方面做一个游戏评价，老师们却犯了难，不知道该怎么写。

这个案例讲述的就是游戏评价的问题。

游戏评价从本质上讲是指在观察的基础上对幼儿活动本身的质和量两方面进行价值判断。基于此，学前儿童游戏评价作为学前教育评价的一部分，是按照一定的教育目标和游戏观，运用科学的方法，对与幼儿游戏活动相关的物质环境、时间安排，游戏活动的过程、质量、效果等进行客观描述并做出价值判断的过程。客观、准确的游戏评价对保证游戏的教育性、趣味性，具有重要意义。因此，评价的技能，也是幼儿教师不可缺少的技能之一。

一、游戏评价的意义

（一）增强教师组织和指导游戏的目的性

游戏评价，涵盖了教师在游戏活动的组织和指导中对游戏的介入是否恰当，环境的创设是否符合要求，游戏的时间是否足够，游戏是否达到了预期的教育目标和效果的种种工作的考量，因此，其结果具有明显的导引和规范作用。通过游戏评价，教师能比较清晰、准确地意识到自己工作的重点和难点，明确游戏活动多方面的标准，从而增强日后组织、指导游戏的目的性、自觉性和计划性。

（二）有利于游戏活动的改进和完善

通过游戏评价，教师和幼儿能够更好地审视幼儿与游戏之间的关系：幼儿为什么喜欢这个游戏，而不喜欢那个游戏？那个游戏哪一点让幼儿不满？以此发现游戏本身的趣味性和教育性，弥补游戏的漏洞和不足，及时地补充新鲜的材料、增加必要的有趣的规则。总之，通过游戏评价，既能使教师和幼儿发现游戏的长处，使其得以保持、发扬，也能帮助师幼双方总结游戏中出现的问题，并通过对问题的分析、解决，使游戏逐渐得到改进、完善和创新。

（三）有利于幼儿个别教育工作的开展

游戏评价必然涉及对学前儿童游戏水平、游戏动机和游戏效果的评价。学前儿童通过游戏活动那些方面发生了预期的变化？幼儿在游戏中产生的困扰、冲突是什么原因，幼儿能否克服困扰顺利地把游戏开展下去？通过游戏评价，教师不仅可以了解全体幼儿游戏的一般水平和状况，更重要的是把握每一个幼儿在游戏中的特殊表现，特别是其中"问题"孩子的活动状况，从而为以后制订游戏计划、确定游戏指导策略，做好个别教育工作奠定基础。

二、评价的内容和标准

（一）对游戏教育作用的评价

评价游戏对学前儿童发展的教育作用是否得以实现，或学前儿童通过游戏是否得到教育，是评价游戏是否成功的关键。其根本出发点在幼儿，即幼儿是不是游戏的主人。具体评价标准如下：

（1）幼儿按自己的意愿做游戏，在游戏中感到轻松、愉快，发挥了创造性。
（2）幼儿的游戏很认真，能克服困难，能遵守游戏的规则，有较强的组织性和独立性。
（3）幼儿能正确地、创造性地使用玩具并爱护玩具。
（4）在游戏中对同伴友好、谦让，能与同伴合作且不妨碍他人游戏的进行。
（5）游戏内容丰富、积极向上，有益于幼儿身心发展。

这五项标准是评价游戏是否成功的基本标准，适用于各个年龄班。但由于各个年龄班幼儿游戏水平有差异，各类游戏特点不同，因此在具体评价某班某种游戏时，应结合幼儿游戏水平和特点以及不同种类游戏的教育功能特点进行评价。

对游戏教育作用的评价必须从有益于幼儿身心发展出发，不可随意以成人的好恶来评价游戏，必须以幼儿是游戏的主人为出发点，对幼儿在游戏中的表现进行评价，不应用场面大小、热闹程度等表面形式来评价。只有掌握正确的评价标准，才能明确指导的方向和重点，才能使游戏真正促进幼儿全面发展。

（二）对游戏发展水平的评价

幼儿游戏水平受多种因素的影响，如幼儿的身心发展水平、成人对游戏的态度、家庭和幼儿园游戏的设施等。由于各种因素的多层次性，各年龄婴幼儿及每个幼儿游戏的发展水平不同。正确地了解幼儿现有的游戏水平，可以更科学地指导幼儿游戏，促进幼儿游戏水平不断提高。

对幼儿的不同种类的游戏发展水平评价，往往具有不同的标准。综合幼儿的各种游戏活动状况，可以对幼儿游戏的一般性水平做出评价。如表7-7所列的标准，可以在幼儿游戏全过程观察的基础上，对其自选游戏情况、能否确定主题、活动中材料的使用、行为秩序、活动持续性等做出评价，从而了解本班幼儿能力水平和特点的整体情况，掌握每个幼儿个体的具体特点。根据实际的观察评价，制定婴幼儿发展目标和计划，会更加具有针对性、更加客观。

教师在学期初、学期末各对本班幼儿进行一次幼儿游戏一般性发展评价，将材料加以汇总统计，前后两次对照，可以判断本学期幼儿游戏发展的一般状况，明了取得的教育效果和质量。同时，可以对评价量表中各个方面加以分析，掌握本班孩子各个方面的发展特点和取得的进步。

表 7-7 幼儿游戏一般性发展评价

项目	评价标准	评分
自选情况	·不能自选 ·自选游戏玩具 ·自选活动及玩具	
主题目的性	·无意识行为 ·主题不确定，易受他人影响而变换 ·自定主题，能很快进入游戏情境 ·共商确定主题，主题稳定	
材料使用	·不会用或简单重复 ·正确熟练运用常规玩法 ·材料运用充分，玩法多样复杂	
常规	·行为有序/基本遵守规则/行为混乱不守规则 ·轻拿轻放，爱护玩具/基本爱护/不爱护玩具 ·及时收放，认真整理/部分做到/不能整理	
社会参与性	·独自玩 ·平行活动 ·联合游戏 ·协作游戏	
伙伴交往	·积极交往：互助谦让、轮流合作、协商解决问题 ·一般友好交往：交谈逗趣、请求询问、追随模仿 ·消极交往：独占排斥、干扰破坏、攻击对抗	
持续情况	·变换频繁（记录次数） ·有一定的坚持性，完成一项活动后再变换 ·始终持续一项活动	
其他	是否参与环境创设、与教师交往情况及能否正确评价游戏	
总体印象		

（三）对游戏环境创设的评价

游戏环境的创设是教师的工作，验证教师环境创设的能力，主要看其对环境的安排是否具有明确的目的，是否具有一定的创意。这里体现的是教师对幼儿游戏与游戏环境之间关系的认识，体现的是游戏环境与幼儿发展目标之间的隐含关系。

评价学前游戏环境主要是对场地或各活动区及材料或玩具投入等方面进行评估，既要对室内游戏环境进行评价，也要对室外游戏环境进行评价，可以先单就每个或每类活动区域分别评价，然后综合地对游戏环境整体效果进行评价。可以参考表7-8中的各个项目进行评价。

表 7-8 游戏环境创设的整体效果评价量表

肯定评价	5	4	3	2	1	否定评价
活动区的设置有利于促进幼儿身心全面发展，类型与数量适宜						活动区的设置类型单一、不足或过多
各活动区位置适宜						位置不当，如图书角设在楼道
各活动区提供的材料、种类、数量适当						材料不足或过多
活动区的设置与幼儿年龄特点和实际水平相适应						互动区的设置与幼儿年龄不符
能依计划投放和更换材料，变换玩法，激发幼儿新需要						材料投放一次性，无变换
各活动区之间关系协调						各活动区关系不当，相互干扰
因地制宜，充分利用场地						场地利用率低，未依需要加以调整
幼儿有机会参与环境创设						环境创设由教师包办，幼儿无参与机会
结合游戏规则的建立，增强环境中的自治因素						环境中无自治因素，幼儿游戏混乱
自选游戏与集体教学适当联系，相互配合促进						自选游戏，孤立进行，未注意与正规教育教学的配合
保证游戏时间，并充分利用零散时间						时间安排不足或游戏时间无法保证

（四）对教师指导的评价

对幼儿游戏的指导水平，反映了教师对幼儿游戏和自己在幼儿游戏中的地位、角色的基本认识，以及对游戏的指导原则、指导方法的把握，同时也反映了教师的幼儿观、教师的教育机智。由此，对游戏中教师指导的评价情况，可以从以下几个方面进行考察。

1. 引导游戏的进程

引导幼儿选择活动开始游戏，如可先介绍材料、建议活动方式、提出行为要求等，启发引导幼儿自选活动；参与幼儿的游戏过程、激励启发幼儿的操作与实践交往，促进幼儿与周围环境的相互作用；依照幼儿的不同需要给予适当帮助，游戏结束时引导幼儿简评游戏。

2. 与幼儿的相互作用

教师在与幼儿交往时，应注意运用中性或肯定的态度，尽量避免否定性交往接触。注意以自己积极饱满的情绪参与游戏，影响感染幼儿。例如，可多运用鼓励、赞许、肯定，表现出对游戏活动的兴趣，也可以表扬幼儿的良好行为，或用眼神、表情等身体语言做出赞许的表示，尽量避免强行控制、禁止、批评等。教师的积极态度会促进幼儿的努力和进步，激励其去创造和发现。

3. 指导的对象与范围

注意重点与一般结合，在照顾全体的同时，特别注重对幼儿个体的指导，针对幼儿的不同特点，给予具体帮助；又应注意逐渐增加对幼儿活动不足的指导，从而激发小组内幼儿之间的积极的相互作用和影响。避免单一性的集体指导和整齐划一的要求。

4. 探索和运用多样化的指导方法

教师要在教育时间中，探索多样化的指导方法，如及时呈现适宜材料、建议、提问、启发、提供范例、教授或指导具体技能，利用幼儿之间相互影响、互教互学等，促进游戏的不断深入。在尊重幼儿的基础上，运用启发激励式的指导方式，创造一种民主、平等的心理环境和气氛，如设置情境，提供机会并鼓励幼儿自己克服困难解决问题等，鼓励幼儿的探索创造，培养幼儿的自主精神。

5. 游戏常规的建立

教师应根据幼儿不同年龄的特点，引导幼儿在活动中建立必要的游戏常规，结合环境中的自治因素，引导和督促幼儿执行常规，逐渐培养幼儿在行为方面的自律和自信，提高他们的自我管理能力。

三、游戏评价的原则和方法

（一）游戏评价的原则

1. 目的性

目的性原则指的是在进行幼儿游戏的评价时，必须要有明确的目的。评价的根本目的在于促进幼儿的发展。在对游戏进行评价时，必须要有明确的目的，目的不同采取的评价方式和方法也会不同。

如果评价是为了促进幼儿的社会性发展，可以围绕幼儿在自由游戏中的合作表现进行有目的的评价。游戏结束后，教师可以利用提问的方式，了解幼儿是和谁玩，怎么玩的，如何配合的，以此根据幼儿的回答给予相应的启发和指导，帮助幼儿认识合作的重要性。

2. 全面性

全面性原则即评价的项目、搜集的信息要全面，不能片面强调指标中的某一项目，不能偏听偏信。例如：在建构游戏中，由于老师提供的时间不够，幼儿的城堡没有搭完游戏就结束了，使幼儿丧失了对游戏的兴趣。不能以此就否定老师的游戏指导能力，要看老师在游戏前、游戏中、游戏后的综合表现。

另外，教师对游戏中幼儿的表现不能仅凭一次观察或主观印象就对幼儿做出判断。要多次观察，全面了解，收集大量一手资料，多个维度描述幼儿的表现。

例如，在娃娃家中，平平在一个人抱着娃娃玩耍，没有加入旁边的家庭中，老师不能据此就判断平平是一个不合群、社会性发展较差的孩子，而应全面了解情况，经过多次观察后才可以对平平的真实情况做出判断。

3. 形成性评价与总结性评价相结合

形成性评价是伴随幼儿游戏过程而进行的评价，总结性评价是在游戏活动结束后进行的概括性评价。在游戏评价中不仅要关注游戏的结果是否达到教育目标,教师指导方式是否合适,更要注意到幼儿在游戏过程中表现出来的能力和倾向。幼儿游戏过程中的许多表现具有偶然性,不能急于论断其达到的层次水平,要将两种评价方法有机结合,既有利于教师反思自己的行为、发现和把握幼儿的个别差异,更有利于老师掌握本班幼儿的整体游戏能力。例如,在建构游戏中,教师可结合幼儿在游戏过程中的表现和搭建的成果进行评价。

4. 教师评价与幼儿互评、幼儿自评相结合

教师、幼儿都可以作为游戏评价的主体。一方面,教师作为实施教的一方,在游戏评价中掌握更多的主动权,教师作为游戏的支持者,能够通过观察游戏,了解幼儿的游戏发展水平,给予幼儿相应支持,并在这个过程中发现问题、进行反思。另一方面,幼儿是游戏的当事人,理所当然是评价的主体。教师要鼓励幼儿大胆、清楚地表达自己的想法和感受,尝试在活动中分析同伴和自己的表现、进步和不足,有利于幼儿自我评价能力的养成。同时,也有利于幼儿之间的共同进步。

将教师评价与幼儿互评、幼儿自评相结合,既能发挥教师的主导作用,实现游戏的教育功能,又可以突出幼儿的主体地位,有利于发挥幼儿的主动性,激发幼儿对自我和集体的关注。

5. 游戏评价与指导相结合

《幼儿园教育指导纲要(试行)》指出:评价的目的是了解幼儿发展需要,以便提供更加适宜的帮助和指导。

游戏评价本身不是目的,应该切实发挥评价结果的作用,为游戏指导提供一定依据,从而更有利于游戏活动的开展。将游戏评价与指导相结合,使评价具有指导意义,可以达到游戏评价的真正目的。

此外,在评价时还要注意遵循发展性和差异性原则。即通过评价要促进教师和幼儿的发展,同时又要看到每个幼儿的个别差异性,在评价时应予以相应程度的考虑。

(二)游戏评价的方法

1. 观察法

观察法在本章第一节已经讲过,观察法的实施相对简单,只要运用得当,可以获得大量真实的一手资料,所以得到了广泛的使用。

2. 测量法

测量法,是采用精心编制的量表来进行评定的一种方法。量表可以自编,也可以采用现成的、具有很强信度和效度的量表。游戏评价量表是测查、评定幼儿游戏特点、水平的重要工具。借助于游戏评价量表,教师可以了解幼儿游戏的兴趣和需要,理解和把握他们的游戏行为,从而为更好地组织、指导游戏提供依据,提高游戏活动的教育价值。目前常用的幼儿游戏评价量表有利伯曼的游戏兴趣量表、高尔登和库特勒尔的游戏发展进度量表(玩物游戏、表征游戏、社会游戏、体能游戏)、鲁滨等人创立的帕顿/皮亚杰量表、豪威斯的同伴关系量表、斯米兰斯基的角色评估量表、沃斯曼的游戏发展检核表和弗罗斯特的游戏场地评价项目表等。

3. 作品展示法

幼儿游戏中的行为表现和累计的各种作品，是开展游戏评价的重要依据，可以用来作为结果性评价。游戏是幼儿借助各种方式表现经验的学习过程，是幼儿不断学习和创造的过程，会留下很多幼儿自己的作品，如自创的玩具材料、文字、图画、环境布置等。这些作品能反应幼儿的经验水平和学习能力，记载了幼儿在游戏中的学习，教师可利用这些作品和作品的表现方式，引发幼儿对前书写、前阅读的兴趣。作品展示法在游戏评价中是一种十分有效的方法，既反映了幼儿的游戏结果，也能让幼儿再次体验成功的快乐。

4. 访谈法

教师可以根据需要就游戏开展的情况、幼儿的想法、感受对幼儿进行访谈，了解幼儿的真实体验和意见，倾听幼儿的声音。这也是游戏评价中一种常用的方法。

5. 情境再现法

情境再现法可以将在游戏观察中发现的典型事例或迫切需要解决的问题，以情境描述的形式提出来，供老师或幼儿讨论，帮助当事者重新回顾当时的行为，通过讨论对问题形成新的看法。这种方法比较有针对性，能有效解决游戏中存在的问题。

总之，只有掌握了游戏评价的方法和工具，才能更有效地在实践中去了解幼儿的游戏，促进幼儿游戏水平的提高。

第四节　游戏评价量表简介

本节将主要介绍几种有价值的游戏评价量表，这是国外一些心理学家和幼教界专家在长期的实验中研制，后由我国一些学者加以介绍引进，对幼教工作者进行游戏评价有极大的启迪和借鉴价值。

一、游戏兴趣量表

美国教育学家利伯曼是第一个设计游戏评价量表的调查研究者。他的"爱做游戏量表"（表7-9）包括7个主要项目，将运动、游戏兴趣、灵活性、表达能力和想象程度等都操作化了。

表7-9　爱做游戏量表

序号	问题
1	（A）儿童在游戏中自发进行身体运动和活动的次数有多少？ （B）在身体活动中，儿童的运动协调能力怎么样？

续表

序号	问题
2	（A）在游戏活动中，儿童显示出来的高兴次数有多少？ （B）儿童以什么样的自由表达来表现高兴？
3	（A）在游戏中，儿童表现出的幽默感次数有多少？ （B）幽默所表现出来的持续程度怎么样？
4	（A）儿童游戏时，在与周围的群体结构相互作用中表现出来的灵活性的次数有多少？ （B）儿童活动时的自如程度如何？
5	（A）在做表演和戏剧性的游戏时，儿童表现自发动作的次数有多少？ （B）在做上述游戏时，儿童表现出来的想象程度如何？
6	儿童的聪明程度如何？
7	游戏对儿童的吸引力如何？

二、游戏发展进度量表

游戏发展进度量表（表7-10）是美国学者高尔登（Golden）和库尔特尔（Kutner）的研究成果，该量表提供了儿童在四大游戏领域（玩物游戏、表征游戏、社会游戏和体能游戏）的发展顺序，对幼教工作者评价儿童游戏发展状况和趋势有重要作用。

表7-10 游戏发展进度量表

玩物游戏 （操弄/建筑游戏）	表征游戏	社会游戏	体能游戏 （身体/动作游戏）
1. 玩自己的身体部位（如手指、脚趾） 2. 用手臂挥打玩物并获得愉悦 3. 玩别人的身体部位（如摸别人的脸或头发） 4. 玩水 5. 在游戏中去拿玩物（或自己拿或从别人处获得） 6. 在玩的过程中放开玩物 7. 用双手去敲打玩物或拍手 8. 做影响环境的重复性动作（如敲打玩具产生的砰砰响） 9. 堆放玩物 10. 自发性地涂鸦 11. 拿玩具 12. 将容器（如篮子）中的玩具倒出来	1. 在游戏中模仿 ·模仿声音 ·模仿别人的手势 ·模仿别人的脸部表情 ·延宕模仿（将以前所听过的或看过的声音和动作模仿出来） 2. 在游戏中可制造声音 3. 在游戏中可用语音交谈或叫喊	1. 模仿镜中的游戏 2. 对镜中的游戏微笑 3. 在游戏中嬉笑 4. 玩社会游戏（如躲猫猫、玩拍手游戏） 5. 单独游戏（如幼儿自己玩玩具，即使与别的幼儿彼此处在很近的距离，也不想与其他幼儿一起玩） 6. 可以单独玩游戏持续15~30分钟 7. 平行游戏（幼儿通常在一起玩，但各自单独做他们的活动或游戏；通常在玩相似的玩具或活动，除非他抢夺别人的玩具，不然彼此很少有社会性的互动或影响他人的活动）	1. 可以不用支撑而坐着玩 2. 玩时可以独立站得很好 3. 爬或匍匐前进 4. 可以边走边玩 5. 可以双手将球从头上丢出去 6. 可以用成人椅子爬上爬下

续表

玩物游戏 （操弄/建筑游戏）	表征游戏	社会游戏	体能游戏 （身体/动作游戏）
13. 可以横向排列玩具并且有组织性 14. 玩沙（过滤、拍、抹平、倒或挂） 15. 玩拼图 16. 将玩具放入容器或篮子内 17. 会将盖子盖于有盖子的容器上 18. 玩黏土 ·会用手去压、挤、滚及造型 ·利用工具（如棒子及形状加上黏土做造型） ·利用黏土/沙做表征的玩物（如做所熟识的物品，如电话、车子或茶杯，并能说出其名称） 19. 玩积木 ·没有表征意识的建构游戏 ·具有表征意识的建构游戏 20. 用剪刀 21. 用画图来表征事物（大部分），画他所知道的故事并能说出故事中图画的名字 22. 游戏建构的结果成为重要部分 23. 组织工艺技巧 24. 使用彩笔将图案着色 25. 拓印/盖印画或用笔作描绘	4. 使用玩物来做假装、虚构（如假装积木为车），使玩物具有意义 5. 功能性使用表征玩具（如电话、车子或茶具组合） 6. 使用成人衣物或装扮游戏 7. 表现单一的假装情景游戏（如喝茶、吃饭或开车） 8. 表现虚构情境（事件之间有连续或单一角色持续在5分钟以下，如用茶具组合在一起喝茶、吃饼干好像开茶话会、派对，或开车去逛街或加油等） 9. 表现虚构情境（单一角色对游戏可以持续5分钟以上） 10. 表现虚构情节（有情节、主题但不具组织性） 11. 表现有组织、情节的假装游戏 12. 可以与其他幼儿做假装游戏（社会扮演游戏）	8. 联合游戏（幼儿可以在一起玩，但各自拥有自己主题的深度活动，彼此之间有沟通交流，通常玩的主题与玩物有关。彼此之间各自有自己的活动目标和目的，可以彼此有所关联，但不是一个完整有组织的活动） 9. 两个人的合作游戏（两个幼儿参与共同目的的活动，彼此有组织，能相互协调以达到目的。通常幼儿是玩一些扮演、比赛（竞争或非竞争的比赛），或做一些作品，彼此相互支持以达到目的） 10. 团队的合作游戏（两个意向的幼儿能达到的目标） 11. 游戏中有分享行为 12. 玩时可以等待 13. 能为他人做事以达到目的的活动 14. 要求同伴与他一起玩 15. 能叫出同班的名字并炫耀（自夸其所做的事情） 16. 可与特定的玩伴一起玩并可将他当作最好的朋友 17. 能对有规则的游戏或比赛遵守规则，并能轮流共享玩具	7. 踢球 8. 听音乐、做些律动 9. 踩（骑）三轮车 10. 用双脚做远跳的动作（脚离地） 11. 可以从25厘米高处跳下来 12. 接大球 13. 跑得很好（不曾跌倒） 14. 可以在矮的玩具和梯子上爬上爬下 15. 跳绳（连续2次以上） 16. 会翻筋斗、跳跃、荡秋千、用轮子滑冰、走平衡木等

三、同伴关系量表

同伴关系量表（表7-11）是豪威斯于1980年制定的，主要用于考查儿童社会性游戏行为。该量表比较细致具体地将儿童游戏的社会性水平分为五个层次：简单的平行游戏；具有成熟意识的平行游戏；简单的社会性游戏；具有成熟意识的互补/互惠游戏；互补互惠的社会性游戏。其记录例表吸收了帕顿的"非游戏活动"和"非游戏行为"条目，增加了"教师参与"和"游戏地点与使用材料"。

表 7-11　同伴关系量表

次数	种类									
	孤独游戏	水平（1）	水平（2）	水平（3）	水平（4）	水平（5）	非游戏活动	非游戏行为	教师参与	游戏地点与使用材料
1										
2										
……										

1. 操作定义

水平（1）——简单的平行游戏：儿童在相互交往范围内参加了相近的游戏活动，但没有出现目光接触或任何社会性行为。

水平（2）——具有成熟意识的平行游戏：儿童参与相近的游戏，并有目光接触。例如，一起搭积木的孩子偶尔注视别的孩子搭的积木，但并未出现社会性交往，说明有别人在场的意识，并且该阶段孩子之间会经常相互模仿。

水平（3）——简单的社会性游戏：儿童相互出现直接社会性行为。典型的社会性行为包括：发出声音、给人玩具、微笑、触碰、拿玩具、攻击行为。但这一阶段孩子的游戏活动未能合作进行。例如，玩积木的孩子仅评论同伴搭的东西好看、难看。

水平（4）——具有成熟意识的互补/互惠游戏：儿童在游戏活动中有与同伴合作倾向的行为，能意识到各自的角色。例如，一个玩积木的孩子将其中一块积木送给一个伙伴，他的伙伴接受并还他一块。这一水平阶段，儿童之间游戏时尚无对话或其他社会性交流。

水平（5）——互补互惠的社会性游戏：儿童之间有合作、分工以及实质性的交流。例如，一起搭积木的孩子相互谈论搭建一个公园，分配任务，彼此之间共同计划和商议完成。

2. 量表的使用方法及注意事项

量表主要以两个尺度考察儿童的游戏水平：一是观察儿童在游戏中社会交往的复杂性；二是观察他们活动组织和综合的程度。在水平（1）（2）阶段，儿童的社会性行为和活动是未分化并无互补倾向的。中期水平阶段的儿童出现互补倾向的社会性交流——水平（3），或无社会性交流的互补活动——水平（4）。只有水平（5）的儿童，游戏中具有社会性交往和互补活动。使用这份量表，可以从儿童同伴交流角度考察儿童游戏水平。

为了更好地掌握儿童的游戏水平，建议使用多次扫描取样法进行观察。即按顺序每次观察一个对象的时间为15秒，对一个儿童进行观察后，立即在相应的记录表格"第一次"各栏里记下各项观察结果。然后观察第二个儿童，以此类推。第一轮观察结束后，开始第二轮，然后记在"第二次"各栏内。一般来说，大约每分钟可以记录两名儿童，因此该方法较经济实用。

使用该量表观察儿童游戏，可以帮助教师了解每名儿童在与伙伴游戏时需要哪些帮助。例如，如果教师从记录中发现儿童只是偶尔有一些社会性游戏的表现，而且还常常是在玩娃娃家时才出现。那么，教师就可以多鼓励儿童玩娃娃家，来加强儿童的社会性行为。又如，当教师发现只有在老师在场或参与他的游戏时，儿童才会表现出一些社会性的游戏行为，那么教师可运用成人参与等干预方法，来改善儿童游戏的社会性发展水平。

四、帕顿/皮亚杰量表

20世纪70年代中期，鲁宾等把帕顿的社会性分类和斯米兰斯基在皮亚杰的认知分类的基础上提出的游戏分类整合起来，形成了帕顿/皮亚杰量表（表7-12）。

这个量表的特点是把帕顿的协同游戏和合作游戏合并为群体游戏。认知和社会性相结合，形成12种游戏行为类型。此外，还有无所事事、旁观等非游戏行为。

表7-12 帕顿/皮亚杰量表

游戏的社会/认知内容：12项			
游戏类型	独自	平行	集体
基础游戏	独自—基础游戏	平行—基础游戏	集体—基础游戏
结构游戏	独自—结构游戏	平行—结构游戏	集体—结构游戏
角色游戏	独自—角色游戏	平行—角色游戏	集体—角色游戏
规则游戏	独自—规则游戏	平行—规则游戏	集体—规则游戏
两项非游戏行为：无所事事行为、旁观行为			

1. 操作性定义

（1）基础游戏：徒手游戏或重复操作物体的游戏。

（2）结构游戏：使用玩具（如积木、积塑、小玩具等）或材料（如沙子、橡皮泥等）来建构、反映现实生活中的物体的游戏。

（3）角色游戏：幼儿通过扮演角色，以模仿、想象、创造性反映现实生活的一种游戏。

（4）规则游戏：承认、接受并遵守确立的规则。

（5）独自游戏：单独地玩，与周围的孩子使用不同的材料。虽然同伴处于可说话距离，但无谈话。

（6）平行游戏：参加周围其他孩子类似的活动，或玩与他人差不多的玩具；但没有与其他孩子一起玩的倾向。

（7）集体游戏：跟其他孩子一起玩；角色被分配或未被分配。

（8）非游戏行为：无所事事行为、旁观行为、不断变换游戏活动的行为。

（9）非游戏活动：事先由教师或自己选定的任务或学习活动，如涂色、教育性玩具使用等。

2. 量表的使用方法及注意事项

帕顿/皮亚杰量表从儿童认知和社会性发展两个水平上评价儿童游戏。量表中关于认知水平的4个层次和社会性水平发展的3个层次符合儿童游戏的发展趋向，因而给予了观察者客观和具体的观察评价内容与途径。教师可以通过观察记录，形成对个别幼儿或集体游戏水平的认识。

运用此量表需注意：

（1）使用前熟悉各项操作性定义。

（2）坚持一个幼儿使用一个观察表，如果要同时对多个幼儿进行观察，必须为每个幼儿各准备一张观察表。可以采取在小格内画"正"字的方式来记录。

（3）采用时间取样的方法进行观察。对每个幼儿观察的时间为每次15秒，依次对每个幼儿进行观察。15秒是比较适宜的时间，一方面，这个时间的长度已经能够让观察者判断幼儿行为的性质；另一方面，时间正好短到在一个观察间隔时间内幼儿不太可能改变他的游戏性质。在结束对第一个幼儿的观察和开始对第二个幼儿的观察之间可以有5秒的间隔调整时间。因此，大约在1分钟内可观察3次。

3. 材料的分析和解释

在对每个幼儿进行20~30次的观察后，对所收集到的资料做简单的统计分析，在解释观察所收集到的资料时，要注意幼儿所表现出来的游戏的发展水平是否与其年龄应有的发展水平相吻合。

一般来说，2~3岁的幼儿如果常常独自游戏、无所事事、旁观或不停地转换活动，是不足为奇的。但是，如果在一个4~5岁的幼儿身上观察到很多此类行为，则表明游戏的社会性水平不高。在此情况下，教师要注意提供适宜的指导或干预，培养幼儿与伙伴共同游戏的兴趣和技能。另一方面，可以使用豪威斯同伴关系量表，进一步深入观察和了解幼儿游戏的社会性发展状况。

从认知发展的角度来看，一般来说，4~5岁的幼儿应当有较多的结构性或象征性游戏。如果一个4~5岁的幼儿较少进行高认知性游戏而停留在对物体的简单操作摆弄的水平上，教师则有必要通过适当的干预来帮助幼儿提高游戏的认知发展水平。

五、角色评估量表

社会性主题角色游戏是指两个或两个以上的幼儿，分配角色并将自己所扮演的角色与别人所扮演的角色联合起来，形成有主题、有情节的角色游戏。帕顿/皮亚杰量表主要观察儿童参加角色游戏的频繁程度，而斯米兰斯基的角色评估量表则更多地考察儿童在角色游戏中的技能运用。角色评估量表（表7-13）作为游戏训练组成部分，侧重评价形成高质量角色游戏的5个特点：角色扮演、想象的转换、社会互动、语言交流、持续性。

表 7-13　角色评估量表

姓名	角色扮演	想象的转换			社会互动	语言交流		持续性
		物体	行动	情境		蜕变交流	角色交流	
1								
2								
……								

1. 社会性主题角色游戏的意义

社会性主题角色游戏（如"娃娃家""医院"等）看起来好像很简单，但实际上这种游戏作为一种"象征性活动"，要求幼儿以表征的方式表现人物和事物，进行角色扮演。这种游戏对幼儿的语言、认知和社会性发展有相当高的要求。

2. 操作性定义

（1）角色扮演：幼儿假装是他人，或以他人自居，并以语言来确定、表达和串联这些角色，同时伴随着与角色相适应的角色行为。

（2）想象的转换：用一些东西、言语或动作等来代表某种物品、动作或情境。例如，用一块积木当作电话，并假装打电话；或者用手做出电话听筒的样子打电话。

（3）社会互动：两个或两个以上的幼儿就可以有游戏的情节、角色、动作等，有直接的互动或交流。

（4）语言交流：幼儿有与游戏相关的口语交流。这种交流包括两种方式：一是蜕变交流用语，用于结构和组织游戏；二是角色交流语言，切合与孩子接受扮演的角色身份。

（5）持续性：幼儿沉浸于持续的游戏之中。对于不同年龄的幼儿，持续时间有所不同。基于斯米兰斯基的研究，4岁前幼儿至少要坚持5分钟。4~6岁幼儿至少要坚持10分钟。

3. 使用方法及注意事项

使用此量表需注意：

（1）一次只选2~3个幼儿作为观察对象。所确定的观察对象是用帕顿/皮亚杰量表观察时筛选出的较少进行群体游戏的幼儿。

（2）为了判断具体观察对象在角色游戏中各项能力的情况，通常需要较长的观察时间，每人每次观察时间至少为5分钟或10分钟。然后记录观察对象在此时间内是否出现5个方面的游戏行为。为保证观察结果的准确性，应反复观察多次，从而得出符合幼儿实际游戏水平的认识。

六、游戏环境评价表[①]

1. 室内活动区设置评价表（表7-14）

表7-14 室内活动区设置评价表

评价项目	评价标准	得分
占用面积	与室内总面积之比： ①达50%以上 ②达70%以上 ③达80%以上	1 2 3
活动区内容的丰富性 （不同活动区的数量）	①4个区 ②6~7个区 ③8个区以上	1 2 3
活动区内容的合理性 （活动区总体特征）	①符合班级特征 ②符合教育要求	2 2
活动区数量的适宜性 （班内人数与可使用面积之比）	①数量适宜 ②数量较适宜	2 1
活动区的外部结构	①有区域划分但不明显 ②有明显的区域划分 ③区域安排合理 ④有明显的交通要道，利于儿童活动交往 ⑤无教师观察上的死角	1 2 1 1 1
活动区的内部结构	①材料物品的设置具有层次性、系统性 ②材料与物品的设置便于儿童取放及游戏开展 ③具有暗示性 ④有封闭，但程度不适合 ⑤有适宜的封闭 ⑥具有相应的游戏心理气氛	1 1 1 1 2 2
活动区的安全、卫生	①区域内的设备及材料与其空间大小相匹配 ②区域的性质与其所处的位置相匹配 ③区域内没有锐利、有毒、易破碎、易造成幼儿身体伤害的物品	1 1 1

2. 户外游戏场地的评价

美国学者弗罗斯特关于户外游戏场地安全性和适宜性的评价项目，可为教师在选择游戏场地上的设备、设施提供一个参考标准。

[①] 翟理红. 学前儿童游戏教程［M］. 上海：复旦大学出版社，2006.

关于户外游戏场地安全性和适宜性的评价项目

指导语：运用从0~5的五个等级标准来评价每个项目。第一部分的最高分为100分，第二部分为50分，第三部分为50分，总分为200分。所得总分除以2就是最后的评价得分。

第一部分：游戏场地上有什么？

以0~5的等级标准来评价每个项目的现有情况和它发挥作用的程度（0表示没有；1表示有，但没有发挥作用；2表示差；3表示一般；4表示较好；5表示所有的元素都存在，而且都极好地发挥着作用）。

1. 地面坚硬的车道。
2. 可供幼儿玩沙的区域和设施。
3. 可供幼儿开展角色游戏的设备和材料（剧院、有关设施的汽车或船，如附近的沙、水和家庭用品）。
4. 大型的组合器械：有足够的空间可以同时容纳许多幼儿，有多个人口、多个出口和多种高度，能够为幼儿提供多种练习的机会和挑战性。
5. 可供幼儿爬和挖的土堆。
6. 绿地，有树木可以遮蔽阳光的、可供幼儿探索和研究自然现象的自然区域。
7. 户外各区域之间应有一定的功能划分。游戏场地不仅要有平面的空间，还应当有垂直和立体的空间（如山坡和峡谷等）。
8. 可供幼儿玩水的区域和设备，如喷泉、池塘和喷水车等。
9. 建构区：有轮胎、板条箱、厚板、木板、砖块、钉子等材料；提供工具并允许幼儿进行破坏和重建。
10. 一个破弃的、具有一定游戏价值的（在玩了一段时间后可以进行变化或重新安排以继续保持幼儿的兴趣）、安全的（组合的）飞机、船或汽车。
11. 可供幼儿进行较强烈活动的设备：如顶部有大平台的滑梯（可以把滑梯直接放置在山坡上）；可以用多种方式来安全玩耍的秋千；可供幼儿攀爬的大树（水平放置的成熟的枯树）；可供幼儿攀爬的网状结构等。
12. 有柔软的地面（使用草地、树皮等覆盖物）的区域，可用于组织集体游戏活动。
13. 有符合幼儿身材的半私密空间：如隧道、凹进物、游戏小屋、可以躲藏的地方。
14. 有安全障碍：可以保护幼儿和可以根据学习、游戏的需要而改变的篱笆、大门、墙和窗户。
15. 园艺区：可以让幼儿学习照顾植物的花园并提供园艺方面的工具。
16. 养殖区或宠物区：有宠物和宠物用品。
17. 从户外转向户内活动的过渡性空间，有顶的、直接与游戏室相连的走廊。过渡性空间可以使幼儿免受日晒和雨淋，同时可以把室内的活动扩展到室外。
18. 储藏室：供存放幼儿活动的材料和工具。带轮子的玩具可以放在靠近建构区的地方。储藏室可以是独立的，应当是方便幼儿取用和收拾各种工具和材料的。

19. 在户外游戏区内应有供教师和幼儿使用的遮阳处和长椅，有便于行走（如去穿衣、上厕所和喝水）的通道。

20. 有用于集体活动的桌子以及可供教师和幼儿一起开展艺术和阅读活动的支持性材料。

第二部分：游戏场地保养得好而且相对安全吗？

根据0~5的等级标准来评价每个项目的状态和安全性（0表示没有；1表示有，但是非常危险；2表示差；3表示中等；4表示较好；5表示保养极好，相对安全且具有挑战性）。

1. 在危险区域（街道、深沟、水池等）附近设有保护性的栅栏（有可以锁上的大门）。

2. 在所有攀爬和移动的设施底下以及幼儿可能坠落的区域，铺设20~25厘米厚的、疏松的沙或木屑（或与此类相似的材料），四周有围墙提供保护。

3. 设备设施的尺寸适合幼儿的年龄。攀爬的高度限于182~213厘米。

4. 活动区内无杂物（如碎玻璃和石头）、无带电的危险品、无高压线、无赃物。

5. 可移动部分没有缺失（如没有可能夹人的破损物，支点没有过度磨损）。

6. 设施没有尖角、突出的部分、有毒的物质、暴露于阳光下的金属物体。

7. 秋千的座位是由柔韧的或轻柔的材料制成（如橡胶、帆布）。

8. 所有的安全设施是维护良好的（如保护性的栏杆、标记、护垫区、保护性的覆盖物）。

9. 没有会使幼儿的头陷进去的空隙（8.89~22.86厘米）。设备和设施之间有足够的距离。

10. 设备设施结构完好无缺，没有弯曲、扭曲、损坏或凹陷等。大型可固定的设备和可以移动的设施被安全地固定于地面上。定期检查地下的支持物是否腐烂、生锈或生白蚁。

第三部分：游戏场地应当用来做什么？

根据0~5的等级标准来评价每个项目的程度和质量（0表示不存在；1表示有一些迹象，但事实上是不存在的；2表示差；3表示中等；4表示较好；5表示极好）。运用所提供的空间来写评语。

1. 鼓励幼儿游戏：吸引人的、方便的通道；开放的、流动的和令人放松的环境；从户外通行无阻；有适合不同年龄的设备和设施。

2. 刺激幼儿的感官：在比例、亮度、质地和色彩上的变化和对比；多功能的设备；给幼儿多种经验。

3. 激发幼儿的好奇心：可以让幼儿自己加以变化的设备，可以让幼儿进行实验和建构的材料。

4. 满足幼儿基本的社会和身体方面的需要：对幼儿来说是舒适的，设备和设施的尺寸适合幼儿的身型，具有体能上的挑战性。

5. 促进幼儿和环境之间的互动：能为幼儿的行为提供一定规范的、摆放整齐的储藏室；可供幼儿阅读、拼拼图或独处的半封闭空间。

6. 支持幼儿与其他幼儿的交往：各种不同的空间，足够大的空间可以避免冲突的发生，能促进幼儿社会性交往的设备和设施。

7. 支持幼儿与成人的交往。

下面的幼儿园户外游戏场评价表，是参照国家或地方有关部门制定的，便于大家更快捷地评判环境设置的情况。

幼儿园户外游戏场地评价表

评价项目	评价标准	得分
场地面积	①达标 ②未达标，但已采取有效变通措施 ③未达标，尚无有效变通措施 ④无游戏场地	3 2 1 0
场地质量	①沙土、土地，并有一定草坪 ②沙土、土地占60%以上，其余为水泥池 ③全部为水泥池或煤渣地	2 1 0
设备器械	①达标 ②数量适宜 ③数量极少或无	2 1 0
结构安排	①有不同区域划分 ②各区域安排合理 ③各区域之间有过渡 ④能满足幼儿不同需要	1 1 1 1
安全	①地面上无危险物 ②器械安装牢固 ③设备功能完善 ④设备适合幼儿身体和运动能力	1 1 1 1
其他	①有绿化带 ②绿化带安排合理 ③有防雨棚或其他防雨设施	1 1 1

注：前面3项只能选择一个分值，后3项可多项选择分值；最高分为18分；以上"达标"标准参见国家或地方有关部门制定的标准。

✐ 本章要点

1. 游戏观察的意义：真实地了解幼儿、有效地指导游戏、及时有效地评价游戏、更好地改进游戏活动。
2. 游戏观察计划的制订：确定游戏观察的目的、选择游戏观察对象、明确游戏观察的内容、记录方式的设计与选用、确定游戏观察时间。
3. 游戏观察的方法：扫描观察法、定点观察法、追踪观察法。
4. 游戏观察的记录和分析：表格记录、实况记录、符号记录、取样记录、影像记录。

5. 游戏评价的意义：增强教师组织和指导游戏的目的性；有利于游戏活动的改进与改善；有利于幼儿个别教育工作的开展。
6. 游戏评价的内容和标准：对游戏教育作用的评价、对游戏发展水平的评价、对游戏环境创设的评价以及对教师指导的评价。
7. 游戏评价的原则：目的性，全面性，形成性评价与总结性评价相结合，教师评价与儿童互评、儿童自评相结合，游戏评价与指导相结合。
8. 游戏评价的方法：观察法、测量法、作品展示法、访谈法、情景再现法。
9. 常用游戏评价量表：游戏兴趣量表、游戏发展进度量表、同伴关系量表、帕顿/皮亚杰量表、角色评估量表、游戏环境评价表等。

关键术语

游戏观察　观察计划　扫描观察法　定点观察法　定人观察法　符号记录　表格记录　实况记录　影像记录　作品分析法　游戏评价

思考题

1. 为什么要重视对幼儿游戏的观察？
2. 游戏观察的方法有哪些？
3. 游戏评价的内容包括哪些？

建议的活动

活动一：游戏的观察与记录

【目标】
1. 观察、记录、评价幼儿游戏的能力。
2. 评价与指导幼儿游戏的能力。

【内容与要求】
根据见习表格的要求，到幼儿园观察半日游戏活动，对游戏进行现场实录，然后分析教师对游戏过程的汇总是否采取了适宜的介入方法。

儿童游戏见习记录表

幼儿园		班级	
观察者		时间	
游戏背景（环境、准备等）			
游戏过程实录		过程分析	
游戏结束与反思			
评价			

活动二：观察记录的分析

【目标】

1. 分析、评价幼儿游戏的能力和选择游戏材料的能力。
2. 应用所学知识，分析不同年龄阶段游戏中儿童的游戏水平、游戏态度和对规则的看法。

【内容与要求】

1. 结合下面的观察记录，分析幼儿表现出的社会性水平和对规则的认识情况。

    观察地点：娃娃家

    观察对象：芳芳、文文和丽丽

    观察主题：角色的分配

    在幼儿园大班的角色游戏中，三个小女孩争着当"妈妈"。芳芳说："今天老师表扬我了，我应该当妈妈。"文文也不示弱："老师今天也表扬我了，我也应该当妈妈。"丽丽只得妥协说："好吧，你们当妈妈吧，我当孩子。"芳芳和文文俩人决定用猜拳的方式决定谁当妈妈。最后芳芳赢了，文文不服气地说："你当妈妈吧，我当外婆，反正外婆是妈妈的妈妈。"

2. 分析下表所反映的情况。

幼儿参与游戏情况观察统计表（小二班，29人）

游戏时间	游戏区域			
	娃娃家	理发店	积木区	手工区
游戏前期（0~5分钟）	10人	5人	4人	10人
游戏中期（10~15分钟）	9人	3人	7人	10人
游戏后期（20~25分钟）	18人	1人	4人	8人

参考文献

[1] 刘焱. 儿童游戏通论[M]. 福州：福建人民出版社，2015.

[2] 丁海东. 幼儿园游戏组织与指导[M]. 3版. 长沙：湖南大学出版社，2019.

[3] 董旭花，等. 自主游戏：成就幼儿快乐而有意义的童年[M]. 北京：中国轻工业出版社，2021.

[4] 邱学青. 幼儿园游戏指导[M]. 北京：人民教育出版社，2024.

[5] 王振宇. 游戏课程化：实现游戏手段与目的的统一[J]. 山西教育，2019（11）.

[6] 华爱华. 我所认识的"安吉游戏"[J]. 学前教育，2019（5）.

[7] 李季湄. 学习安吉 深化改革[J]. 学前教育，2019（6）.

[8] 约翰森，等. 游戏、儿童发展与早期教育[M]. 马柯，译. 南京：南京师范大学出版社，2013.

[9] 吴丽珍. 深度学习视角下的幼儿园游戏环境支持[M]. 福州：福建教育出版社，2022.

[10] 梁周全，尚玉芳. 幼儿游戏与指导[M]. 北京：北京师范大学出版社，2011.

[11] 范明丽，朱学英. 幼儿游戏与指导[M]. 2版. 北京：北京师范大学出版社，2021.

[12] 翟理红. 学前儿童游戏教程.[M]. 3版. 上海：复旦大学出版社. 2019.

[13] 杨枫. 学前儿童游戏[M]. 4版. 北京：高等教育出版社. 2022.

[14] 张国平. 幼儿的自主游戏[M]. 北京：中央编译出版社，2017.

[15] 许政涛. 幼儿园游戏与玩具[M]. 北京：北京师范大学出版社. 2001.

[16] 斯苔芬妮·奥尔巴赫. 玩商：玩具博士教你如何巧妙地玩耍[M]. 徐培敏，译. 上海：上海书店出版社，2002.

[17] 陈秀云，陈一飞. 陈鹤琴全集[M]. 南京：江苏教育出版社，2008.

[18] 王振宇. 论游戏课程化[J]. 幼儿教育，2018（12）.

[19] 乔·L. 弗罗斯特，苏·C. 沃瑟姆，斯图尔特·赖费尔. 游戏和儿童发展[M]. 唐晓娟，张胤，史明洁，译. 北京：机械工业出版社. 2023.

[20] 唐翊宣，郑艳华. 幼儿游戏行为观察分析与支持[M]. 北京：北京师范大学出版社. 2022.

[21] 德布·柯蒂斯，纳迪娅·贾伯内塔. 读懂儿童的思维：持自主游戏中的图示探索[M]. 北京：中国轻工业出版社. 2022.

[22] 崔爱林，赵红芳. 学前教育学[M]. 2版. 北京：北京师范大学出版社. 2021.

[23] 卡洛琳·爱德华兹，莱拉·甘第尼，乔治·福尔曼. 儿童的一百种语言[M]. 南京：南京师范大学出版社，2014.

[24] 爱泼斯坦. 学前教育中的主动学习精要：认识高瞻课程模式[M]. 霍力岩，等，译. 2版. 北京：教育科学出版社，2019.

[25] 周念丽. 学前儿童发展心理学[M]. 上海：华东师范大学出版社，2014.

[26] 余文森. 课程与教学论[M]. 福州：福建教育出版社，2015.

［27］柯蒂斯，卡特. 和儿童一起学习［M］. 周欣，等，译. 北京：教育科学出版社，2011.

［28］华爱华. 幼儿游戏理论［M］. 上海：上海教育出版社，2015.

［29］简楚瑛. 幼儿教育课程模式［M］. 4版. 南京：南京师范大学出版社，2018.

［30］黄小莲. 课程游戏化"还是"游戏课程化"：命题背后的价值取向［J］. 中国教育学刊，2019（12）.

［31］范铭. 由游戏引发的对儿童"学习观"的深度反思［J］. 上海教育科研，2020（8）.